LA SORCIÈRE

JULES MICHELET

LA SORCIÈRE

Chronologie et préface
par
Paul Viallaneix
Professeur à la Faculté des Lettres
et Sciences humaines de Clermont-Ferrand

GF
FLAMMARION

CHRONOLOGIE

1798 : Jules Michelet vient au monde rue de Tracy, n° 16, dans une chapelle désaffectée, à proximité de la rue Saint-Denis. Son père, Jean Furcy Michelet, originaire de Laon, est un petit imprimeur. Sa mère, Angélique-Constance Millet, est née à Renwez, dans les Ardennes.

1808 : Aux derniers mois de l'année, emprisonnement du père, pour dettes, à Sainte-Pélagie. Il sera libéré l'année suivante.

1809 : L'enfant apprend à composer, dans l'atelier paternel.

1810 : Il commence ses études à la pension Mélot, boulevard des Capucines.

1812 : Il entre, comme élève de troisième, au Collège Charlemagne. Limitation autoritaire du nombre des imprimeurs ; le père de Michelet perd son métier.

1815 : Mort de la mère. Installation rue de Buffon, n° 7, où l'ancien imprimeur est employé dans une maison de santé.

1816 : Au Concours Général : premiers prix de discours français et de version latine, second prix de discours latin.

1817-1819 : Michelet prend ses grades universitaires : baccalauréat, licence, doctorat ès lettres (thèses sur Plutarque et Locke). Il gagne sa vie comme répétiteur.

1821 : Il est reçu, *troisième*, au concours de l'agrégation des lettres, qui vient d'être institué. Il est nommé professeur au Collège Charlemagne.

1822 : Nomination au Collège Sainte-Barbe.

1824 : Michelet épouse, le 20 mai, Pauline Rousseau, dont il aura deux enfants : Adèle et Charles.

1825 : Rencontre d'Edgar Quinet, chez Victor Cousin; début d'une longue amitié.

1827 : Michelet est nommé professeur d'histoire et de philosophie à l'Ecole Normale. Il publie les *Principes de la philosophie de l'histoire*, traduits de Vico. Il habite, depuis le 1er avril, rue de l'Arbalète, nº 27.

1828 : Voyage en Allemagne. Préceptorat de la petite-fille de Charles X.

1830 : Au printemps, voyage en Italie. A la suite de la Révolution, Michelet est choisi comme professeur de la princesse Clémentine, fille de Louis-Philippe. En octobre, il est nommé chef de la section historique des Archives.

1831 : Mise en vente, le 1er avril, de l'*Introduction à l'Histoire Universelle* et, le 1er juillet, de l'*Histoire Romaine*. Voyage en Normandie et Bretagne, au mois d'août. Nouveau logis : rue des Fossés-Saint-Victor, nº 39.

1832 (Septembre) : Voyage en Belgique.

1833 (21 novembre) : Suppléance de Guizot à la Sorbonne, dans la chaire d'histoire moderne. Le 1er décembre paraissent les tomes I et II de l'*Histoire de France* (jusqu'à 1270); en tête du second figure le *Tableau de la France*.

1834 (5 août-5 septembre) : Voyage en Angleterre, qui révèle à Michelet le monde de l'industrie.

1835 : Du 18 août au 25 septembre, Michelet inspecte les bibliothèques et archives publiques du Sud-Ouest. Mise en vente, le 15 septembre, des *Mémoires de Luther*.

1836 (Septembre) : déménagement, de la rue des Fossés-Saint-Victor, à la rue des Postes (actuelle rue Lhomond), nº 12.

1837 : Michelet publie, en juin, le tome III de l'*Histoire de France* (1270-1380) et des *Origines du droit français*. Puis il se rend en Belgique et en Hollande, d'où il rentre le 18 juillet.

1838 : Elu membre de l'Académie des sciences morales, il occupe, au Collège de France, une chaire « d'histoire et de morale ». Il donne, le 23 avril, son premier cours. Juillet et août : voyage en Italie.

1839 (24 mars-7 avril) : Voyage à Lyon et Saint-Etienne, enquête dans le milieu ouvrier. 24 juillet : mort de Pauline.

1840 : Publication, en février, du tome IV de l'*Histoire de France* (1380-1422). Rencontre, le 5 mai, de Mme Dumesnil, avec qui Michelet noue une amitié passionnée. Voyage en Belgique du 25 juillet au 16 août.

1841 : Mme Dumesnil, malade, s'installe chez Michelet. Le 23 août, paraît le tome V de l'*Histoire de France* (Jeanne d'Arc).

1842 : Mme Dumesnil meurt, rue des Postes, le 31 mai, après une longue agonie. Michelet voyage en Allemagne du 19 juin au 30 juillet. Le 22 décembre, première leçon d'un cours sur les légendes médiévales.

1843 (20 juillet) : *Les Jésuites*, livre de combat, tiré du cours que Michelet vient de consacrer à la « stérilité » de la Compagnie. 3 août : Alfred Dumesnil, fils de l'amie défunte, épouse Adèle Michelet. Au cours du mois d'août, voyage en Suisse.

1844 (4 janvier) : Mise en vente du tome VI de l'*Histoire de France* (Louis XI). Du 18 mai au 22 juin, voyage dans le Sud-Est.

1845 (15 janvier) : *Le Prêtre.* Violente campagne cléricale contre l'enseignement de Michelet et Quinet.

1846 : *Le Peuple* paraît le 28 janvier. Michelet se rend en Belgique et dans les Ardennes, à la fin du mois d'août. Son père meurt, âgé de soixante-seize ans, le 18 novembre.

1847 : Michelet, qui a interrompu la rédaction de l'*Histoire de France* au tome VI, publie, en janvier et en novembre, les deux premiers tomes de l'*Histoire de la Révolution.* 1er-15 juillet : voyage en Hollande.

1848 (2 janvier) : Le cours de Michelet est suspendu. 6 mars : Michelet reprend son enseignement devant un public enthousiaste. Il est reconnu comme l'un des maîtres spirituels de la République ressuscitée. 8 novembre : première visite d'Athénaïs Mialaret, jeune institutrice ; c'est le coup de foudre.

1849 : Mise en vente, le 10 février, du tome III de l'*Histoire de la Révolution.* Michelet épouse Athénaïs le 12 mars. Il prêche, au Collège de France, la cause de l'amour.

1850 : Le 10 février, paraît le tome IV de l'*Histoire de la Révolution*. Athénaïs met au monde, le 2 juillet, Yves-Jean-Lazare, qui meurt le 24 août. Elle n'aura pas d'autre enfant.

1851 : C'est l'année du 2 décembre. Dès le 13 mars, le cours de Michelet est suspendu; les étudiants manifestent contre cette mesure, prise par l'Administrateur du Collège de France. Mise en vente, au printemps, du tome V de l'*Histoire de la Révolution*. Le 24 octobre, Michelet repousse le demi-traitement de professeur qu'on lui propose.

1852 : Michelet, qui a refusé le serment à l'Empire et qui a été chassé du Collège de France et des Archives, se retire à Nantes, dans un demi-exil, au mois de juin.

1853 : Mise en vente du tome VI de l'*Histoire de la Révolution* le 1er août. Fatigué par un travail excessif, Michelet décide de passer l'hiver à Nervi, près de Gênes, où il s'installe le 18 novembre. Lent rétablissement.

1854 : Les *Légendes démocratiques du Nord* (21 janvier). Rédaction du *Banquet*, qui ne sera pas publié du vivant de Michelet. Retour à Paris en août et installation rue de l'Ouest (actuelle rue d'Assas), n° 44.

1855 : La publication de l'*Histoire de France* reprend : l'*Histoire de la Renaissance*, qui occupe le tome VII, paraît le 1er février; le tome VIII (Réforme) le 2 juillet. Au cours de l'été, voyage en Belgique, séjours à Sainte-Adresse et au Havre. Adèle Dumesnil meurt le 15 juillet.

1856 : Le tome IX de l'*Histoire de France* (Guerres de religion) paraît le 8 mars. *L'Oiseau*, le 12. Voyage et séjours en Suisse de juillet à septembre. Le 10 novembre, mise en vente du tome X de l'*Histoire de France* (Ligue et Henri IV).

1857 : Michelet publie, le 27 mai, le tome XI de l'*Histoire de France* (Henri IV et Richelieu) et, le 17 octobre, *L'Insecte*. Il passe l'été à Fontainebleau et se rend à Hyères, en décembre, pour l'hiver.

1858 : En mars, le tome XII de l'*Histoire de France* (La Fronde) paraît. Retour de Hyères à Paris en mai. Séjours d'été à Granville et à Pornic. Le 17 novembre, *L'Amour*.

1859 : L'été à Saint-Georges-de-Didonne, près de Royan, au bord de l'Océan. Mise en vente de *La Femme*, le 21 novembre.

1860 (27 avril) : Le tome XIII de l'*Histoire de France* (Louis XIV et la révocation de l'Edit de Nantes). Séjours à Rouen, Vascœuil, où Alfred Dumesnil habite le manoir familial, Forges-les-Eaux et Etretat.

1861 : *La Mer* paraît le 15 janvier. Michelet entreprend la rédaction d'un roman, qu'il intitule *Sylvine, Mémoires d'une femme de chambre* et qu'il n'achèvera pas. Il réédite *Le Prêtre*. Après un séjour à Veytaux (Suisse), il s'établit à Toulon, avec l'intention d'y hiverner.

1862 : En février, le tome XIV de l'*Histoire de France* (Louis XIV et le duc de Bourgogne). Mort de Charles Michelet le 16 avril, à Strasbourg. Les mois d'août et de septembre à Saint-Valéry-en-Caux. 15 novembre : Hetzel, se substituant à Hachette, qui a pris peur, édite *La Sorcière*.

1863 : Pendant le printemps et l'été, séjour à Montauban, patrie de la famille d'Athénaïs, et à Saint-Jean-de-Luz. Le 1er octobre paraît le tome XV de l'*Histoire de France* (Régence).

1864 : Les Michelet passent une bonne partie de l'été à Saint-Valéry-en-Caux. Mise en vente de la *Bible de l'Humanité*, le 31 octobre.

1865 : Année de villégiature et de détente : Veytaux, Saint-Gervais, Aix-les-Bains, Hyères (10 décembre).

1866 (24 avril-4 mai) : Retour à Paris, par étapes, à travers le Languedoc, le Sud-Ouest et le Limousin. Le 1er mai paraît le tome XVI de l'*Histoire de France* (Louis XV). Athénaïs, en novembre, publie les *Mémoires d'une enfant*. Le 16 décembre, nouvelle installation à Hyères.

1867 (Mai-juillet) : Séjours à Veytaux et à Bex. Le 10 octobre, le tome XVII de l'*Histoire de France* (Louis XVI). Réédition de *L'Oiseau*, de *L'Insecte*, de *La Sorcière*.

1868 : Les Michelet passent à Hyères les mois de février, mars et avril. *La Montagne*, mise en vente le 1er février. Août et septembre en Suisse, à Glion.

1869 : Nouveau voyage et séjour en Suisse en août. A Amphion, en septembre. Le 12 novembre, publication de *Nos fils*. Michelet réédite l'*Histoire de la Révolution* et l'*Histoire de France*, pour laquelle il a écrit une grande *Préface*.

1870 : A la suite de la déclaration de guerre de la France à la Prusse, Michelet signe, le 5 août, le manifeste pour la paix rédigé par Marx, Engels et Louis Blanc à Londres. Il se trouve à Montreux lors de la défaite et de la chute de l'Empire. Le 29 octobre, il arrive à Florence et s'y établit.

1871 : Le 25 janvier, publication de *La France devant l'Europe*. Le 30 avril et le 22 mai, attaques d'apoplexie; aphasie et paralysie partielle. Michelet se relève, mais sa main droite demeure gourde et son écriture devient hésitante. 26 juin-29 septembre : séjour à Glion. Du 30 septembre au 24 octobre, à Vevey. Retour à Hyères, le 27.

1872 : Le tome I de l'*Histoire du XIXe siècle* paraît le 3 avril. Michelet rentre à Paris en mai. En octobre, fluxion de poitrine.

1873 : Le 15 mars, mise en vente du tome II de l'*Histoire du XIXe siècle*. Après avoir passé l'été à Bex, Glion et Aix-les-Bains, les Michelet prennent à Hyères leurs quartiers d'hiver.

1874 (9 février) : Mort de Michelet, qui succombe à une crise cardiaque. Il laisse dans ses papiers le manuscrit du tome III de l'*Histoire du XIXe siècle*, qui sera publié en 1875, celui du *Banquet*, inachevé, que Mme Michelet fera paraître en 1879, et de nombreux écrits intimes dont seront tirés, en 1884, *Ma Jeunesse* et, en 1888, *Mon Journal*. Son *Journal* sera publié près d'un siècle plus tard, à partir de 1959, en même temps que ses *Ecrits de jeunesse*.

PRÉFACE

Michelet achève, le 14 décembre 1861, la rédaction du tome XIV de l'*Histoire de France*, consacré à la fin du règne de Louis XIV. Il s'est installé à Toulon, le 27 septembre, avec l'intention d'y passer l'automne et l'hiver. Une « humble villa », louée à un chirurgien de la Marine, Lauvergne, abrite sa retraite. Devant lui s'étend un « bassin immense de mer étincelante »; derrière, un « chauve amphithéâtre où s'assoiraient à l'aise les états généraux du monde ». Le lieu se prête aux méditations exaltées. Libéré momentanément de ses devoirs, l'historien de la France suit la pente d'une rêverie qui lui est chère, mais qui offusque plus d'un de ses admirateurs.

Il songe au démon, de sexe féminin, qui ensorcelle sa vieillesse. D'Athénaïs, sa compagne, qu'il a épousée le 12 mars 1849, âgée de vingt-trois ans, que de dons n'a-t-il pas reçus! Elle l'a sauvé du désespoir, lors de la ruine de la seconde République, puis de la maladie, au cours de l'hiver 1853-1854. Elle lui a appris à observer et à aimer les oiseaux, les insectes, toutes les créatures qu'elle fréquente depuis le temps de son enfance campagnarde. Elle lui a révélé les harmonies de la Nature, les secrets de la forêt et de la mer. Il se rappelle, avec émotion, la réponse que le « bon » Ballanche lui fit jadis, « rougissant comme une jeune fille », alors qu'il l'avait prié de lui définir la femme : « C'est une initiation. » N'a-t-il pas découvert, à son tour, la source de toute vie : *fons omnium viventium ?* Il s'y est abreuvé, baigné, régénéré. Aussi renouvelle-t-il joyeusement l'action de grâce du *Prêtre* (1845), réédité le 1er mai 1861 : « Je me sens profondément le fils de la femme. »

Rare, trop rare fidélité! Ni *L'Amour* (1858), ni *La Femme* (1859), n'a pu affranchir la mère des vivants du discrédit qui l'exclut de la Cité occidentale. Tout est à refaire. Ou tout reste à faire. Pourquoi l'historien ne réparerait-il pas l'échec du prédicateur ? Il sait prêter sa voix aux parias du passé. Il a le don de reconstituer « l'histoire de ceux qui n'ont pas eu d'histoire ». La lumière des grands noms ne l'éblouit point; il cherche, dans l'ombre de l'oubli, le génie des peuples. Derrière l'apparence du règne masculin, il lui appartient aussi de révéler la souveraineté méconnue de l'autre sexe. De fait, il n'hésite pas, quand il le faut, à mettre au féminin l'histoire de France. Son mémoire sur « l'éducation des femmes au Moyen Age, lu le 2 mai 1838, au cours de la séance publique des cinq Académies, dénonce l'ambiguïté du culte de la Vierge; il montre comment l'éloge de la pureté féminine a pu consacrer le mépris de la femme réelle. L'épopée de Jeanne d'Arc, incluse dans le tome V de l'*Histoire de France* (1841), enseigne que « le sauveur de la France devait être une femme », sanctifiée par l'amour du peuple, qui se reconnaîtrait en elle, excommuniée par l'Eglise, qui la brûlerait comme « sorcière ». La fresque des *Femmes de la Révolution* (1854), enfin, magnifie le sacerdoce qu'exerça le sexe faible et le sacrifice qu'il consentit aux temps héroïques de la République.

A travers les siècles, la femme tient-elle donc toujours le même rôle, celui de la mal aimée ? L'homme de nos sociétés lui en veut-il d'être si humaine, d'être trop humaine, dans le moment même où il subit l'ascendant de sa souveraine humanité ? Michelet se le demande, en ce mois de décembre 1861, avec une inquiétude redoublée. L'année qui s'enfuit lui a permis non seulement d'écrire un nouveau tome de l'*Histoire de France*, mais de relire les six premiers, réédités avec le concours de son gendre, Alfred Dumesnil. Il embrasse donc, d'un seul regard, toute l'étendue du Moyen Age, de la Renaissance et du Grand Siècle. Et voici qu'il y discerne pour la première fois, averti par sa passion dominante, la suite rigoureuse d'une tragédie dont l'héroïne serait une femme à la fois révérée et persécutée : la Sorcière.

De cette illumination naît aussitôt le projet de la publier. L'*Histoire de France* attendra. Michelet n'a jamais eu la patience méthodique d'un chroniqueur. Il décide sans remords d'interrompre la construction du monument de sa vie et de consacrer à la Sorcière, comme il le fit au Peuple, en 1846, un livre qui soit « plus qu'un livre ». Mille souvenirs lui reviennent et le subjuguent. Il se remémore toute « l'horrible littérature de sorcellerie » qui lui « a passé entre les mains... sur la longue voie de [son] Histoire ». Il « entre dans son sujet », selon l'expression dont il use indifféremment lorsqu'il évoque ses inspirations d'écrivain ou le délectable commerce conjugal. Sans doute revit-il, pour commencer, le martyre des possédées de Louviers, de Loudun et d'Aix, les procès de possession ou de sorcellerie qu'il vient de relater depuis qu'il a repris, en 1855, la publication de l'*Histoire de France*. Mais sa curiosité naturelle d'historien ne tarde pas à l'entraîner jusqu'aux origines médiévales de la tragédie. Il y retrouve Satan, « le grand Proscrit, le Banni », qui fut « le rêve de la Sorcière ». Dès lors s'impose l'ordre du livre à venir, ainsi que l'inspiration qui le traversera. Le *Journal* du 22 décembre 1861 enregistre la naissance de *La Sorcière* : « Mon brusque revirement sur le plan de mon livre (entre trois heures et six). Cette transformation, de l'imagination à la pitié, à la tendresse, enfin à la réhabilitation de la sorcière antique, me fut très agréable, très douce au cœur. Mon sujet rentrait dans l'humanité, au sein de la femme... J'écrivis le plan détaillé de *La Sorcière*[1]. »

Assuré du plan, Michelet se préoccupe, d'emblée, du dernier des épisodes de son livre, celui de la Cadière, condamnée en 1731 pour sorcellerie. Il sait que son information est insuffisante. Mais il compte l'enrichir aisément, puisque la victime du P. Girard était Toulonnaise. De fait, quelques semaines de dépouillement d'archives suffisent à l'éclairer. Le 18 janvier 1862, il se met à rédiger son récit. Il l'abandonne, « presque achevé », le 27, afin de consulter les notes prises par Dumesnil au cours qu'il avait consacré, pendant l'hiver 1842-1843, aux légendes et aux croyances du Moyen Age. Cette lecture lui permet de concevoir la première partie de *La Sorcière*. Il écrit, le 2 février, le chapitre I : *La Mort des Dieux;* le 3, le ch. II : *Pourquoi le Moyen Age désespéra*, qu'il refera le 6; le 9 et le 10, le ch. III : *Le petit démon du foyer;* le 16, le ch. IV : *Tentations*, et le ch. V : *Possession*, commencé plus tôt; le 20, le ch. VI : *Le Pacte;* le 2 mars, le ch. X : *Charmes, philtres*, à la suite, semble-t-il, du ch. IX : *Satan médecin;* le 10, le ch. XI : *Sabbats;* le 26, le ch. VII : *Le Roi des Morts*, « non sans larmes »; le 28, le ch. XII : *Sabbats-Suite*.

1. Cette note, ainsi que toutes celles qui vont être citées ou utilisées au cours de l'étude de la genèse du livre, est extraite du *Journal* encore inédit de Michelet (années 1861-1874).

Au cours de ce même mois de mars, la seconde partie de *La Sorcière* prend forme. Le ch. I : *Sorcières de la décadence*, est achevé le 19; le ch. III : *Cent ans de tolérance* le 20; le ch. II : *Le Marteau des Sorcières* le 25. Quant aux ch. IV, V, VI, VII, VIII, ils sont presque textuellement transcrits de l'*Histoire de France*. Les ch. X, XI, XII, enfin, qui composent l'épisode de la Cadière, sont revus et complétés les 30 et 31.

Il ne reste plus qu'à écrire l'*Introduction*, le ch. IX et l'*Epilogue*. Aux derniers jours de mars, une première version de l'*Introduction* a été esquissée. Aux premiers jours d'avril, Michelet travaille à l'*Epilogue*. Mais il doit s'interrompre à la nouvelle de la maladie de son fils, employé aux chemins de fer d'Alsace. Il se rend au chevet de Charles, qui meurt le 16 avril. Accablé par le chagrin, il renonce au joyeux soleil de Toulon. Il regagne son domicile parisien. Il abandonne *La Sorcière*, en dépit de l'achèvement du ch. IX de la seconde partie et bien que le livre, confié à l'imprimeur chapitre après chapitre, soit composé presque tout entier. Renouant avec une habitude ancienne, il cherche l'oubli dans un nouveau travail : la préparation du t. XV de l'*Histoire de France*. Il ne reprend *La Sorcière* que le 7 août, alors qu'il séjourne à Saint-Valéry-en-Caux et qu'il attend les épreuves du ch. I de *La Régence*. Il jette sur le papier un « programme » de l'*Introduction*. Mais il ne l'exécute, non sans peine, qu'au mois d'octobre, du 1er au 17, tandis qu'il remanie l'*Epilogue* et qu'il extrait de la Bibliothèque de l'Institut et de la Bibliothèque Impériale la substance des *Notes*.

Le 3 novembre, il donne à l'imprimeur Raçon le dernier bon à tirer. Il se croit récompensé, le 6 au soir, de ses efforts, en recevant du brocheur un exemplaire de *La Sorcière*. Hélas! la sorcellerie continue de troubler, dans la France de Napoléon le Petit, la belle âme des inquisiteurs. Le 7, à midi, Hachette, saisi d'une inquiétude subite, « fait des difficultés pour la mise en vente ». A son associé, Templier, Michelet propose, dans la soirée, deux « expédients : ou ajourner l'*Epilogue* (à la deuxième édition), ou autoriser Hachette à vendre par Pagnerre. » Templier choisit de solliciter Pagnerre. Mais Pagnerre se dérobe. Michelet songe alors à Hetzel, qui le reçoit le 9, à 9 h. du matin, et lui donne son accord, l'assurant qu' « il ne demande aucun changement ». L'affaire va rebondir encore, le surlendemain. Le malheureux auteur de *La Sorcière* est informé par son nouvel éditeur « qu'on demande une saisie ». Le soir même, soucieux d'éviter le pire, il consent à éliminer les deux passages qui seraient incriminés. Ils ne figurent pas, comme il l'avait supposé, dans l'*Epilogue*. Le premier se trouve dans l'*Introduction* (depuis : « Voyez, au contraire, l'impuissance de l'Eglise... » jusqu'à : «... l'insipidité de ses saints. »); le second au ch. x de la seconde partie (depuis : « Le récit choquant qu'on va lire... » jusqu'à : « ... qu'elle n'avait jamais éprouvée. »). Tandis que Hachette met au pilon les quelques exemplaires du livre, déjà brochés, qui lui avaient été livrés, Hetzel et son associé Dentu mettent en vente, le 15 novembre, la première édition de *La Sorcière*. Aucune saisie n'est ordonnée. Mais, à la suite d'une dénonciation, le procureur Lenormand interroge Templier et Hetzel, qui en « perd la tête ». Raçon s'effraie, lui aussi. Il annonce, le 21, qu' « une seconde édition lui paraît impossible ». Michelet, qui a appris que la première (8.000 exemplaires) s'épuisait rapidement et qui se méfie désormais des éditeurs de Paris, s'adresse au Bruxellois Lacroix, qui vient de publier, d'avril à juillet, *Les Misérables*. La négociation, âprement menée de part et d'autre, aboutit le 1er décembre, malgré le repentir de Hetzel qui, apparemment converti au satanisme, achètera, le 13 janvier 1863, les droits de Baudelaire sur *Les Fleurs du mal !* L'édition Lacroix, diffusée en janvier à Bruxelles, le sera à Paris en février. Elle sera épuisée en quelques jours.

Le succès de *La Sorcière* est de scandale. La méthode, la philosophie de ce livre à nul autre pareil prennent au dépourvu les lecteurs les plus bienveillants. Vigny, égaré peut-être par les souffrances d'une lente agonie, ne s'avise pas qu'il a chanté, lui-même, la grandeur de la femme excommuniée et compatissante, dans *La Maison du Berger :*

> *C'est à toi qu'il convient d'ouïr les grandes plaintes*
> *Que l'humanité triste exhale sourdement.*

Autour de Michelet, dans le cercle de ses amis, on s'attriste, quand on ne s'indigne pas. Le bon Eugène Noël dénonce « l'effort, l'affectation, la pleurnicherie d'un roman sans invention, sans vérité, sans intérêt », qui « font de la pauvre *Sorcière* quelque chose d'impossible ». Le fidèle Charles Alexandre confie à Alfred Dumesnil son désarroi. Il déplore la déchéance des maîtres que les hommes de sa génération avaient élus dans leur jeunesse : « Cette vie est trop mauvaise et nos maîtres ne l'idéalisent pas. Ils s'affaissent tous et deviennent nos corrupteurs. Voilà Lamartine au pilori de la mendicité, voilà Hugo tyrannisant tout sous son char des *Misérables,* voilà Michelet qui fait un livre de lupanar. Je lui ai dit nettement ma tristesse de *La Sorcière;* il m'a répondu une lettre émue et blessée. Il a la folie de la physiologie. La *messe noire* l'a ensorcelé, et c'est le Diable. Ce livre excitera la débauche comme des cantharides... Je l'ai vu à Paris, *lui* et *elle,* ne soupçonnant pas leur péché. [1] »

La déception d'Alexandre et de Noël naît, en vérité, d'un malentendu. Ce n'est pas Michelet qui a changé. Ce sont ses disciples qui s'émancipent de sa tutelle. La rigueur critique d'un Renan les séduit. Ils vont applaudir à la publication de la *Vie de Jésus* (1863). Il est naturel qu'ils tiennent *La Sorcière* pour un mauvais « roman ». Michelet, cependant, a prévenu et réfuté leur réquisitoire. Il prétend se conduire en historien, non en romancier, quand il raconte « la vie d'une même femme pendant trois cents ans ». Il se flatte d'éviter ainsi « de se traîner dans des explications prolixes ». Mais il adopte surtout la méthode que lui prescrit le souci de saisir la nature même de son sujet. Qui est la Sorcière, en effet ? Elle n'est pas, comme le fut Jeanne, une femme unique, dont le portrait relèverait de l'art du roman ou de l'épopée. Elle est un type féminin. Elle ne se confond avec aucun des individus qui le représentent successivement. Elle appartient à son sexe. Elle dépend, plus encore, de la société qui l'investit de sa fonction. Si l'Eternel Féminin l'habite, l'histoire, une certaine ère de l'histoire occidentale la justifie. C'est pourquoi son historien lui prête, à bon droit, une destinée impersonnelle et plusieurs siècles de vie.

Comment le procédé de Michelet ne choquerait-il pas les esprits, alors que s'instaure le règne du positivisme ? Il annonce le règne, bien ultérieur, de la sociologie historique, de l'ethnologie et de la psychologie sociale. Mis à l'essai dans divers épisodes de l'*Histoire de France,* repris dans *Le Prêtre* et *Le Peuple,* défini dans l'*Introduction* de *L'Amour,* il s'est altéré dans les mièvreries de *La Femme.* Mais voici qu'il recouvre, dans *La Sorcière,* son efficacité et qu'il la décuple.

1. Lettre inédite, datée du 15 décembre 1862. (Bibliothèque historique de la Ville de Paris. Fonds Baudoüin-Dumesnil.)

La notion reçue d'objectivité historique s'en trouve renversée. Qu'importe si la sorcière médiévale a effectivement jeté ou levé des sorts, si elle a épousé ou non le Diable, si elle a commis une imposture ou reçu un don! Il reste qu'elle a cru à sa toute-puissance magique et maudite, que tout un peuple y a cru avec elle, et a eu besoin d'y croire. Tel est le fait, le fait historique de la sorcellerie. Michelet le « ressuscite » en le revivant. Il continue de pratiquer l'histoire comme une « violente chimie morale où [ses] passions individuelles tournent en généralités, où [ses] généralités deviennent passions ». Ainsi conçoit-il les chapitres les plus ensorcelants de son livre. Mais il s'efforce, en même temps, d'analyser la fonction départie à la sorcière du Moyen Age. Elle lui paraît commandée par le « désespoir » contemporain. Le servage, issu de la féodalité pervertie, l'or, devenu le « grand dieu », la maladie (la lèpre) entretenue par la faim aliènent la liberté du paysan, de l'homme du *pays*. Il ne s'appartient plus. Il se sent emprisonné dans une communauté où il devrait s'épanouir. L'Eglise ne lui est plus secourable. Elle professe un spiritualisme tout angélique, qui trahit l'enseignement et l'exemple du Christ. Elle méprise le corps, la Nature. Elle « ne voit dans la vie qu'une épreuve ». Elle prêche « l'attente et l'espoir de la mort ». Elle voudrait dissuader le fidèle d'être heureux sur cette terre, de cultiver son humanité, de chérir l'existence que Dieu lui a donnée.

Une sourde révolte agite les campagnes. Frustrée de toute espérance positive et politique, elle se nourrit de « rêves étranges, riches de miracles, de folies absurdes et charmantes ». Mais l'aliment de la légende ne lui suffit pas. Le peuple souhaite qu'un individu, né en son sein, ose exercer les « magistratures » naturelles de la collectivité : la guérison des malades, la consolation des affligés, le culte des morts, l'organisation des fêtes. La démission du prêtre et du seigneur entraîne l'avènement de la Sorcière.

Il convient, aux yeux de Michelet, qu'une femme règne sur les « temps du désespoir ». La femme du serf, en effet, cumule toutes les misères : celles qui sont communes et qu'elle partage avec son compagnon, celles que la Nature ou l'Eglise attachent à son sexe. Etant la première à souffrir, elle sera la première à se révolter. Elle se fait donc sorcière. Elle cueille les plantes médicinales. Elle communique son énergie aux faibles, qu'elle envoûte. Elle invoque les morts, comme le fera, plus tard, certain historien. Elle ordonne les « grandes communions » sabbatiques. Ses initiatives, cependant, n'ébranlent pas l'ordre établi. Elles s'y intègrent. Elles offrent au désespoir collectif, non une délivrance, mais une compensation. On recourt aux services de la « Bonne Dame », mais on la montre du doigt comme une étrangère. La sorcellerie, à la différence de l'action révolutionnaire, que Michelet connaît bien, n'obtient jamais le statut des émancipations déclarées au grand jour de l'histoire. Elle est vouée à la clandestinité. La serve magicienne doit quitter son foyer pour la lande. Elle fait l'*école buissonnière*. Elle vit *entre chien et loup*. Elle mène le sabbat après le coucher du soleil.

Tragique nécessité ! La révolte de la sorcière, sevrée de liberté, n'a les moyens ni de découvrir, ni de manifester, ni d'imposer l'humaine vérité qu'elle détient, et qui fait peur. Il ne lui reste qu'à défier la vérité inerte, la « morale close » que la communauté feint toujours de respecter. La sorcière s'y emploie dans le culte parodique du sabbat, qui est comme une messe « à l'envers ». Elle ose enfin solliciter de Satan les « trois sacrements à rebours, baptême, prêtrise et mariage ». Qui lui jetterait la pierre ? Michelet, sans « se faire, à l'étourdie », son « chevalier », la considère avec une pitié clairvoyante. Il est convaincu que « chaque secte persécutée qui tombe à *l'état nocturne*, à la vie dangereuse de société secrète, gravite vers le culte du Diable ». Il pressent, avant Freud, que le phénomène de la perversion ou, plus précisément, de l'inversion appartient à l'histoire des révoltes interdites, que n'éclaire ni ne mûrit le soleil de Midi.

S'étonnera-t-on que l'histoire de la sorcellerie tourne mal ? Elle devrait se conclure avec l'aube de la Renaissance. Alors la théologie songe à libérer l'homme d'Occident de son désespoir, la médecine de sa souffrance, la technique de sa pauvreté, la politique et le droit de sa servitude. La relève de la Sorcière semble assurée. Les « magistratures » dont l'infortunée assurait l'intérim retrouvent des titulaires. Si la sorcellerie se survit, elle n'est plus un sacerdoce profane. Elle devient une profession. Le sabbat dégénère en carnaval. La « tolérance », dans la France régénérée, redevient possible. Elle règne, de fait, pendant « cent ans ».

Mais la justice des hommes a besoin de scandales. Elle est prompte à en susciter ou à en ressusciter. Sous prétexte de punir, comme à retardement, les aberrations de la magie diabolique, l'Inquisition inaugure une suite de procès qui s'étendra à travers tout le XVIIe siècle et au-delà. Satan, Prince du Monde, entreprendrait-il de reprendre en main ses sujets ? Michelet le pense. Il doute, toutefois, que le Malin revienne hanter les landes. Il le soupçonne plutôt de se glisser au sein de l'Eglise, de se cacher derrière les murs des couvents. Madeleine de la Palud, les possédées de Loudun et de Louviers, Catherine Cadière portent l'habit des nonnes. On les accuse de sorcellerie, bien qu'elles soient innocentes, afin de disculper leurs confesseurs, qui les ont proprement envoûtées. Ainsi s'explique, dans l'immédiat, leur destinée. Mais Michelet l'interprète plus profondément. Il lui apparaît que l'Eglise consomme, dans l'inique condamnation de ces malheureuses, un péché antique et capital, dont l'effort de réflexion de la Réforme et de la Contre-Réforme ne l'a point délivrée. Elle paie le prix, sanglant, de l'« ambition de haute pureté stérile » qu'elle a conçue au Moyen Age. Son refus de l'incarnation, son culte exclusif de l'Esprit finissent par la livrer au Malin, dont la pensée l'obsède. Le prêtre, impatient de dénoncer le satanisme chez la sorcière, y succombe subtilement. Il tente sans succès de s'en décharger sur la religieuse qu'il confesse. C'est lui qui se livre à des pratiques de possession. Le démon qu'il voit partout : *Ubique daemon*, l'habite. « Qui fait l'ange fait la bête », ou plutôt le diable. « La fascination naturelle d'un homme maître d'un troupeau de femmes qui lui sont abandonnées..., disposant de leur corps et de leur âme, les ensorcelant : voilà ce qui apparut au procès de Gauffridi, plus tard aux affaires terribles de Loudun et de Louviers. » Oui, « Satan s'est fait directeur. Ou, si vous l'aimez mieux, le directeur s'est fait Satan. » Sur ce verdict se clôt le procès que l'historien, indulgent à la perversion désespérée de la « Bonne Dame », intente aux hommes d'Eglise qui, après avoir possédé leurs victimes, les inculpent et les jettent aux flammes.

La dialectique subtile de *La Sorcière* donne parfois le vertige, le vertige de l'ensorcellement. Mais elle le conjure aussi. Michelet annonce à qui veut l'entendre (mais qui le veut, en 1862, cinq ans après la condamnation des *Fleurs du Mal?*) que la créature la plus misérable vaut mieux que sa misère. Son héroïne incarne la tragique espérance de Baudelaire apostrophant Satan, un Satan né de la révolte humaine et de ses rêves agressifs, qui

« pourrait bien être », selon l'ultime phrase de *La Sorcière*, « l'un des aspects de Dieu » :

Toi qui, même aux lépreux, aux parias maudits,
Enseignes par l'amour le goût du Paradis,
O Satan, prends pitié de ma longue misère !

Paul VIALLANEIX.

Le texte reproduit dans ce volume est celui de la première édition, *La Sorcière*, Paris, Librairie de L. Hachette et Cie, 1862. Nous signalons les principales variantes des éditions ultérieures.

BIBLIOGRAPHIE

On trouvera une bibliographie détaillée des études, biographiques et critiques, consacrées à Michelet dans la thèse de Paul Viallaneix : *La Voie royale*, pp. 511 à 518. Les principales, seules, sont mentionnées ici, par ordre chronologique.

MONOD, Gabriel : *La Vie et la pensée de Jules Michelet.* Paris, Champion *(Bibliothèque de l'Ecole des Hautes Etudes)*, 1923, 2 vol. in-8°.

REFORT, Lucien : *L'Art de Michelet dans son œuvre historique.* Paris, Champion, 1923, in-8°.

CARRÉ, Jean-Marie : *Michelet et son temps.* Paris, Perrin, 1926, in-12.

GUÉHENNO, Jean : *L'Evangile éternel (Etude sur Michelet).* Paris, Grasset, 1927, in-12.

HAAC, Oscar A. : *Les Principes inspirateurs de Michelet.* Paris, P.U.F., 1951, in-8°

BARTHES, Roland : *Michelet par lui-même.* Paris, Editions du Seuil, 1954, in-16.

CORNUZ, Jean-Louis : *Jules Michelet. Un aspect de la pensée religieuse au XIX*e *siècle.* Genèse, Droz et Lille, Giard, 1955, in-8°.

VIALLANEIX, Paul : *La Voie royale. Essai sur l'idée du peuple dans l'œuvre de Michelet.* Paris, Delagrave, 1959, in-8°.

P. V.

LA SORCIÈRE

INTRODUCTION

Sprenger dit (avant 1500) : « Il faut dire l'*hérésie des sorcières*, et non des sorciers; ceux-ci sont peu de chose. » — Et un autre sous Louis XIII : « Pour un sorcier dix mille sorcières. »

« Nature les a fait sorcières. » — C'est le génie propre à la Femme et son tempérament. Elle naît Fée. Par le retour régulier de l'exaltation, elle est Sibylle. Par l'amour, elle est Magicienne. Par sa finesse, sa malice (souvent fantasque et bienfaisante), elle est Sorcière, et fait le sort, du moins endort, trompe les maux.

Tout peuple primitif a même début; nous le voyons par les Voyages. L'homme chasse et combat. La femme s'ingénie, imagine; elle enfante des songes et des dieux. Elle est *voyante* à certains jours; elle a l'aile infinie du désir et du rêve. Pour mieux compter les temps, elle observe le ciel. Mais la terre n'a pas moins son cœur. Les yeux baissés sur les fleurs amoureuses, jeune et fleur elle-même, elle fait avec elles connaissance personnelle. Femme, elle leur demande de guérir ceux qu'elle aime.

Simple et touchant commencement des religions et des sciences! Plus tard, tout se divisera; on verra commencer l'homme spécial, jongleur, astrologue ou prophète, nécromancien, prêtre, médecin. Mais au début, la Femme est tout.

Une religion forte et vivace, comme fut le paganisme grec, commence par la sibylle, finit par la sorcière. La première, belle vierge, en pleine lumière, le berça, lui donna le charme et l'auréole. Plus tard, déchu, malade, aux ténèbres du moyen âge, aux landes et aux forêts, il fut caché par la sorcière; sa pitié intrépide le nourrit, le fit vivre encore. Ainsi, pour les religions, la Femme est mère, tendre gardienne et nourrice fidèle. Les dieux sont comme les hommes; ils naissent et meurent sur son sein.

Que sa fidélité lui coûte!... Reines, mages de la Perse, ravissante Circé! sublime Sibylle, hélas! qu'êtes-vous devenues ? et quelle barbare transformation!... Celle qui, du trône d'Orient, enseigna les vertus des plantes et le voyage des étoiles, celle qui, au trépied de Delphes, rayonnante du dieu de lumière, donnait ses oracles au monde à genoux, — c'est elle, mille ans après, qu'on chasse comme une bête sauvage, qu'on poursuit aux carrefours, honnie, tiraillée, lapidée, assise sur les charbons ardents!...

Le clergé n'a pas assez de bûchers, le peuple assez d'injures, l'enfant assez de pierres contre l'infortunée. Le poète (aussi enfant) lui lance une autre pierre, plus cruelle pour une femme. Il suppose, gratuitement, qu'elle était toujours laide et vieille. Au mot Sorcière, on voit les affreuses vieilles de Macbeth. Mais leurs cruels procès apprennent le contraire. Beaucoup périrent précisément parce qu'elles étaient jeunes et belles.

La Sibylle prédisait le sort. Et la Sorcière le fait. C'est la grande, la vraie différence. Elle évoque, elle conjure, opère la destinée. Ce n'est pas la Cassandre antique qui voyait si bien l'avenir, le déplorait, l'attendait. Celle-ci crée cet avenir. Plus que Circé, plus que Médée, elle a en main la baguette du miracle naturel, et pour aide et sœur la Nature. Elle a déjà des traits du Prométhée moderne. En elle commence l'industrie, surtout l'industrie souveraine qui guérit, refait l'homme. Au rebours de la Sibylle, qui semblait regarder l'aurore, elle regarde le couchant; mais justement ce couchant sombre donne, longtemps avant l'aurore (comme il arrive aux pics des Alpes), une aube anticipée du jour.

Le prêtre entrevoit bien que le péril, l'ennemie, la rivalité redoutable est dans celle qu'il fait semblant de mépriser, la prêtresse de la Nature. Des dieux anciens, elle a conçu des dieux. Auprès du Satan du passé, on voit en elle poindre un Satan de l'avenir.

L'unique médecin du peuple, pendant mille ans, fut la Sorcière. Les empereurs, les rois, les papes, les plus riches barons, avaient quelques docteurs de Salerne, des

Maures, des Juifs, mais la masse de tout état, et l'on peut dire le monde, ne consultait que la *Saga* ou *Sage-femme*. Si elle ne guérissait, on l'injuriait, on l'appelait sorcière. Mais généralement, par un respect mêlé de crainte, on la nommait *Bonne dame* ou *Belle dame* (bella donna), du nom même qu'on donnait aux Fées.

Il lui advint ce qui arrive encore à sa plante favorite, la Belladone, à d'autres poisons salutaires qu'elle employait et qui furent l'antidote des grands fléaux du moyen âge. L'enfant, le passant ignorant, maudit ces sombres fleurs avant de les connaître. Elles l'effrayent par leurs couleurs douteuses. Il recule, il s'éloigne. Ce sont là pourtant les *Consolantes* (Solanées), qui discrètement administrées, ont guéri souvent, endormi tant de maux.

Vous les trouvez aux plus sinistres lieux, isolés, mal famés, aux masures, aux décombres. C'est encore là une ressemblance qu'elles ont avec celle qui les employait. Où aurait-elle vécu, sinon aux landes sauvages, l'infortunée qu'on poursuivit tellement, la maudite, la proscrite, l'empoisonneuse qui guérissait, sauvait ? la fiancée du Diable et du Mal incarné, qui a fait tant de bien, au dire du grand médecin de la Renaissance. Quand Paracelse, à Bâle, en 1527, brûla toute la médecine, il déclara ne savoir rien que ce qu'il apprit des sorcières.

Cela valait une récompense. Elles l'eurent. On les paya en tortures, en bûchers. On trouva des supplices exprès ; on leur inventa des douleurs. On les jugeait en masse, on les condamnait sur un mot. Il n'y eut jamais une telle prodigalité de vies humaines. Sans parler de l'Espagne, terre classique des bûchers, où le Maure et le Juif ne vont jamais sans la sorcière, on en brûle sept mille à Trèves, et je ne sais combien à Toulouse, à Genève cinq cents en trois mois (1513), huit cents à Wurtzbourg, presque d'une fournée, mille cinq cents à Bamberg (deux tout petits évêchés !). Ferdinand II lui-même, le bigot, le cruel empereur de la guerre de Trente ans, fut obligé de surveiller ces bons évêques ! ils eussent brûlé tous leurs sujets. Je trouve, dans la liste de Wurtzbourg, un sorcier de onze ans, qui était à l'école, une sorcière de quinze, à Bayonne deux de dix-sept, damnablement jolies.

Notez qu'à certaines époques, par ce seul mot *Sorcière*, la haine tue qui elle veut. Les jalousies de femmes, les cupidités d'hommes, s'emparent d'une arme si commode.

Telle est riche ?... *Sorcière.* — Telle est jolie ?... *Sorcière.* On verra la Murgui, une petite mendiante, qui, de cette pierre terrible, marque au front pour la mort, la grande dame, trop belle, la châtelaine de Lancinena.

Les accusées, si elles peuvent, préviennent la torture et se tuent. Remy, l'excellent juge de Lorraine, qui en brûla huit cents, triomphe de cette terreur. « Ma justice est si bonne, dit-il, que seize, qui furent arrêtées l'autre jour, n'attendirent pas, s'étranglèrent tout d'abord. »

Sur la longue voie de mon Histoire, dans les trente ans que j'y ai consacrés, cette horrible littérature de sorcellerie m'a passé, repassé fréquemment par les mains. J'ai épuisé d'abord et les manuels de l'inquisition, les âneries des dominicains (*Fouets, Marteaux, Fourmilières, Fustigations, Lanternes,* etc., ce sont les titres de leurs livres). Puis j'ai lu les parlementaires, les juges lais qui succèdent à ces moines, les méprisent et ne sont guère moins idiots. J'en dis un mot ailleurs. Ici, une seule observation, c'est que, de 1300 à 1600, et au-delà, la justice est la même. Sauf un petit entr'acte dans le Parlement de Paris, c'est toujours et partout même férocité de sottise. Les talents n'y font rien. Le spirituel De Lancre, magistrat bordelais du règne d'Henri IV, fort avancé en politique, dès qu'il s'agit de sorcellerie, retombe au niveau d'un Nider, d'un Sprenger, des moines imbéciles du quinzième siècle.

On est saisi d'étonnement en voyant ces temps si divers, ces hommes de culture différente, ne pouvoir avancer d'un pas. Puis on comprend très bien que les uns et les autres furent arrêtés, disons plus, aveuglés, irrémédiablement enivrés et ensauvagés, par le poison de leur principe. Ce principe est le dogme de fondamentale injustice : « Tous perdus, pour un seul, non seulement punis, mais dignes de l'être, *gâtés d'avance et pervertis,* morts à Dieu même avant de naître. L'enfant qui tète est un damné. »

Qui dit cela ? Tous, Bossuet même. Un docteur important de Rome, Spina, Maître du Sacré Palais, formule nettement la chose : « Pourquoi Dieu permet-il la mort des innocents ? Il le fait justement. Car s'ils ne meurent à cause des péchés qu'ils ont faits, ils meurent toujours coupables pour le péché originel. » (*De Strigibus,* p. 9.)

De cette énormité, deux choses dérivent, et en justice et en logique. Le juge est toujours sûr de son affaire;

celui qu'on lui amène est coupable certainement, et, s'il se défend, encore plus. La justice n'a pas à suer fort, à se casser la tête, pour distinguer le vrai du faux. En tout, on part d'un parti pris. Le logicien, le scolastique n'a que faire d'analyser l'âme, et de se rendre compte des nuances par où elle passe, de sa complexité, de ses oppositions intérieures et de ses combats. Il n'a pas besoin, comme nous, de s'expliquer comment cette âme, de degré en degré, peut devenir vicieuse. Ces finesses, ces tâtonnements, s'il pouvait les comprendre, oh! comme il en rirait, hocherait la tête. Et qu'avec grâce alors oscilleraient les superbes oreilles dont son crâne vide est orné!

Quand il s'agit surtout du *Pacte diabolique*, du traité effroyable, où pour un petit gain d'un jour, l'âme se vend aux tortures éternelles, nous chercherions nous autres à retrouver la voie maudite, l'épouvantable échelle de malheurs et de crimes qui l'auront fait descendre là. Notre homme a bien affaire de tout cela? Pour lui l'âme et le diable étaient nés l'un pour l'autre, si bien qu'à la première tentation, pour un caprice, une *envie*, une idée qui passe, du premier coup l'âme se jette à cette horrible extrémité.

Je ne vois pas non plus que nos modernes se soient enquis beaucoup de la chronologie morale de la sorcellerie. Ils s'attachent trop aux rapports du moyen âge avec l'antiquité. Rapports réels, mais faibles, de petite importance. Ni la vieille Magicienne, ni la Voyante celtique et germanique ne sont encore la vraie Sorcière. Les innocentes Sabasies (de Bacchus Sabasius), petit sabbat rural, qui dura dans le moyen âge, ne sont nullement la Messe noire du quatorzième siècle, le grand défi solennel à Jésus. Ces conceptions terribles n'arrivèrent pas par la longue filière de la tradition. Elles jaillirent de l'horreur du temps.

D'où date la Sorcière? je dis sans hésiter: « Des temps du désespoir. »

Du désespoir profond que fit le monde de l'Eglise. Je dis sans hésiter: « La Sorcière est son crime. »

Je ne m'arrête nullement à ses doucereuses explications qui font semblant d'atténuer: « Faible, légère, était la créature, molle aux tentations. Elle a été induite à mal par la concupiscence. » Hélas! dans la misère, la famine de ces temps, ce n'est pas là ce qui pouvait troubler jusqu'à la fureur diabolique. Si la femme amoureuse, jalouse et délaissée, si l'enfant chassé par la belle-mère, si la mère battue de son fils (vieux sujets de légendes), si elles ont pu être tentées, invoquer le mauvais Esprit, tout cela n'est pas la Sorcière. De ce que ces pauvres créatures appellent Satan, il ne suit pas qu'il les accepte. Elles sont loin encore, et bien loin d'être mûres pour lui. Elles n'ont pas la haine de Dieu.

Pour comprendre un peu mieux cela, lisez les registres exécrables qui nous restent de l'Inquisition, non pas dans les extraits de Llorente, de Lamothe-Langon, etc., mais dans ce qu'on a des registres originaux de Toulouse. Lisez-les dans leur platitude, leur morne sécheresse, si effroyablement sauvage. Au bout de quelques pages, on se sent morfondu. Un froid cruel vous prend. La mort, la mort, la mort, c'est ce qu'on sent dans chaque ligne. Vous êtes déjà dans la bière, ou dans une petite loge de pierre aux murs moisis. Les plus heureux sont ceux qu'on tue. L'horreur, c'est *l'in pace*. C'est ce mot qui revient sans cesse, comme une cloche d'abomination qu'on sonne et qu'on re-sonne, pour désoler les morts vivants, mot toujours le même : *Emmurés*.

Epouvantable mécanique d'écrasement, d'aplatissement, cruel pressoir à briser l'âme. De tour de vis en tour de vis, ne respirant plus et craquant, elle jaillit de la machine et tomba au monde inconnu.

A son apparition, la Sorcière n'a ni père, ni mère, ni fils, ni époux, ni famille. C'est un monstre, un aérolithe, venu on ne sait d'où. Qui oserait, grand Dieu! en approcher ?

Où est-elle ? aux lieux impossibles, dans la forêt des ronces, sur la lande, où l'épine, le chardon emmêlés, ne permettent pas le passage. La nuit, sous quelque vieux dolmen. Si on l'y trouve, elle est encore isolée par l'horreur commune; elle a autour comme un cercle de feu.

Qui le croira pourtant ? C'est une femme encore. Même cette vie terrible presse et tend son ressort de femme, l'électricité féminine. La voilà douée de deux dons :

L'illuminisme de la folie lucide, qui, selon ses degrés, est poésie, seconde vue, pénétration perçante, la parole naïve et rusée, la faculté surtout de se croire en tous ses mensonges. Don ignoré du sorcier mâle. Avec lui, rien n'eût commencé.

De ce don un autre dérive, la sublime puissance de la *conception solitaire*, la parthénogenèse que nos physiologistes reconnaissent maintenant dans les femelles de nombreuses espèces pour la fécondité du corps, et qui n'est pas moins sûre pour les conceptions de l'esprit.

Seule, elle conçut et enfanta. Qui ? Un autre elle-même qui lui ressemble à s'y tromper.

Fils de haine, conçu de l'amour. Car sans l'amour, on ne crée rien. Celle-ci, tout effrayée qu'elle est de cet enfant, s'y retrouve si bien, se complaît tellement en cette idole, qu'elle la place à l'instant sur l'autel, l'honore, s'y immole, et se donne comme victime et vivante hostie. Elle-même bien souvent le dira à son juge : « Je ne crains qu'une chose : souffrir trop peu pour lui. » (Lancre.)

Savez-vous bien le début de l'enfant ? C'est un terrible éclat de rire. N'a-t-il pas sujet d'être gai, sur sa libre prairie, loin des cachots d'Espagne et des *emmurés* de Toulouse. Son *in pace* n'est pas moins que le monde. Il va, vient, se promène. A lui la forêt sans limite ! à lui la lande des lointains horizons ! à lui toute la terre, dans la rondeur de sa riche ceinture ! La sorcière lui dit tendrement : « Mon Robin », du nom de ce vaillant proscrit, le joyeux Robin Hood, qui vit sous la verte feuillée. Elle aime aussi à le nommer du petit nom de *Verdelet*, *Jolibois*, *Vert-bois*. Ce sont les lieux favoris de l'espiègle. A peine eut-il vu un buisson, qu'il fit l'*école buissonnière*.

Ce qui étonne, c'est que du premier coup la Sorcière vraiment fit un être. Il a tous les semblants de la réalité. On l'a vu, entendu. Chacun peut le décrire.

Voyez au contraire l'impuissance de l'Eglise pour engendrer. Comme ses anges sont pâles, à l'état de grisaille, diaphanes ! On voit à travers.

Même dans les démons qu'elle a pris aux rabbins, la sale légion grognante, etc., elle cherchait un réalisme de terreur, mais ne l'atteignit pas. Ces figures sont grotesques encore plus que terribles ; elles sont flottantes et baladines.

Tout autre sort Satan du sein brûlant de la Sorcière, vivant, armé et tout brandi.

Quelque peur que l'on ait de lui, il faut avouer que, sans lui, on fût mort de monotonie. De tant de fléaux qui frappent ce temps, l'ennui est encore le plus lourd. Quand on essaye de faire parler les Trois Personnes entre elles, comme Milton en eut la malheureuse idée, l'ennui monte au sublime. De l'une à l'autre, c'est un *oui* éternel. Des anges aux saints, le même *oui*. Ceux-ci, dans leurs légendes, fort gentilles au commencement, ont tous un air de parenté fadasse, et entre eux, et avec Jésus. Tous cousins. Dieu nous garde de vivre en un pays où tout visage humain, de désolante ressemblance, a cette égalité douceâtre de couvent ou de sacristie :

Au contraire ce gaillard, le fils de la sorcière, sait donner la réplique. Il répond à Jésus. Je suis sûr qu'il le désennuie, accablé comme il est de l'insipidité de ses saints[1].

Ces bien-aimés, les fils de la maison, se remuent peu, contemplent, rêvent; ils *attendent* en attendant, sûrs qu'ils auront leur part d'Elus. Le peu qu'ils ont d'actif se concentre dans le cercle resserré de l'*Imitation* (ce mot est tout le moyen âge). — Lui, le bâtard maudit, dont la part n'est rien que le fouet, il n'a garde d'attendre. Il va cherchant et jamais ne repose. Il s'agite, de la terre au ciel. Il est fort curieux, fouille, entre, sonde, et met le nez partout. Du *Consummatum est* il se rit, il se moque. Il dit toujours : « Plus loin! » — et « En avant! »

Du reste, il n'est pas difficile. Il prend tous les rebuts; ce que le ciel jette, il ramasse. Par exemple, l'Eglise a jeté la Nature, comme impure et suspecte. Satan s'en saisit, s'en décore. Bien plus, il l'exploite et s'en sert, en fait jaillir des arts, acceptant le grand nom dont on veut le flétrir, celui de *Prince du monde*.

On avait dit imprudemment : « Malheur à ceux qui rient! » C'était donner d'avance à Satan une trop belle part, le monopole du rire et le proclamer *amusant*. Disons plus : *nécessaire*. Car le rire est une fonction essentielle de notre nature. Comment porter la vie, si nous ne pouvons rire, tout au moins parmi nos douleurs ?

L'Eglise qui ne voit dans la vie qu'une épreuve, se garde de la prolonger. Sa médecine est la résignation, l'attente et l'espoir de la mort. — Vaste champ pour Satan. Le voilà médecin, guérisseur des vivants. Bien plus, conso-

1. *Le passage qu'on vient de lire depuis* « Voyez au contraire... » *ne figure que dans l'édition originale (voir la Préface).*

lateur; il a la complaisance de nous montrer nos morts, d'évoquer les ombres aimées.

Autre petite chose rejetée de l'Eglise, la Logique, la libre Raison. C'est là la grande friandise dont *l'autre* avidement se saisit.

L'Eglise avait bâti à chaux et à ciment un petit *in pace*, étroit, à voûte basse, éclairé d'un jour borgne, d'une certaine fente. Cela s'appelait l'*Ecole*. On y lâchait quelques tondus, et on leur disait : « Soyez libres. » Tous y devenaient culs-de-jatte. Trois cents, quatre cents ans confirment la paralysie. Et le point d'Abailard est justement celui d'Occam!

Il est plaisant qu'on aille chercher là l'origine de la Renaissance. Elle eut lieu, mais comment ? par la satanique entreprise des gens qui ont percé la voûte, par l'effort des damnés qui voulaient voir le ciel. Et elle eut lieu bien plus encore, loin de l'Ecole et des lettrés, dans l'*Ecole buissonnière*, où Satan fit la chasse à la Sorcière et au berger.

Enseignement hasardeux, s'il en fut, mais dont les hasards même exaltaient l'amour curieux, le désir effréné de voir et de savoir. — Là commencèrent les mauvaises sciences, la pharmacie défendue des Poisons, et l'exécrable anatomie. — Le berger, espion des étoiles, avec l'observation du ciel, apportait là ses coupables recettes, ses essais sur les animaux. — La sorcière apportait du cimetière voisin un corps volé; et pour la première fois (au risque du bûcher) on pouvait contempler ce miracle de Dieu « qu'on cache sottement, au lieu de le comprendre » (comme a dit si bien M. Serres).

Le seul docteur admis là par Satan, Paracelse, y a vu un tiers, qui parfois se glissait dans l'assemblée sinistre, y apportait la chirurgie. — C'était le chirurgien de ces temps de bonté, le bourreau, l'homme à la main hardie, qui jouait à propos du fer, cassait les os et savait les remettre, qui tuait et parfois sauvait, pendait jusqu'à un certain point.

L'université criminelle de la sorcière, du berger, du bourreau, dans ses essais qui furent des sacrilèges, enhardit l'autre, força sa concurrente d'étudier. Car chacun voulait vivre. Tout eût été à la sorcière; on aurait pour jamais tourné le dos au médecin. — Il fallut bien que l'Eglise subît, permît ces crimes. Elle avoua qu'il est de *bons poisons* (Grillandus). Elle laissa, contrainte et forcée, disséquer publiquement. En 1306, l'Italien Mondino ouvre et dissèque une femme; une en 1315. — Révélation sacrée. Découverte d'un monde (c'est bien plus que Christophe Colomb). Les sots frémirent, hurlèrent. Et les sages tombèrent à genoux.

Avec de telles victoires, Satan était bien sûr de vivre. Jamais l'Eglise seule n'aurait pu le détruire. Les bûchers n'y firent rien, mais bien certaine politique.

On divisa habilement le royaume de Satan. Contre sa fille, son épouse, la Sorcière, on arma son fils, le Médecin.

L'Eglise, qui, profondément, de tout son cœur, haïssait celui-ci, ne lui fonda pas moins son monopole, pour l'extinction de la Sorcière. Elle déclare, au quatorzième siècle, que si la femme ose guérir, *sans avoir étudié*, elle est sorcière et meurt.

Mais comment étudierait-elle publiquement! Imaginez la scène risible, horrible, qui eût lieu si la pauvre sauvage eût risqué d'entrer aux Ecoles! Quelle fête et quelle gaieté! Aux feux de la Saint-Jean, on brûlait des chats enchaînés. Mais la sorcière liée à cet enfer miaulant, la sorcière hurlant et rôtie, quelle joie pour l'aimable jeunesse des moinillons et des cappets!

On verra tout au long la décadence de Satan. Lamentable récit. On le verra pacifié, devenu *un bon vieux*. On le vole, on le pille, au point que des deux masques qu'il avait au Sabbat, le plus sale est pris par Tartuffe.

Son esprit est partout. Mais lui-même, de sa personne, en perdant la Sorcière, il perdait tout. — Les sorciers furent des ennuyeux.

Maintenant qu'on l'a précipité tellement vers son déclin, sait-on bien ce qu'on a fait là? — N'était-il pas un acteur nécessaire, une pièce indispensable de la grande machine religieuse, un peu détraquée aujourd'hui? Tout organisme qui fonctionne bien est double, a deux côtés. La vie ne va guère autrement. C'est un certain balancement de deux forces, opposées, symétriques, mais inégales; l'inférieure fait contrepoids, répond à l'autre. La supérieure s'impatiente, et veut la supprimer. — A tort.

Lorsque Colbert (1672) destitua Satan avec peu de façon en défendant aux juges de recevoir les procès de sorcellerie, le tenace parlement Normand, dans sa bonne logique normande, montra la portée dangereuse d'une telle décision. Le Diable n'est pas moins qu'un dogme, qui tient à tous les autres. Toucher à l'éternel vaincu, n'est-ce pas toucher au vainqueur ? Douter des actes du premier, cela mène à douter des actes du second, des miracles qu'il fit précisément pour combattre le Diable. Les colonnes du Ciel ont leur pied dans l'abîme. L'étourdi qui remue cette base infernale, peut lézarder le Paradis.

Colbert n'écouta pas. Il avait tant d'autres affaires. — Mais le diable peut-être entendit. Et cela le console fort. Dans les petits métiers où il gagne sa vie (spiritisme ou tables tournantes), il se résigne, et croit que du moins il ne meurt pas seul.

LIVRE PREMIER

I

LA MORT DES DIEUX

Certains auteurs nous assurent que, peu de temps avant la victoire du christianisme, une voix mystérieuse courait sur les rives de la mer Egée, disant : « Le grand Pan est mort. »

L'antique Dieu universel de la Nature était fini. Grande joie. On se figurait que, la Nature étant morte, morte était la tentation. Troublée si longtemps de l'orage, l'âme humaine va donc reposer.

S'agissait-il simplement de la fin de l'ancien Culte, de sa défaite, de l'éclipse des vieilles formes religieuses ? Point du tout. En consultant les premiers monuments chrétiens, on trouve à chaque ligne l'espoir que la Nature va disparaître, la vie s'éteindre, qu'enfin on touche à la fin du monde. C'en est fait des dieux de la vie, qui en ont si longtemps prolongé l'illusion. Tout tombe, s'écroule, s'abîme. Le Tout devient le néant : « Le grand Pan est mort ! »

Ce n'était pas une nouvelle que les dieux dussent mourir. Nombre de cultes anciens sont fondés précisément sur l'idée de la mort des dieux. Osiris meurt, Adonis meurt, il est vrai, pour ressusciter. Eschyle, sur le théâtre même, dans ces drames qu'on ne jouait que pour les fêtes des dieux, leur dénonce expressément, par la voix de Prométhée, qu'un jour ils doivent mourir. Mais comment ? Vaincus, et soumis aux Titans, aux puissances antiques de la Nature.

Ici, c'est bien autre chose. Les premiers chrétiens, dans l'ensemble et dans le détail, dans le passé, dans l'avenir, maudissent la Nature elle-même. Ils la condamnent tout entière, jusqu'à voir le mal incarné, le démon dans une fleur[1]. Viennent donc, plus tôt que plus tard, les anges qui jadis abîmèrent les villes de la mer Morte, qu'ils emportent, plient comme un voile la vaine figure du monde, qu'ils délivrent enfin les saints de cette longue tentation.

L'Evangile dit : « Le jour approche. » Les Pères disent : « Tout à l'heure. » L'écroulement de l'Empire et l'invasion des Barbares donnent espoir à saint Augustin qu'il ne subsistera de cité bientôt que la Cité de Dieu.

Qu'il est pourtant dur à mourir, ce monde, et obstiné à vivre ! Il demande, comme Ezéchias, un répit, un tour de cadran. Eh bien, soit, jusqu'à l'an Mille. Mais après, pas un jour de plus.

Est-il bien sûr, comme on l'a tant répété, que les anciens dieux fussent finis, eux-mêmes ennuyés, las de vivre ? qu'ils aient, de découragement, donné presque leur démission ? que le christianisme n'ait eu qu'à souffler sur ces vaines ombres ?

On montre ces dieux dans Rome, on les montre dans le Capitole, où ils n'ont été admis que par une mort préalable, je veux dire en abdiquant ce qu'ils avaient de sève locale, en reniant leur patrie, en cessant d'être les génies représentant de telles nations. Pour les recevoir, il est vrai, Rome avait pratiqué sur eux une sévère opération, les avait énervés, pâlis. Ces grands dieux centralisés étaient devenus, dans leur vie officielle, de tristes fonctionnaires de l'empire romain. Cette aristocratie de l'Olympe, en sa décadence, n'avait nullement entraîné la foule des dieux indigènes, la populace des dieux encore en possession de l'immensité des campagnes, des bois, des monts, des fontaines, confondus intimement avec la vie de la contrée. Ces dieux logés au cœur des chênes, dans les eaux bruyantes et profondes, ne pouvaient en être expulsés.

Et qui dit cela ? c'est l'Eglise. Elle se contredit rudement. Quand elle a proclamé leur mort, elle s'indigne de leur vie. De siècle en siècle, par la voix menaçante de ses conciles[2], elle leur intime de mourir... Eh quoi ! ils sont donc vivants ?

1. Conf. de S. Cyprien, ap. Muratori, *Script. it.* I, 293, 545. A. Maury. *Magie*, 435.

2. V. Mansi, Baluze; Conc. d'Arles, 442; de Tours, 567; de Leptines, 743; les Capitulaires, etc. Gerson même, vers 1400.

« Ils sont des démons... » — Donc, ils vivent. Ne pouvant en venir à bout, on laisse le peuple innocent les habiller, les déguiser. Par la légende, il les baptise, les impose à l'Eglise même. Mais, du moins, sont-ils convertis ? Pas encore. On les surprend qui sournoisement subsistent en leur propre nature païenne.

Où sont-ils ? Dans le désert, sur la lande, dans la forêt ? Oui, mais surtout dans la maison. Ils se maintiennent au plus intime des habitudes domestiques. La femme les garde et les cache au ménage et au lit même. Ils ont là le meilleur du monde (mieux que le temple), le foyer.

Il n'y eut jamais révolution si violente que celle de Théodose. Nulle trace dans l'antiquité d'une telle proscription d'aucun culte. Le Perse, adorateur du feu, dans sa pureté héroïque, put outrager les dieux visibles, mais il les laissa subsister. Il fut très favorable aux Juifs, les protégea, les employa. La Grèce, fille de la lumière, se moqua des dieux ténébreux, des Cabires ventrus, et elle les toléra pourtant, les adopta comme ouvriers, si bien qu'elle en fit son Vulcain. Rome, dans sa majesté, accueillit, non seulement l'Etrurie, mais les dieux rustiques du vieux laboureur italien. Elle ne poursuivit les druides que comme une dangereuse résistance nationale.

Le christianisme vainqueur voulut, crut tuer l'ennemi. Il rasa l'Ecole, par la proscription de la logique, et par l'extermination matérielle des philosophes qui furent massacrés sous Valens. Il rasa ou vida le Temple, brisa les symboles. La légende nouvelle aurait pu être favorable à la famille, si le père n'y eût été annulé dans S. Joseph, si la mère avait été relevée comme éducatrice, comme ayant moralement enfanté Jésus. Voie féconde qui fut tout d'abord délaissée par l'ambition d'une haute pureté stérile.

Donc le christianisme entra au chemin solitaire où le monde allait de lui-même, le célibat, combattu en vain par les lois des Empereurs. Il se précipita sur cette pente par le monachisme.

Mais l'homme au désert fut-il seul ? Le démon lui tint compagnie, avec toutes les tentations. Il eut beau faire, il lui fallut recréer des sociétés, des cités de solitaires. On sait ces noires villes de moines qui se formèrent en Thébaïde. On sait quel esprit turbulent, sauvage, les anima, leurs descentes meurtrières dans Alexandrie. Ils se disaient troublés, poussés du démon, et ne mentaient pas.

Un vide énorme s'était fait dans le monde. Qui le remplissait ? Les chrétiens le disent, le démon, partout le démon : *Ubique daemon* [1].

La Grèce, comme tous les peuples, avait eu ses *énergumènes*, troublés, possédés des esprits. C'est un rapport tout extérieur, une ressemblance apparente qui ne ressemble nullement. Ici, ce ne sont pas des esprits quelconques. Ce sont les noirs fils de l'abîme, idéal de perversité. On voit partout dès lors errer ces pauvres mélancoliques qui se haïssent, ont horreur d'eux-mêmes. Jugez, en effet, ce que c'est, de se sentir double, d'avoir foi en cet *autre*, cet hôte cruel qui va, vient, se promène en vous, vous fait errer où il veut, aux déserts, aux précipices. Maigreur, faiblesse croissantes. Et plus ce corps misérable est faible, plus le démon l'agite. La femme surtout est habitée, gonflée, soufflée de ces tyrans. Ils l'emplissent d'*aura* infernale, y font l'orage et la tempête, s'en jouant, au gré de leur caprice, la font pécher, la désespèrent.

Ce n'est pas nous seulement, hélas ! c'est toute la nature qui devient démoniaque. C'est le diable dans une fleur, combien plus dans la forêt sombre ! La lumière qu'on croyait si pure est pleine des enfants de la nuit. Le ciel plein d'enfer ! quel blasphème ! L'étoile divine du matin, dont la scintillation sublime a plus d'une fois éclairé Socrate, Archimède ou Platon, qu'est-elle devenue ? Un diable, le grand diable *Lucifer*. Le soir, c'est le diable *Vénus*, qui m'induit en tentation dans ses molles et douces clartés.

Je ne m'étonne pas si cette société devient terrible et furieuse. Indignée de se sentir si faible contre les démons, elle les poursuit partout, dans les temples, les autels de l'ancien culte d'abord, puis dans les martyrs païens. Plus de festins ; ils peuvent être des réunions idolâtriques. Suspecte est la famille même ; car l'habitude pourrait la réunir autour des lares antiques. Et pourquoi une famille ? L'Empire est un empire de moines.

Mais l'individu lui-même, l'homme isolé et muet, regarde le ciel encore, et dans les astres retrouve et honore ses anciens dieux. « C'est ce qui fait les famines, dit l'empereur Théodose, et tous les fléaux de l'Empire. »

1. V. les Vies des Pères du désert, et les auteurs cités par A. Maury, *Magie*, 317. Au quatrième siècle, les Messaliens, se croyant pleins de démons, se mouchaient et crachaient sans cesse, faisaient d'incroyables efforts pour les expectorer.

Parole terrible qui lâche sur le païen inoffensif l'aveugle rage populaire. La loi déchaîne à l'aveugle toutes les fureurs contre la loi.

Dieux anciens, entrez au sépulcre. Dieux de l'amour, de la vie, de la lumière, éteignez-vous ! Prenez le capuche du moine. Vierges, soyez religieuses. Epouses, délaissez vos époux ; ou, si vous gardez la maison, restez pour eux de froides sœurs.

Mais tout cela, est-ce possible ? qui aura le souffle assez fort pour éteindre d'un seul coup la lampe ardente de Dieu ? Cette tentative téméraire de piété impie pourra faire des miracles étranges, monstrueux... Coupables, tremblez !

Plusieurs fois, dans le moyen âge, reviendra la sombre histoire de la Fiancée de Corinthe. Racontée de si bonne heure par Phlégon, l'affranchi d'Adrien, on la retrouve au douzième siècle, on la retrouve au seizième, comme le reproche profond, l'indomptable réclamation de la Nature.

« Un jeune homme d'Athènes va à Corinthe, chez celui qui lui promit sa fille. Il est resté païen, et ne sait pas que la famille où il croyait entrer vient de se faire chrétienne. Il arrive fort tard. Tout est couché, hors la mère, qui lui sert le repas de l'hospitalité, et le laisse dormir. Il tombe de fatigue. A peine il sommeillait, une figure entre dans la chambre : c'est une fille, vêtue, voilée de blanc ; elle a au front un bandeau noir et or. Elle le voit — Surprise, levant sa blanche main : « Suis-je donc déjà si étrangère dans la maison ?... Hélas, pauvre recluse... Mais, j'ai honte, et je sors. Repose. — Demeure, belle jeune fille, voici Cérès, Bacchus, et, avec toi, l'Amour ! N'aie pas peur, ne sois pas si pâle ! — Ah ! loin de moi, jeune homme ! je n'appartiens plus à la joie. Par un vœu de ma mère malade, la jeunesse et la vie sont liées pour toujours. Les dieux ont fui. Et les seuls sacrifices sont des victimes humaines. — Eh quoi ! ce serait toi ? toi, ma chère fiancée, qui me fus donnée dès l'enfance ? Le serment de nos pères nous lia pour toujours sous la bénédiction du ciel. O vierge ! sois à moi ! — Non, ami, non, pas moi. Tu auras ma jeune sœur. Si je gémis dans ma froide prison, toi, dans ses bras, pense à moi, à moi qui me consume et ne pense qu'à toi, et que la terre va recouvrir. — Non, j'en atteste cette flamme ; c'est le flambeau d'hymen. Tu viendras avec moi chez mon père. Reste, ma bien-aimée. » —

Pour don de noces, il offre une coupe d'or. Elle lui donne sa chaîne; mais préfère à la coupe une boucle de ses cheveux.

« C'est l'heure des esprits; elle boit, de sa lèvre pâle, le sombre vin couleur de sang. Il boit avidement après elle. Il invoque l'Amour. Elle, son pauvre cœur s'en mourait, et elle résistait pourtant. Mais il se désespère, et tombe en pleurant sur le lit. — Alors, se jetant près de lui : « Ah! que ta douleur me fait mal! Mais si tu me touchais, quel effroi! Blanche comme la neige, froide comme la glace, hélas! telle est ta fiancée. — Je te réchaufferai; viens à moi! Quand tu sortiras du tombeau... » Soupirs, baisers, s'échangent. « Ne sens-tu pas comme je brûle ? » — L'Amour les étreint et les lie. Les larmes se mêlent au plaisir. Elle boit, altérée, le feu de sa bouche; le sang figé s'embrase de la rage amoureuse, mais le cœur ne bat pas au sein.

« Cependant la mère était là, écoutait. Doux serments, cris de plainte et de volupté. — « Chut! C'est le chant du coq! A demain, dans la nuit! » Puis, adieu, baisers sur baisers!

La mère entre, indignée. Que voit-elle ? Sa fille. Il la cachait, l'enveloppait. Mais elle se dégage, et grandit du lit à la voûte : « O mère! mère! vous m'enviez donc ma belle nuit, vous me chassez de ce lieu tiède. N'était-ce pas assez de m'avoir roulée dans le linceul, et sitôt portée au tombeau ? Mais une force a levé la pierre. Vos prêtres eurent beau bourdonner sur la fosse. Que font le sel et l'eau, où brûle la jeunesse ? La terre ne glace pas l'amour! Vous promîtes; je viens redemander mon bien...

« Las! ami, il faut que tu meures. Tu languirais, tu sécherais ici. J'ai tes cheveux; ils seront blancs demain [1]...

1. Ici j'ai supprimé un mot choquant. Gœthe, si noble dans la forme, ne l'est pas autant d'esprit. Il gâte la merveilleuse histoire, souille le grec d'une horrible idée slave. Au moment où on pleure, il fait de la fille un vampire. Elle vient parce qu'elle a soif de sang, pour sucer le sang de son cœur. Et il lui fait dire froidement cette chose impie et immonde : « Lui fini, je *passerai à d'autres;* la jeune race succombera à ma fureur. »

Le moyen âge habille grotesquement cette tradition pour nous faire peur du *Diable Vénus.* Sa statue reçoit d'un jeune homme une bague qu'il lui met imprudemment au doigt. Elle la serre, la garde comme fiancée, et, la nuit, vient dans son lit en réclamer les droits. Pour le débarrasser de l'infernale épouse, il faut un exorcisme (S. Hibb., part. III, c. III, 174). — Même histoire dans les fabliaux, mais appliquée sottement à la Vierge. — Luther reprend l'histoire antique, si ma mémoire ne me trompe, dans ses *Propos de table,* mais fort grossière-

Mère, une dernière prière! Ouvrez mon noir cachot, élevez un bûcher, et que l'amante ait le repos des flammes. Jaillisse l'étincelle et rougisse la cendre! Nous irons à nos anciens dieux. »

ment, en faisant sentir le cadavre. — L'Espagnol del Rio la transporte de Grèce en Brabant. La fiancée meurt peu avant ses noces. On sonne les cloches des morts. Le fiancé désespéré errait dans la campagne. Il entend une plainte. C'est elle-même qui erre sur la bruyère... « Ne vois-tu pas, dit-elle, celui qui me conduit? — Non. » — Mais il la saisit, l'enlève, la porte chez lui. Là, l'histoire risquait fort de devenir trop tendre et trop touchante. Ce dur inquisiteur, del Rio, en coupe le fil. « Le voile levé, dit-il, on trouve une bûche vêtue de la peau d'un cadavre. » — Le juge le Loyer, quoique si peu sensible, nous restitue pourtant l'histoire primitive.

Après lui, c'est fait de tous ces tristes narrateurs. L'histoire est inutile. Car notre temps commence, et la Fiancée a vaincu. La Nature enterrée revient, non plus furtivement, mais maîtresse de la maison.

II

POURQUOI LE MOYEN AGE DÉSESPÉRA

« Soyez des enfants nouveau-nés » (*quasi modo geniti infantes*); soyez tout petits, tout jeunes par l'innocence du cœur, par la paix, l'oubli des disputes, sereins, sous la main de Jésus.

C'est l'aimable conseil que donne l'Eglise à ce monde si orageux, le lendemain de la grande chute. Autrement dit : « Volcans, débris, cendres, lave, verdissez. Champs brûlés, couvrez-vous de fleurs. »

Une chose promettait, il est vrai, la paix qui renouvelle : toutes les écoles étaient finies, la voie logique abandonnée. Une méthode infiniment simple dispensait du raisonnement, donnait à tous la pente aisée qu'il ne fallait plus que descendre. Si le credo était obscur, la vie était toute tracée dans le sentier de la légende. Le premier mot, le dernier, fut le même : *Imitation*.

« *Imitez*, tout ira bien. Répétez et copiez. » Mais est-ce bien là le chemin de la véritable *enfance*, qui vivifie le cœur de l'homme, qui lui fait retrouver les sources fraîches et fécondes ? Je ne vois d'abord dans ce monde, qui fait le jeune et l'enfant, que des attributs de vieillesse, subtilité, servilité, impuissance. Qu'est-ce que cette littérature devant les monuments sublimes des Grecs et des Juifs ? Même devant le génie romain ? C'est précisément la chute littéraire qui eut lieu dans l'Inde, du brahmanisme au bouddhisme; un verbiage bavard après la haute inspiration. Les livres copient les livres, les églises copient les églises, et ne peuvent plus même copier. Elles se volent les unes les autres. Des marbres arrachés de Ravenne, on orne Aix-la-Chapelle. Telle est toute cette société. L'évêque roi d'une cité, le barbare roi d'une tribu, copient les magistrats romains. Nos moines, qu'on croit originaux, ne font dans leur monastère que renouveler la *villa* (dit très bien Chateaubriand). Ils n'ont nulle idée de faire une société nouvelle, ni de féconder l'ancienne. Copistes des moines d'orient, ils voudraient d'abord que leurs serviteurs fussent eux-mêmes de petits moines laboureurs, un peuple stérile. C'est malgré eux que la famille se refait, refait le monde.

Quand on voit que ces vieillards vont si vite vieillissant, quand, en un siècle, on tombe du sage moine saint Benoît au pédantesque Benoît d'Aniane, on sent bien que ces gens-là furent parfaitement innocents de la grande création populaire qui fleurit sur les ruines : je parle des Vies des Saints. Les moines les écrivirent, mais le peuple les faisait. Cette jeune végétation peut jeter des feuilles et des fleurs par les lézardes de la vieille masure romaine convertie en monastère, mais elle n'en vient pas à coup sûr. Elle a sa racine profonde dans le sol; le peuple l'y sème, et la famille l'y cultive, et tous y mettent la main, les hommes, les femmes et les enfants. La vie précaire, inquiète, de ces temps de violence, rendait ces pauvres tribus imaginatives, crédules pour leurs propres rêves, qui les rassuraient. Rêves étranges, riches de miracles, de folies absurdes et charmantes.

Ces familles, isolées dans la forêt, dans la montagne (comme on vit encore au Tyrol, aux Hautes-Alpes), descendant un jour par semaine, ne manquaient pas au désert d'hallucinations. Un enfant avait vu ceci, une femme avait rêvé cela. Un saint tout nouveau surgissait. L'histoire courait dans la campagne, comme en complainte, rimée grossièrement. On la chantait et la dansait le soir au chêne de la fontaine. Le prêtre qui le dimanche venait officier dans la chapelle des bois trouvait ce chant légendaire déjà dans toutes les bouches. Il se disait : « Après tout, l'histoire est belle, édifiante... Elle fait honneur à l'Eglise. *Vox populi, vox Dei !...* Mais comment l'ont-ils trouvée ? » On lui montrait des témoins véridiques, irrécusables : l'arbre, la pierre, qui ont vu l'apparition, le miracle. Que dire à cela ?

Rapportée à l'abbaye, la légende trouvera un moine, *propre à rien*, qui ne sait qu'écrire, qui est curieux, qui croit tout, toutes les choses merveilleuses. Il écrit celle-ci, la brode de sa plate rhétorique, gâte un peu. Mais la voici consignée et consacrée, qui se lit au réfectoire, bientôt à l'église. Copiée, chargée, surchargée d'ornements souvent grotesques, elle ira de siècle en siècle, jusqu'à ce que honorablement elle prenne rang à la fin dans la Légende dorée.

Lorsqu'on lit encore aujourd'hui ces belles histoires, quand on entend les simples, naïves et graves mélodies où ces populations rurales ont mis tout leur jeune cœur, on ne peut y méconnaître un grand souffle, et l'on s'attendrit en songeant quel fut leur sort.

Ils avaient pris à la lettre le conseil touchant de l'Eglise : « Soyez des enfants nouveau-nés. » Mais ils en firent l'application à laquelle on songeait le moins dans la pensée primitive. Autant le christianisme avait craint, haï la Nature, autant ceux-ci l'aimèrent, la crurent innocente, la sanctifièrent même en la mêlant à la légende.

Les animaux que la Bible si durement nomme les *velus*, dont le moine se défie, craignant d'y trouver des démons, ils entrent dans ces belles histoires de la manière la plus touchante (exemple, la biche qui réchauffe, console Geneviève de Brabant).

Même hors de la vie légendaire dans l'existence commune, les humbles amis du foyer, les aides courageux du travail, remontent dans l'estime de l'homme. Ils ont leur droit [1]. Ils ont leurs fêtes. Si, dans l'immense bonté de Dieu, il y a place pour les plus petits, s'il semble avoir pour eux une préférence de pitié, pourquoi, dit le peuple des champs, pourquoi mon âne n'aurait-il pas entrée à l'église ? Il a des défauts, sans doute, et ne me ressemble que plus. Il est rude travailleur, mais il a la tête dure; il est indocile, obstiné, enfin c'est tout comme moi. »

De là les fêtes admirables, les plus belles du moyen âge, des *Innocents*, des *Fous*, de l'*Ane*. C'est le peuple même d'alors, qui, dans l'âne, traîne son image, se présente devant l'autel, laid, risible, humilié! Touchant spectacle! Amené par Balaam, il entre solennellement entre la Sibylle et Virgile [2], il entre pour témoigner. S'il regimba jadis contre Balaam, c'est qu'il voyait devant lui le glaive de l'ancienne loi. Mais ici la Loi est finie, et le monde de la Grâce semble s'ouvrir à deux battants pour

1. V. J. Grimm, *Rechtsalterthümer*, et mes *Origines du Droit*.

2. C'est le rituel de Rouen. V. Ducange, verbo *Festum;* Carpentier, verbo *Kalendæ*, et Martène, III, 110. La Sibylle était couronnée, suivie des juifs et des gentils, de Moïse, des prophètes, de Nabuchodonosor, etc. De très bonne heure, et de siècle en siècle, du septième au seizième, l'Eglise essaye de proscrire les grandes fêtes populaires de l'Ane, des Innocents, des Enfants, des Fous. Elle n'y réussit pas avant l'avènement de l'esprit moderne.

les moindres, pour les simples. Le peuple innocemment le croit. De là, la chanson sublime où il disait à l'âne, comme il se fût dit à lui-même :

A genoux, et dis Amen !
Assez mangé d'herbe et de foin !
Laisse les vieilles choses, et va !
....
Le neuf emporte le vieux !
La vérité fait fuir l'ombre !
La lumière chasse la nuit[1] *!*

Rude audace! Est-ce bien là ce qu'on vous demandait, enfants emportés, indociles, quand on vous disait d'être enfants ? On offrait le lait. Vous buvez le vin. On vous conduisait doucement bride en main par l'étroit sentier. Doux, timides, vous hésitiez d'avancer. Et tout à coup la bride est cassée... La carrière, vous la franchissez d'un seul bond.

Oh! quelle imprudence ce fut de vous laisser faire vos saints, dresser l'autel, le parer, le charger, l'enterrer de fleurs! Voilà qu'on le distingue à peine. Et ce qu'on voit, c'est l'hérésie antique condamnée de l'Eglise, l'*innocence de la nature;* que dis-je! une hérésie nouvelle qui ne finira pas demain : *l'indépendance de l'homme.*

Ecoutez et obéissez :

Défense d'inventer, de créer. Plus de légendes, plus de nouveaux saints. On en a assez. Défense d'innover dans le culte par de nouveaux chants; l'inspiration est interdite. Les martyrs qu'on découvrirait doivent se tenir dans le tombeau, modestement, et attendre qu'ils soient reconnus de l'Eglise. Défense au clergé, aux moines, de donner aux colons, aux serfs, la tonsure qui les affranchit. Voilà l'esprit étroit, tremblant de l'Eglise carlovingienne[2]. Elle se dédit, se dément, elle dit aux enfants : « Soyez vieux! »

Quelle chute! Mais est-ce sérieux ? On nous avait dit d'être jeunes. — Oh! le prêtre n'est plus le peuple. Un

1. Vetustatem novitas,
Umbram fugat claritas,
Noctem lux eliminat! (*Ibidem.*)

2. Voir *passim* les Capitulaires.

divorce infini commence, un abîme de séparation. Le prêtre, seigneur et prince, chantera sous une chape d'or, dans la langue souveraine du grand empire qui n'est plus. Nous, triste troupeau, ayant perdu la langue de l'homme, la seule que veuille entendre Dieu, que nous reste-t-il, sinon de mugir et de bêler, avec l'innocent compagnon qui ne nous dédaigne pas, qui l'hiver nous réchauffe à l'étable et nous couvre de sa toison ? Nous vivrons avec les muets et serons muets nous-mêmes.

En vérité, l'on a moins le besoin d'aller à l'église. Mais elle ne nous tient pas quittes. Elle exige que l'on revienne écouter ce qu'on n'entend plus.

Dès lors un immense brouillard, un pesant brouillard gris-de-plomb, a enveloppé ce monde. Pour combien de temps, s'il vous plaît ? Dans une effroyable durée de mille ans! Pendant dix siècles entiers, une langueur inconnue à tous les âges antérieurs a tenu le moyen âge, même en partie les derniers temps, dans un état mitoyen entre la veille et le sommeil, sous l'empire d'un phénomène désolant, intolérable; la convulsion d'ennui qu'on appelle : le bâillement.

Que l'infatigable cloche sonne aux heures accoutumées, l'on bâille; qu'un chant nasillard continue dans le vieux latin, l'on bâille. Tout est prévu; on n'espère rien de ce monde. Ces choses reviendront les mêmes. L'ennui certain de demain fait bâiller dès aujourd'hui, et la perspective des jours, des années d'ennui qui suivront, pèse d'avance, dégoûte de vivre. Du cerveau à l'estomac, de l'estomac à la bouche, l'automatique et fatale convulsion va distendant les mâchoires sans fin ni remède. Véritable maladie que la dévote Bretagne avoue, l'imputant, il est vrai, à la malice du diable. Il se tient tapi dans les bois, disent les paysans bretons; à celui qui passe et garde les bêtes il chante vêpres et tous les offices, et le fait bâiller à mort [1].

Etre vieux, c'est être faible. Quand les Sarrasins, les Northmans, nous menacent, que deviendrons-nous si le peuple reste vieux ? Charlemagne pleure, l'Eglise pleure. Elle avoue que les reliques, contre ces démons barbares,

1. Un très illustre Breton, dernier homme du moyen âge, qui pourtant fut mon ami, dans le voyage si vain qu'il fit pour convertir Rome, y reçut des offres bruyantes. « Que voulez-vous? disait le Pape. — Une chose : être dispensé du bréviaire... Je meurs d'ennui. »

ne protègent plus l'autel[1]. Ne faudrait-il pas appeler le bras de l'enfant indocile qu'on allait lier, le bras du jeune géant qu'on voulait paralyser ? Mouvement contradictoire qui remplit le neuvième siècle. On retient le peuple, on le lance. On le craint et on l'appelle. Avec lui, par lui, à la hâte, on fait des barrières, des abris qui arrêteront les barbares, couvriront les prêtres et les saints, échappés de leurs églises.

Malgré le Chauve empereur, qui défend que l'on bâtisse, sur la montagne s'élève une tour. Le fugitif y arrive. « Recevez-moi au nom de Dieu, au moins ma femme et mes enfants. Je camperai avec mes bêtes dans votre enceinte extérieure. » La tour lui rend confiance et il sent qu'il est un homme. Elle l'ombrage. Il la défend, protège son protecteur.

Les petits jadis, par famine, se donnaient aux grands comme serfs. Mais ici, grande différence. Il se donne comme *vassal*, qui veut dire brave et vaillant[2].

Il se donne et il se garde, se réserve de renoncer. « J'irai plus loin. La terre est grande. Moi aussi, tout comme un autre, je puis là-bas dresser ma tour... Si j'ai défendu le dehors, je saurai me garder dedans. »

C'est la grande, la noble origine du monde féodal. L'homme de la tour recevait des vassaux, mais en leur disant : « Tu t'en iras quand tu voudras, et je t'y aiderai, s'il le faut ; à ce point que, si tu t'embourbes, moi je descendrai de cheval. » C'est exactement la formule antique[3].

Mais un matin, qu'ai-je vu ? Est-ce que j'ai la vue trouble ? Le seigneur de la vallée fait sa chevauchée autour, pose les bornes infranchissables, et même d'invisibles limites. « Qu'est cela ?... Je ne comprends point. » — Cela dit que la seigneurie est fermée : « Le seigneur, sous porte et gonds, la tient close, du ciel à la terre. »

Horreur ! en vertu de quel droit ce *vassus* (c'est-à-dire vaillant) est-il désormais retenu ? — On soutiendra que *vassus* peut aussi vouloir dire *esclave*.

De même le mot *servus*, qui se dit pour *serviteur* (souvent très haut serviteur, un comte ou prince d'Empire),

1. C'est le célèbre aveu d'Hincmar.
2. Différence trop peu sentie, trop peu marquée par ceux qui ont parlé de la *recommandation personnelle*, etc.
3. Grimm, *Rechtsalterthümer* et mes *Origines du Droit*.

signifiera pour le faible un *serf*, un misérable dont la vie vaut un denier.

Par cet exécrable filet, ils sont pris. Là-bas, cependant, il y a dans sa terre un homme qui soutient que sa terre est libre, un *aleu*, un *fief du soleil*. Il s'assoit sur une borne, il enfonce son chapeau, regarde passer le seigneur, regarde passer l'Empereur[1]. « Va ton chemin, passe, Empereur, tu es ferme sur ton cheval, et moi sur ma borne encore plus. Tu passes, et je ne passe pas... Car je suis la Liberté. »

Mais je n'ai pas le courage de dire ce que devient cet homme. L'air s'épaissit autour de lui, et il respire de moins en moins. Il semble qu'il soit *enchanté*. Il ne peut plus se mouvoir. Il est comme paralysé. Ses bêtes aussi maigrissent, comme si un sort était jeté. Ses serviteurs meurent de faim. Sa terre ne produit plus rien. Des esprits la rasent la nuit.

Il persiste cependant : « Povre homme en sa maison roy est. »

Mais on ne le laisse pas là. Il est cité, et il doit répondre en cour impériale. Il va, spectre du vieux monde, que personne ne connaît plus. « Qu'est-ce que c'est ? disent les jeunes. Quoi ! il n'est seigneur, ni serf ! Mais alors il n'est donc rien ? »

« Qui suis-je ? je suis celui qui bâtit la première tour, celui qui vous défendit, celui qui, laissant la tour, alla bravement au pont attendre les païens Northmans... Bien plus, je barrai la rivière, je cultivai l'alluvion, j'ai créé la terre elle-même, comme Dieu qui la tira des eaux... Cette terre, qui m'en chassera ?

« Non, mon ami, dit le voisin, on ne te chassera pas. Tu la cultiveras, cette terre... mais autrement que tu ne crois... Rappelle-toi, mon bonhomme, qu'étourdiment, jeune encore (il y a cinquante ans de cela), tu épousas Jacqueline, petite serve de mon père... Rappelle-toi la maxime : « Qui monte ma poule est mon coq. » — Tu es de mon poulailler. Déceins-toi, jette l'épée... Dès ce jour, tu es mon serf. »

Ici, rien n'est d'invention. Cette épouvantable histoire revient sans cesse au moyen âge. Oh ! de quel glaive il fut percé ! j'ai abrégé, j'ai supprimé, car chaque fois qu'on s'y reporte, le même acier, la même pointe aiguë traverse le cœur.

1. Grimm, au mot *Aleu*.

Il en fut un, qui, sous un outrage si grand, entra dans une telle fureur, qu'il ne trouva pas un seul mot. Ce fut comme Roland trahi. Tout son sang lui remonta, lui arriva à la gorge... Ses yeux flamboyaient, sa bouche muette, effroyablement éloquente, fit pâlir toute l'assemblée... Ils reculèrent... Il était mort... Ses veines avaient éclaté... Ses artères lançaient le sang rouge jusqu'au front de ses assassins[1].

L'incertitude de la condition, la pente horriblement glissante par laquelle l'homme libre devient *vassal*, — le vassal *serviteur*, — et le serviteur *serf*, c'est la terreur du moyen âge et le fonds de son désespoir. Nul moyen d'échapper. Car qui fait un pas est perdu. Il est *aubain*, *épave*, *gibier sauvage*, serf ou tué. La terre visqueuse retient le pied, enracine le passant. L'air contagieux le tue, c'est-à-dire le fait de *main morte*, un mort, un néant, une bête, une âme de cinq sous, dont cinq sous expieront le meurtre.

Voilà les deux grands traits généraux, extérieurs, de la misère du moyen âge, qui firent qu'il se donna au Diable. Voyons maintenant l'intérieur, le fonds des mœurs, et sondons le dedans.

1. C'est ce qui arriva au Comte d'Avesnes, quand sa terre libre fut déclarée un simple fief, et lui, le simple vassal, l'homme du Comte de Hainaut. — Lire la terrible histoire du grand chancelier de Flandre, premier magistrat de Bruges, qui n'en fut pas moins réclamé comme serf. — Gualterius, *Scriptores rerum Francicarum*, XIII, 334.

III

LE PETIT DÉMON DU FOYER

Les premiers siècles du moyen âge où se créèrent les légendes ont le caractère d'un rêve. Chez les populations rurales, toutes soumises à l'Eglise, d'un doux esprit (ces légendes en témoignent), on supposerait volontiers une grande innocence. C'est, ce semble, le temps du bon Dieu. Cependant les *Pénitentiaires*, où l'on indique les péchés les plus ordinaires, mentionnent des souillures étranges, rares sous le signe de Satan.

C'était l'effet de deux choses, de la parfaite ignorance, et de l'habitation commune qui mêlait les proches parents. Il semble qu'ils avaient à peine connaissance de notre morale. La leur, malgré les défenses, semblait celle des patriarches, de la haute antiquité, qui regarde comme libertinage le mariage avec l'étrangère, et ne permet que la parente. Les familles alliées n'en faisaient qu'une. N'osant encore disperser leurs demeures dans les déserts qui les entouraient, ne cultivant que la banlieue d'un palais Mérovingien ou d'un monastère, ils se réfugiaient chaque soir avec leurs bestiaux sous le toit d'une vaste *villa*. De là des inconvénients analogues à ceux de l'*ergastulum* antique, où l'on entassait les esclaves. Plusieurs de ces communautés subsistèrent au moyen âge et au-delà. Le seigneur s'occupait peu de ce qui en résultait. Il regardait comme une seule famille cette tribu, cette masse de gens « levants et couchants ensemble, » — « mangeant à un pain et à un pot. »

Dans une telle indistinction, la femme était bien peu gardée. Sa place n'était guère haute. Si la Vierge, la femme idéale, s'élevait de siècle en siècle, la femme réelle comptait bien peu dans ces masses rustiques, ce mélange d'hommes et de troupeaux. Misérable fatalité d'un état qui ne changea que par la séparation des habitations, lorsqu'on prit assez de courage pour vivre à part, en hameau, ou pour cultiver un peu loin des terres fertiles et créer des huttes dans les clairières des forêts. Le foyer isolé fit la vraie famille. Le nid fit l'oiseau. Dès lors, ce n'étaient plus des choses, mais des âmes... La femme était née.

Moment fort attendrissant. La voilà *chez elle*. Elle peut donc être pure et sainte, enfin, la pauvre créature. Elle peut couver une pensée, et, seule, en filant, rêver, pendant qu'il est à la forêt. Cette misérable cabane, humide, mal close, où siffle le vent d'hiver, en revanche, est silencieuse. Elle a certains coins obscurs où la femme va loger ses rêves.

Maintenant, elle possède. Elle a quelque chose à elle. La *quenouille*, le *lit*, le *coffre*, c'est tout, dit la vieille chanson [1]. — La table s'y ajoutera, le banc, ou deux escabeaux... Pauvre maison bien dénuée! mais elle est meublée d'une âme. Le feu l'égaye; le buis bénit protège le lit, et l'on y ajoute parfois un joli bouquet de verveine. La dame de ce palais file, assise sur sa porte, en surveillant quelques brebis. On n'est pas encore assez riche pour avoir une vache, mais cela viendra à la longue, si Dieu bénit la maison. La forêt, un peu de pâtures, des abeilles sur la lande, voilà la vie. On cultive peu de blé encore, n'ayant nulle sécurité pour une récolte éloignée. Cette vie, très indigente, est moins dure pourtant pour la femme; elle n'est pas brisée, enlaidie, comme elle le sera aux temps de la grande agriculture. Elle a plus de loisir aussi. Ne la jugez pas du tout par la littérature grossière des Noëls et des fabliaux, le sot rire et la licence des contes graveleux qu'on fera plus tard. — Elle est seule. Point de voisine. La mauvaise et malsaine vie des noires petites villes fermées, l'espionnage mutuel, le commérage misérable, dangereux, n'a pas commencé! Point de vieille qui vienne le soir, quand l'étroite rue devient sombre, tenter la jeune, lui dire qu'on se meurt d'amour pour elle. Celle-ci n'a d'ami que ses songes, ne cause qu'avec ses bêtes ou l'arbre de la forêt.

1. Trois pas du côté du banc,
Et trois pas du côté du lit.
Trois pas du côté du coffre,
Et trois pas. Revenez ici.
(*Vieille chanson du Maître de danse.*)

Ils lui parlent; nous savons de quoi. Ils réveillent en elle les choses que lui disait sa mère, sa grand-mère, choses antiques, qui, pendant des siècles, ont passé de femme en femme. C'est l'innocent souvenir des vieux esprits de la contrée, touchante religion de famille, qui, dans l'habitation commune et son bruyant pêle-mêle, eut peu de force sans doute, mais qui *revient* et qui hante la cabane solitaire.

Monde singulier, délicat, des fées, des lutins, fait pour une âme de femme. Dès que la grande création de la légende des saints s'arrête et tarit, cette légende plus ancienne et bien autrement poétique vient partager avec eux, règne secrètement, doucement. Elle est le trésor de la femme qui la choie et la caresse. La fée est une femme aussi, le fantastique miroir où elle se regarde embellie.

Que furent les fées ? Ce qu'on en dit, c'est que, jadis, reines des Gaules, fières et fantasques, à l'arrivée du Christ et de ses apôtres, elles se montrèrent impertinentes, tournèrent le dos. En Bretagne, elles dansaient à ce moment, et ne cessèrent pas de danser. De là leur cruelle sentence. Elles sont condamnées à vivre jusqu'au jour du jugement [1]. — Plusieurs sont réduites à la taille du lapin, de la souris. Exemple, les Kowrig-gwans (les fées naines), qui, la nuit, autour des vieilles pierres druidiques, vous enlacent de leurs danses. Exemple, la jolie reine Mab, qui s'est fait un char royal dans une coquille de noix. — Elles sont un peu capricieuses, et parfois de mauvaise humeur. Mais comment s'en étonner, dans cette triste destinée ? Toutes petites et bizarres qu'elles puissent être, elles ont un cœur, elles ont besoin d'être aimées. Elles sont bonnes, elles sont mauvaises et pleines de fantaisies. A la naissance d'un enfant, elles descendent par la cheminée, le douent et font son destin. Elles aiment les bonnes fileuses, filent elles-mêmes divinement. On dit : *Filer comme une fée.*

Les *Contes de fées*, dégagés des ornements ridicules dont les derniers rédacteurs les ont affublés, sont le cœur du peuple même. Ils marquent une époque poétique, entre le communisme grossier de la *villa* primitive, et la licence du temps où une bourgeoisie naissante fit nos cyniques fabliaux.

1. Les textes de toute époque ont été recueillis dans les deux savants ouvrages de M. Alfred Maury (*les Fées*, 1843, *la Magie*, 1860). Voir aussi, pour le Nord, la *Mythologie* de Grimm.

Ces contes ont une partie historique, rappellent les grandes famines (dans les ogres, etc). Mais généralement ils planent bien plus haut que toute histoire, sur l'aile de l'*Oiseau bleu*, dans une éternelle poésie, disent nos vœux, toujours les mêmes, l'immuable histoire du cœur.

Le désir du pauvre serf de respirer, de reposer, de trouver un trésor qui finira ses misères, y revient souvent. Plus souvent, par une noble aspiration, ce trésor est aussi une âme, un trésor d'amour qui sommeille (dans la *Belle au bois dormant*); mais souvent la charmante personne se trouve cachée sous un masque par un fatal enchantement. De là la trilogie touchante, le *crescendo* admirable, de *Riquet à la houppe*, de *Peau-d'Ane*, et de la *Belle et la Bête*. L'amour ne se rebute pas. Sous ces laideurs, il poursuit, il atteint la beauté cachée. Dans le dernier de ces contes, cela va jusqu'au sublime, et je crois que jamais personne n'a pu le lire sans pleurer.

Une passion très réelle, très sincère, est là-dessous, l'amour malheureux, sans espoir, que souvent la nature cruelle mit entre les pauvres âmes de condition trop différente, la douleur de la paysanne de ne pouvoir se faire belle pour être aimée du chevalier, les soupirs étouffés du serf quand, le long de son sillon, il voit, sur un cheval blanc, passer un trop charmant éclair, la belle, l'adorée châtelaine. C'est, comme dans l'Orient, l'idylle mélancolique des impossibles amours de la Rose et du Rossignol. Toutefois, grande différence : l'oiseau et la fleur sont beaux, même égaux dans la beauté. Mais ici l'être inférieur, si bas placé, se fait l'aveu : « Je suis laid, je suis un monstre! » que de pleurs!... En même temps, plus puissamment qu'en Orient, d'une volonté héroïque, et par la grandeur du désir, il perce les vaines enveloppes. Il aime tant qu'il est aimé, ce monstre, et il en devient beau.

Une tendresse infinie est dans tout cela. — Cette âme enchantée ne pense pas à elle seule. Elle s'occupe aussi à sauver toute la nature et toute la société. Toutes les victimes d'alors, l'enfant battu par sa marâtre, la cadette méprisée, maltraitée de ses aînées, sont ses favorites. Elle étend sa compassion sur la dame même du château, la plaint d'être dans les mains de ce féroce baron (Barbe-Bleue). Elle s'attendrit sur les bêtes, les console d'être encore sous des figures d'animaux. Cela passera, qu'elles patientent. Leurs âmes captives un jour reprendront des ailes, seront libres, aimables, aimées. — C'est l'autre face de *Peau-d'Ane* et autres contes semblables. Là surtout on est bien sûr qu'il y a un cœur de femme. Le rude travailleur des champs est assez dur pour ses bêtes. Mais la femme n'y voit point de bêtes. Elle en juge comme l'enfant. Tout est humain, tout est esprit. Le monde entier est ennobli. Oh! l'aimable enchantement! Si humble, et se croyant laide, elle a donné sa beauté, son charme à toute la nature.

Est-ce qu'elle est donc si laide, cette petite femme de serf, dont l'imagination rêveuse se nourrit de tout cela? Je l'ai dit, elle fait le ménage, elle file en gardant ses bêtes, elle va à la forêt, et ramasse un peu de bois. Elle n'a pas encore les rudes travaux, elle n'est point la laide paysanne que fera plus tard la grande culture du blé. Elle n'est pas la grosse bourgeoise, lourde et oisive, des villes, sur laquelle nos aïeux ont fait tant de contes gras. Celle-ci n'a nulle sécurité, elle est timide, elle est douce, elle se sent sous la main de Dieu. Elle voit sur la montagne le noir et menaçant château d'où mille maux peuvent descendre. Elle craint, honore son mari. Serf ailleurs, près d'elle il est roi. Elle lui réserve le meilleur, vit de rien. Elle est svelte et mince, comme les saintes des églises. La très pauvre nourriture de ces temps doit faire des créatures fines, mais chez qui la vie est faible. — Immenses mortalités d'enfants. — Ces pâles roses n'ont que des nerfs. De là éclatera plus tard la danse épileptique du quatorzième siècle. Maintenant, vers le douzième, deux faiblesses sont attachées à cet état de demi-jeûne : la nuit, le somnambulisme, le jour, l'illusion, la rêverie et le don des larmes.

Cette femme, tout innocente, elle a pourtant, nous l'avons dit, un secret qu'elle ne dit jamais à l'église. Elle enferme dans son cœur le souvenir, la compassion des pauvres anciens dieux [1] tombés à l'état d'Esprits. Pour

1. Rien de plus touchant que cette fidélité! Malgré la persécution au cinquième siècle, les paysans promenaient, en pauvres petites poupées de linge ou de farine, les dieux de ces grandes religions, Jupiter, Minerve, Vénus. Diane fut indestructible jusqu'au fond de la Germanie (V. Grimm). Au huitième siècle, on promène les dieux encore. Dans certaines petites cabanes, on sacrifie, on prend les augures, etc. (*Indiculus paganiarum*, Concile de Leptines en Hainaut). Les Capitulaires menacent en vain de la mort. Au douzième siècle, Burchard de Worms, en rappelant les défenses, témoigne qu'elles sont inutiles.

être Esprits, ne croyez pas qu'ils soient exempts de souffrances. Logés aux pierres, au cœur des chênes, ils sont bien malheureux l'hiver. Ils aiment fort la chaleur. Ils rôdent autour des maisons. On en a vu dans les étables se réchauffer près des bestiaux. N'ayant plus d'encens, de victimes, ils prennent parfois du lait. La ménagère, économe, ne prive pas son mari, mais elle diminue sa part, et, le soir, laisse un peu de crème.

Ces esprits qui ne paraissent plus que de nuit, exilés du jour, le regrettent et sont avides de lumières. La nuit, elle se hasarde, et timidement va porter un humble petit fanal au grand chêne, où ils habitent, à la mystérieuse fontaine dont le miroir, doublant la flamme, égayera les tristes proscrits.

Grand Dieu! si on le savait! Son mari est homme prudent, et il a bien peur de l'Eglise. Certainement il la battrait. Le prêtre leur fait rude guerre, et les chasse de partout. On pourrait bien cependant leur laisser habiter les chênes. Quel mal font-ils dans la forêt? Mais non, de concile en concile, on les poursuit. A certains jours, le prêtre va au chêne même, et par la prière, l'eau bénite, donne la chasse aux esprits.

Que serait-ce s'ils ne trouvaient nulle âme compatissante? Mais celle-ci les protège. Toute bonne chrétienne qu'elle est, elle a pour eux un coin du cœur. A eux seuls elle peut confier telles petites choses de nature, innocentes chez la chaste épouse, mais dont l'Eglise pourtant lui ferait reproche. Ils sont confidents, confesseurs de ces touchants secrets de femmes. Elle pense à eux quand elle met au feu la bûche sacrée. C'est Noël, mais en même temps l'ancienne fête des esprits du Nord, la *fête de la plus longue nuit*. De même, la *vigile de la nuit de Mai*, le *pervigilium* de Maïa, où l'arbre se plante. De même au feu de la Saint-Jean, la vraie fête de la vie, des fleurs et des réveils d'amour. Celle qui n'a pas d'enfants, surtout, se fait devoir d'aimer ces fêtes, et d'y avoir dévotion. Un vœu à la Vierge peut-être ne serait pas efficace. Ce n'est pas l'affaire de Marie. Tout bas, elle s'adresse plutôt à un vieux génie, adoré jadis comme dieu rustique, et dont telle église locale a la bonté de faire un saint[1]. — Ainsi

En 1389, la Sorbonne condamne encore les traces du paganisme, et, vers 1400, Gerson (*Contra astrol.*) rappelle comme chose actuelle cette superstition obstinée.

1. A. Maury, *Magie*, 159.

le lit, le berceau, les plus doux mystères que couve une âme chaste et amoureuse, tout cela est aux anciens dieux.

Les esprits ne sont pas ingrats. Un matin, elle s'éveille, et, sans mettre la main à rien, elle trouve le ménage fait. Elle est interdite et se signe, ne dit rien. Quand l'homme part, elle s'interroge, mais en vain. Il faut que ce soit un esprit. « Quel est-il ? et comment est-il ?... Oh ! que je voudrais le voir !... Mais j'ai peur... Ne dit-on pas qu'on meurt à voir un esprit ? » — Cependant le berceau remue, et il ondule tout seul... Elle est saisie, et entend une petite voix très douce, si basse, qu'elle la croirait en elle : « Ma chère et très chère maîtresse, si j'aime à bercer votre enfant, c'est que je suis moi-même enfant. » Son cœur bat, et cependant elle se rassure un peu. L'innocence du berceau innocente aussi cet esprit, fait croire qu'il doit être bon, doux, au moins toléré de Dieu.

Dès ce jour, elle n'est plus seule. Elle sent très bien sa présence, et il n'est pas bien loin d'elle. Il vient de raser sa robe ; elle l'entend au frôlement. A tout instant, il rôde autour et visiblement ne peut la quitter. Va-t-elle à l'étable, il y est. Et elle croit que, l'autre jour, il était dans le pot à beurre [1].

Quel dommage qu'elle ne puisse le saisir et le regarder ! Une fois, à l'improviste, ayant touché les tisons, elle l'a cru voir qui se roulait, l'espiègle, dans les étincelles. Une autre fois, elle a failli le prendre dans une rose. Tout petit qu'il est, il travaille, balaye, approprie, et lui épargne mille soins.

Il a ses défauts cependant. Il est léger, audacieux, et, si on ne le tenait, il s'émanciperait peut-être. Il observe, écoute trop. Il redit parfois au matin tel petit mot qu'elle a dit tout bas, tout bas, au coucher, quand la lumière était éteinte. — Elle le sait fort indiscret, trop curieux. Elle est gênée de se sentir suivie partout, s'en plaint et y a plaisir. Parfois elle le renvoie, le menace, enfin se croit

1. C'est une des retraites favorites du petit friand. Les Suisses, qui connaissent son goût, lui font encore aujourd'hui des présents de lait. Son nom, chez eux, est *troll* (drôle) ; chez les Allemands, *kobold, nix;* chez les Français, *follet, goblin, lutin;* chez les Anglais, *puck, robin hood, robin good fellow.* Shakespeare explique qu'il rend aux servantes dormeuses le service de les pincer jusqu'au bleu pour les éveiller.

seule et se rassure tout à fait. Mais au moment elle se sent caressée d'un souffle léger ou comme d'une aile d'oiseau. Il était sous une feuille... Il rit... Sa gentille voix, sans moquerie, dit le plaisir qu'il a eu à surprendre sa pudique maîtresse. La voilà bien en colère. Mais le drôle : « Non, chérie, mignonne, vous n'en êtes pas fâchée. »

Elle a honte, n'ose plus rien dire. Mais elle entrevoit alors qu'elle l'aime trop. Elle en a scrupule, et l'aime encore davantage. La nuit, elle a cru le sentir au lit, qui s'était glissé. Elle a eu peur, a prié Dieu, s'est serrée à son mari. Que fera-t-elle ? elle n'a pas la force de le dire à l'église. Elle le dit au mari, qui d'abord rit et doute. Elle avoue alors un peu plus, — que ce follet est espiègle, parfois trop audacieux... — « Qu'importe, il est si petit ! » — Ainsi, lui-même la rassure.

Devons-nous être rassurés, nous autres qui voyons mieux ? Elle est bien innocente encore. Elle aurait horreur d'imiter la grande dame de là-haut, qui a, par-devant son mari, sa cour d'amants, et son page. Avouons-le pourtant, le lutin a déjà fait bien du chemin. Impossible d'avoir un page moins compromettant que celui qui se cache dans une rose. Et avec cela, il tient de l'amant. Plus envahissant que nul autre, si petit, il glisse partout.

Il glisse au cœur du mari même, lui fait sa cour, gagne ses bonnes grâces. Il lui soigne ses outils, lui travaille le jardin, et le soir, pour récompense, derrière l'enfant et le chat, se tapit dans la cheminée. On entend sa petite voix tout comme celle du grillon, mais on ne le voit pas beaucoup, à moins qu'une faible lueur n'éclaire une certaine fente où il aime à se tenir. Alors on voit, on croit voir, un minois subtil. On lui dit : « Oh ! petit, nous t'avons vu ! »

On leur dit bien à l'église qu'il faut se défier des esprits, que tel qu'on croit innocent, qui glisse comme un air léger, pourrait au fond être un démon. Ils se gardent bien de le croire. Sa taille le fait croire innocent. Depuis qu'il y est, on prospère. Le mari autant que la femme y tient, et encore plus peut-être. Il voit que l'espiègle follet fait le bonheur de la maison.

IV

TENTATIONS

J'ai écarté de ce tableau les ombres terribles du temps qui l'eussent cruellement assombri. J'entends surtout l'incertitude où la famille rurale était de son sort, l'attente, la crainte habituelle de l'avanie fortuite qui pouvait, d'un moment à l'autre, tomber du château.

Le régime féodal avait justement les deux choses qui font un enfer : d'une part, la *fixité extrême*, l'homme était cloué à la terre et l'émigration impossible; — d'autre part, une *incertitude* très grande dans la condition.

Les historiens optimistes qui parlent tant de redevances fixes, de chartes, de franchises achetées, oublient le peu de garanties qu'on trouvait dans tout cela. On doit payer tout au seigneur, mais il peut prendre tout le reste. Cela s'appelle bonnement *droit de préhension*. Travaille, travaille, bonhomme. Pendant que tu es aux champs, la bande redoutée de là-haut peut s'abattre sur la maison, enlever ce qui lui plaît « pour le service du seigneur ».

Aussi, voyez-le, cet homme; qu'il est sombre sur son sillon, et qu'il a la tête basse!... Et il est toujours ainsi, le front chargé, le cœur serré, comme celui qui attendrait quelque mauvaise nouvelle.

Rêve-t-il un mauvais coup ? Non, mais deux pensées l'obsèdent, deux pointes le percent tour à tour. L'une : « En quel état ce soir trouveras-tu ta maison ? » — L'autre : « Oh! si la motte levée me faisait voir un trésor! Si le bon démon me donnait pour nous racheter! »

On assure qu'à cet appel (comme le génie étrusque qui jaillit un jour sous le soc en figure d'enfant), un nain, un gnome, sortait souvent tout petit de la terre, se dressait sur le sillon, lui disait : « Que me veux-tu ? » — Mais le pauvre homme interdit ne voulait plus rien. Il pâlissait, il se signait, et alors tout disparaissait.

Le regrettait-il ensuite ? Ne disait-il pas en lui-même : « Sot que tu es, tu seras donc à jamais malheureux! » Je le crois volontiers. Mais je crois aussi qu'une barrière d'horreur insurmontable arrêtait l'homme. Je ne pense nullement, comme voudraient le faire croire les moines qui nous ont conté les affaires de sorcellerie, que le Pacte avec Satan fût un léger coup de tête, d'un amoureux, d'un avare. A consulter le bon sens, la nature, on sent, au contraire, qu'on n'en venait là qu'à l'extrémité, en désespoir de toute chose, sous la pression terrible des outrages et des misères.

« Mais, dit-on, ces grandes misères durent être fort adoucies vers les temps de saint Louis, qui défend les guerres privées entre les seigneurs. » Je crois justement le contraire. Dans les quatre-vingts ou cent ans qui s'écoulent entre cette défense et les guerres des Anglais (1240-1340), les seigneurs n'ayant plus l'amusement habituel d'incendier, piller la terre du seigneur voisin, furent terribles à leurs vassaux. Cette paix leur fut une guerre.

Les seigneurs ecclésiastiques, seigneurs moines, etc., font frémir dans le *Journal* d'*Eudes Rigault* (publié récemment). C'est le rebutant tableau d'un débordement effréné, barbare. Les seigneurs moines s'abattaient surtout sur les couvents de femmes. L'austère Rigault, confesseur du saint roi, archevêque de Rouen, fait une enquête lui-même sur l'état de la Normandie. Chaque soir il arrive dans un monastère. Partout, il trouve ces moines vivant la grande vie féodale, armés, ivres, duellistes, chasseurs furieux à travers toute culture; les religieuses avec eux dans un mélange indistinct, partout enceintes de leurs œuvres.

Voilà l'Eglise. Que devaient être les seigneurs laïques ? Quel était l'intérieur de ces noirs donjons que d'en bas on regardait avec tant d'effroi ? Deux contes, qui sont sans nul doute des histoires, la *Barbe-Bleue* et *Grisélidis*, nous en disent quelque chose. Qu'était-il pour ses vassaux, ses serfs, l'amateur de tortures qui traitait ainsi sa famille ? Nous le savons par le seul à qui l'on ait fait un procès, et si tard! Au quinzième siècle : Gilles de Retz, l'enleveur d'enfants.

Le Front-de-Bœuf de Walter Scott, les seigneurs de

mélodrames et de romans, sont de pauvres gens devant ces terribles réalités ! Le Templier d'*Ivanhoé* est aussi une création faible et très artificielle. L'auteur n'a osé aborder la réalité immonde du célibat du Temple, et de celui qui régnait dans l'intérieur du château. On y recevait peu de femmes ; c'étaient des bouches inutiles. Les romans de chevalerie donnent très exactement le contraire de la vérité. On a remarqué que la littérature exprime souvent tout à fait l'envers des mœurs (exemple, le fade théâtre d'églogues à la Florian dans les années de la Terreur).

Les logements de ces châteaux, dans ceux qu'on peut voir encore, en disent plus que tous les livres. Hommes d'armes, pages, valets, entassés la nuit sous deux basses voûtes, le jour retenus aux créneaux, aux terrasses étroites dans le plus désolant ennui, ne respiraient, ne vivaient que dans leurs échappées d'en bas ; échappées non plus de guerres sur les terres voisines, mais de chasse, et de chasse à l'homme, je veux dire d'avanies sans nombre, d'outrages aux familles serves. Le seigneur savait bien lui-même qu'une telle masse d'hommes sans femmes ne pouvait être paisible qu'en les lâchant par moments.

La choquante idée d'un enfer où Dieu emploie des âmes scélérates, les plus coupables de toutes, à torturer les moins coupables qu'il leur livre pour jouet, ce beau dogme du moyen âge se réalisait à la lettre. L'homme sentait l'absence de Dieu. Chaque razzia prouvait le règne de Satan, faisait croire que c'était à lui qu'il fallait dès lors s'adresser.

Là-dessus, on rit, on plaisante. « Les serves étaient trop laides. » Il ne s'agit point de beauté. Le plaisir était dans l'outrage, à battre et à faire pleurer. Au dix-septième siècle encore, les grandes dames riaient à mourir d'entendre le duc de Lorraine conter comment ses gens, dans des villages paisibles, exécutaient, tourmentaient toutes femmes et les vieilles même.

Les outrages tombaient surtout, comme on peut le croire, sur les familles aisées, distinguées relativement, qui se trouvaient parmi les serfs ; ces familles de serfs maires qu'on voit déjà au douzième siècle à la tête du village. La noblesse les haïssait, les raillait, les désolait. On ne leur pardonnait pas leur naissante dignité morale. On ne passait pas à leurs femmes, à leurs filles, d'être honnêtes et sages. Elles n'avaient pas droit d'être respectées. Leur honneur n'était pas à elles. *Serves de corps*, ce mot cruel leur était sans cesse jeté.

On ne croira pas aisément dans l'avenir que, chez les peuples chrétiens, la loi ait fait ce qu'elle ne fit jamais dans l'esclavage antique, qu'elle ait écrit expressément comme droit le plus sanglant outrage qui puisse navrer le cœur de l'homme.

Le seigneur ecclésiastique, comme le seigneur laïque, a ce droit immonde. Dans une paroisse des environs de Bourges, le Curé, étant seigneur, réclamait expressément les prémices de la mariée, mais voulait bien en pratique vendre au mari pour argent, la virginité de sa femme [1].

On a cru trop aisément que cet outrage était de forme, jamais réel. Mais le prix indiqué en certains pays, pour en obtenir dispense, dépassait fort les moyens de presque tous les paysans. En Ecosse, par exemple, on exigeait « plusieurs vaches ». Chose énorme et impossible! Donc la pauvre jeune femme était à discrétion. Du reste, les Fors du Béarn disent très expressément qu'on levait ce droit en nature : « L'aîné du paysan est censé le fils du seigneur, car il peut être de ses œuvres [2]. »

Toutes coutumes féodales, même sans faire mention de cela, imposent à la mariée de monter au château, d'y porter le « mets de mariage ». Chose odieuse de l'obliger à s'aventurer ainsi au hasard de ce que peut faire de la pauvre créature cette meute de célibataires impudents et effrénés.

On voit d'ici la scène honteuse. Le jeune époux amenant au château son épousée. On imagine les rires des chevaliers, des valets, les espiègleries des pages autour de ces infortunés. — « La présence de la châtelaine les retiendra ? » Point du tout. La dame que les romans veulent faire croire si délicate [3], mais qui commandait aux hommes dans l'absence du mari, qui jugeait, qui châtiait, qui ordonnait des supplices, qui tenait le mari même par les fiefs qu'elle apportait, cette dame n'était guère tendre, pour une serve surtout qui peut-être était jolie. Ayant fort publiquement, selon l'usage d'alors, son chevalier et

1. L. Laurière, II, 100; v° *Marquette*. Michelet, *Origines du Droit*, 264.

2. Quand je publiai mes *Origines* en 1837, je ne connaissais pas cette publication (de 1842).

3. Cette délicatesse apparaît dans le traitement que ces dames voulaient infliger de leurs mains à Jean de Meung, leur poète, auteur du *Roman de la Rose* (vers 1300).

son page, elle n'était pas fâchée d'autoriser ses libertés par les libertés du mari.

Elle ne fera pas obstacle à la farce, à l'amusement qu'on prend de cet homme tremblant qui veut racheter sa femme. On marchande d'abord avec lui, on rit des tortures du « paysan avare »; on lui suce la moelle et le sang. Pourquoi cet acharnement ? C'est qu'il est proprement habillé, qu'il est honnête, rangé, qu'il marque dans le village. Pourquoi ? C'est qu'elle est rieuse, chaste, pure, c'est qu'elle l'aime, qu'elle a peur et qu'elle pleure. Ses beaux yeux demandent grâce.

Le malheureux offre en vain tout ce qu'il a, la dot encore... C'est trop peu. Là, il s'irrite de cette injuste rigueur. « Son voisin n'a rien payé... » L'insolent! le raisonneur! Alors toute la meute l'entoure, on crie; bâtons et balais travaillent sur lui, comme grêle. On le pousse, on le précipite. On lui dit : « Vilain jaloux, vilaine face de carême, on ne la prend pas ta femme, on te la rendra ce soir, et pour comble d'honneur, grosse! Remercie, vous voilà nobles. Ton aîné sera baron! » — Chacun se met aux fenêtres pour voir la figure grotesque de ce mort en habit de noces... Les éclats de rire le suivent, et la bruyante canaille, jusqu'au dernier marmiton, donne la chasse au « cocu » [1]!

Cet homme-là aurait crevé, s'il n'espérait dans le démon. Il rentre seul. Est-elle vide, cette maison désolée ? Non, il y trouve compagnie. Au foyer, siège Satan.

Mais bientôt elle lui revient, la pauvre, pâle et défaite, hélas! hélas! en quel état!... Elle se jette à genoux et lui demande pardon. Alors le cœur de l'homme éclate... Il lui met les bras au cou. Il pleure, sanglote, rugit à faire trembler la maison...

Avec elle pourtant rentre Dieu. Quoi qu'elle ait pu souffrir, elle est pure, innocente et sainte. Satan n'aura rien pour ce jour. Le Pacte n'est pas mûr encore.

Nos fabliaux ridicules, nos contes absurdes, supposent qu'en cette mortelle injure et toutes celles qui suivront,

1. Rien de plus gai que nos vieux contes, seulement ils sont peu variés. Ils n'ont que trois plaisanteries : le désespoir du *cocu*, les cris du *battu*, la grimace du *pendu*. On s'amuse du premier, on rit (à pleurer) du second, au troisième, la gaieté est au comble; on se tient les côtes. Notez que les trois n'en font qu'un. C'est toujours l'inférieur, le faible qu'on outrage en toute sécurité; celui qui ne peut se défendre.

la femme est pour ceux qui l'outragent, contre son mari; ils nous feraient croire que, traitée brutalement, et accablée de grossesses, elle est heureuse et ravie. — Que cela est peu vraisemblable! Sans doute la qualité, la politesse, l'élégance, pouvaient la séduire. Mais on n'en prenait pas la peine. On se serait bien moqué de celui qui, pour une serve, eût filé le parfait amour. Toute la bande, le chapelain, le sommelier, jusqu'aux valets, croyaient l'honorer par l'outrage. Le moindre page se croyait grand seigneur, s'il assaisonnait l'amour d'insolences et de coups.

Un jour que la pauvre femme, en l'absence du mari, venait d'être maltraitée, en relevant ses longs cheveux, elle pleurait et disait tout haut : « O les malheureux saints de bois, que sert-il de leur faire des vœux ? Sont-ils sourds ? Sont-ils trop vieux ?... Que n'ai-je un Esprit protecteur, fort, puissant (méchant, n'importe)! j'en vois bien qui sont en pierre à la porte de l'église. Que font-ils là ? Que ne vont-ils pas à leur vraie maison, le château, enlever, rôtir ces pécheurs ?... Oh! la force, oh! la puissance, qui pourra me la donner ? je me donnerais bien en échange... Hélas! qu'est-ce que je donnerais ? Qu'est-ce que j'ai pour me donner ? Rien ne me reste. — Fi de ce corps! Fi de l'âme qui n'est plus que cendre! — Que n'ai-je donc, à la place du follet qui ne sert à rien, un grand, fort et puissant Esprit!

« — O ma mignonne maîtresse! je suis petit par votre faute, et ne peux pas grandir... Et, d'ailleurs, si j'étais grand, vous ne m'auriez pas voulu, vous ne m'auriez pas souffert, ni votre mari non plus. Vous m'auriez fait donner la chasse par vos prêtres et leur eau bénite... Je serai fort si vous voulez...

« Maîtresse, les Esprits ne sont ni grands ni petits, forts ni faibles. Si l'on veut, le plus petit va devenir un géant.

« — Comment ? — Mais rien n'est plus simple. — Pour faire un Esprit géant, il ne faut que lui faire un don.

« — Quel ? — Une jolie âme de femme.

« — Oh! méchant, qui es-tu donc ? Et que demandes-tu là ? — Ce qui se donne tous les jours... — Voudriez-vous valoir mieux que la dame de là-haut ? Elle a engagé son âme à son mari, à son amant, et pourtant la donne encore entière à son page, un enfant, un petit sot. — Je suis bien plus que votre page; je suis plus qu'un serviteur. En que de choses ai-je été votre petite servante!... Ne rougissez pas, ne vous fâchez pas... Laissez-moi dire seulement que je suis tout autour de vous, et déjà peut-être en vous. Autrement comment saurais-je vos pensées, et jusqu'à celle que vous vous cachez à vous-même... Que suis-je, moi ? Votre petite âme, qui sans façon parle à la grande... Nous sommes inséparables. Savez-vous bien depuis quel temps je suis avec vous ?... C'est depuis mille ans. Car j'étais à votre mère, à sa mère, à vos aïeules... Je suis le génie du foyer.

« — Tentateur!... Mais que feras-tu ? — Alors, ton mari sera riche, toi puissante, et l'on te craindra. — Où suis-je ? tu es donc le démon des trésors cachés ?... — Pourquoi m'appeler démon, si je fais une œuvre juste, de bonté et de piété ?...

« Dieu ne peut pas être partout, il ne peut travailler toujours. Parfois il aime à reposer, et nous laisse, nous autres génies, faire ici le menu ménage, remédier aux distractions de sa Providence, aux oublis de sa justice.

« Votre mari en est l'exemple... Pauvre travailleur méritant, qui se tue et ne gagne guère... Dieu n'a pas eu encore le temps d'y songer... Moi, un peu jaloux, je l'aime pourtant, mon bon hôte. Je le plains. Il n'en peut plus, il succombe. Il mourra comme vos enfants, qui sont déjà morts de misère. L'hiver, il a été malade... Qu'adviendra-t-il l'hiver prochain ? »

Alors, elle mit son visage dans ses mains, elle pleura, deux, trois heures, ou davantage. Et, quand elle n'eut plus de larmes (mais son sein battait encore), il dit : « Je ne demande rien... Seulement, je vous prie, sauvons-le. »

Elle n'avait rien promis, mais lui appartint dès cette heure.

V

POSSESSION

L'âge terrible, c'est l'âge d'or. J'appelle ainsi la dure époque où l'or eut son avènement. C'est l'an 1300, sous le règne du beau roi qu'on put croire d'or ou de fer, qui ne dit jamais un mot, grand roi qui parut avoir un démon muet, mais de bras puissant, assez fort pour brûler le Temple, assez long pour atteindre Rome et d'un gant de fer porter le premier soufflet au pape.

L'or devient alors le grand pape, le grand dieu. Non sans raison. Le mouvement a commencé sur l'Europe par la croisade. On n'estime de richesse que celle qui a des ailes et se prête au mouvement, celle des échanges rapides. Le roi, pour frapper ses coups à distance, ne veut que de l'or. L'armée de l'or, l'armée du fisc, se répand sur tout le pays. Le seigneur, qui a rapporté son rêve de l'Orient, en désire toujours les merveilles, armes damasquinées, tapis, épices, chevaux précieux. Pour tout cela, il faut de l'or. Quand le serf apporte son blé, il le repousse du pied. « Ce n'est pas tout ; je veux de l'or. »

Le monde est changé ce jour-là. Jusqu'alors, au milieu des maux, il y avait, pour le tribut, une sécurité innocente. *Bon an, mal an*, la redevance suivait le cours de la nature et la mesure de la moisson. Si le Seigneur disait : « C'est peu, » on répondait : « Monseigneur, Dieu n'a pas donné davantage. »

Mais l'or, hélas ! où le trouver ?... Nous n'avons pas une armée pour en prendre aux villes de Flandre. Où creuserons-nous la terre pour lui ravir son trésor ? Oh ! si nous étions guidés par l'Esprit des trésors cachés [1] !

1. Les démons troublent le monde pendant tout le moyen âge. Mais Satan ne prend pas son caractère définitif avant le treizième siècle. « Les *pactes*, dit M. A. Maury, sont fort rares avant cette époque. » Je le crois. Comment contracter avec celui qui vraiment n'est pas encore ?

Pendant que tous désespèrent, la femme au lutin est déjà assise sur ses sacs de blé dans la petite ville voisine. Elle est seule. Les autres, au village, sont encore à délibérer.

Elle vend au prix qu'elle veut. Mais, même quand les autres arrivent, tout va à elle; je ne sais quel magique attrait y mène. Personne ne marchande avec elle. Son mari, avant le terme, apporte sa redevance en bonne monnaie sonnante à l'orme féodal. Tous disent : « Chose surprenante!... Mais elle a le diable au corps! »

Ils rient, et elle ne rit pas. Elle est triste, a peur. Elle a beau prier le soir. Des fourmillements étranges agitent, troublent son sommeil. Elle voit de bizarres figures. L'Esprit si petit, si doux, semble devenu impérieux. Il ose. Elle est inquiète, indignée, veut se lever. Elle reste, mais elle gémit, se sent dépendre, se dit : « Je ne m'appartiens donc plus! »

« Voilà enfin, dit le seigneur, un paysan raisonnable, il paye d'avance. Tu me plais. Sais-tu compter? — Quelque peu. — Eh bien, c'est toi qui compteras avec tous ces gens. Chaque samedi, assis sous l'orme, tu recevras leur argent. Le dimanche, avant la messe, tu le monteras au château. »

Grand changement de situation! Le cœur bat fort à la femme quand, le samedi, elle voit son pauvre laboureur, ce serf, siéger comme un petit seigneur sous l'ombrage seigneurial. L'homme est un peu étourdi. Mais

Ni l'un ni l'autre des contractants n'était mûr pour le contrat. Pour que la volonté en vienne à cette extrémité terrible de se vendre pour l'éternité, *il faut qu'elle ait désespéré*. Ce n'est guère le *malheureux* qui arrive au désespoir; c'est le *misérable*, celui qui a connaissance parfaite de sa misère, qui en souffre d'autant plus et n'attend aucun remède. Le misérable, en ce sens, c'est l'homme du quatorzième siècle, l'homme dont on exige l'impossible (des redevances en argent). — Dans ce chapitre et le suivant, j'ai marqué les situations, les sentiments, les progrès dans le désespoir, qui peuvent amener le traité énorme du *pacte*, et, ce qui est bien plus que le simple pacte, l'horrible état de la *sorcière*. Nom prodigué, mais chose rare alors, laquelle n'était pas moins qu'un mariage et une sorte de pontificat. Pour la facilité de l'exposition, j'ai rattaché les détails de cette délicate analyse à un léger fil fictif. Le cadre importe peu du reste. L'essentiel, c'est de bien comprendre que de telles choses ne vinrent point (comme on tâchait de le faire croire) *de la légèreté humaine, de l'inconstance de la nature déchue, des tentations fortuites de la concupiscence*. Il y fallut la pression fatale d'un âge de fer, celle des nécessités atroces; il fallut que l'enfer même parût un abri, un asile, contre l'enfer d'ici-bas.

enfin il s'habitue; il prend quelque gravité. Il n'y a pas à plaisanter. Le seigneur veut qu'on le respecte. Quand il est monté au château, et que les jaloux ont fait mine de rire, de lui faire quelque tour : « Vous voyez bien ce créneau, dit le seigneur; vous ne voyez pas la corde, qui cependant est prête. Le premier qui le touchera, je le mets là, haut et court. »

Ce mot circule, on le redit. Et il étend autour d'eux comme une atmosphère de terreur. Chacun leur ôte le chapeau bien bas, très bas. Mais on s'éloigne, on s'écarte, quand ils passent. Pour les éviter, on s'en va par le chemin de traverse, sans voir et le dos courbé. Ce changement les rend fiers d'abord, bientôt les attriste. Ils vont seuls dans la commune. Elle, si fine, elle voit bien le dédain haineux du château, la haine peureuse d'en bas. Elle se sent entre deux périls, dans un terrible isolement. Nul protecteur que le seigneur, ou plutôt l'argent qu'on lui donne; mais, pour le trouver cet argent, pour stimuler la lenteur du paysan, vaincre l'inertie qu'il oppose, pour arracher quelque chose même à qui n'a rien, qu'il faut d'insistances, de menaces, de rigueur! Le bonhomme n'était pas fait à ce métier. Elle l'y dresse, elle le pousse, elle lui dit : « Soyez rude; au besoin cruel. Frappez. Sinon vous manquerez les termes. Et alors, nous sommes perdus. »

Ceci, c'est le tourment du jour, peu de chose en comparaison des supplices de la nuit. Elle a comme perdu le sommeil. Elle se lève, va, vient. Elle rôde autour de la maison. Tout est calme; et cependant, qu'elle est changée cette maison! Comme elle a perdu sa douceur de sécurité, d'innocence! Que rumine ce chat au foyer, qui fait semblant de dormir et m'entr'ouvre ses yeux verts? La chèvre, à la longue barbe, discrète et sinistre personne, en sait bien plus qu'elle n'en dit. Et cette vache, que la lune fait entrevoir dans l'étable, pourquoi m'a-t-elle adressé de côté un tel regard?... Tout cela n'est pas naturel.

Elle frissonne et va se remettre à côté de son mari. « Homme heureux! Quel sommeil profond!... Moi, c'est fini, je ne dors plus; je ne dormirai plus jamais!... » Elle s'affaisse pourtant à la longue. Mais, alors, combien elle souffre! L'hôte importun est près d'elle, exigeant, impérieux. Il la traite sans ménagement; si elle l'éloigne un moment par le signe de la croix ou quelque prière, il revient sous une autre forme. « Arrière, démon, qu'oses-tu ? Je suis une âme chrétienne... Non, cela ne t'est pas permis. »

Il prend alors, pour se venger, cent formes hideuses : il file gluant en couleuvre sur son sein, danse en crapaud sur son ventre, ou, chauve-souris, d'un bec aigu, cueille à sa bouche effrayée d'horribles baisers... Que veut-il ? la pousser à bout, faire que, vaincue, épuisée, elle cède et lâche un oui. Mais elle résiste encore. Elle s'obstine à dire : Non. Elle s'obstine à souffrir les luttes cruelles de chaque nuit, l'interminable martyre de ce désolant combat.

« Jusqu'à quel point un Esprit peut-il en même temps se faire corps ? Ses assauts, ses tentatives ont-elles une réalité ? Pécherait-elle charnellement, en subissant l'invasion de celui qui rôde autour d'elle ? Serait-ce un adultère réel ?... » Détour subtil par lequel il alanguit quelquefois, énerve sa résistance. « Si je ne suis qu'un souffle, une fumée, un air léger (comme beaucoup de docteurs le disent), que craignez-vous, âme timide, et qu'importe à votre mari ? »

C'est le supplice des âmes, pendant tout le moyen âge, que nombre de questions que nous trouverions vaines, de pure scolastique, agitent, effrayent, tourmentent, se traduisent en visions, parfois en débats diaboliques, en dialogues cruels qui se font à l'intérieur. Le démon, quelque furieux qu'il soit dans les démoniaques, reste un esprit toutefois tant que dure l'Empire romain, et encore au temps de saint Martin, au cinquième siècle. A l'invasion des Barbares, il se barbarise et prend corps. Il l'est si bien qu'à coups de pierres il s'amuse à casser la cloche du couvent de saint Benoît. De plus en plus, pour effrayer les violents envahisseurs de biens ecclésiastiques, on incarne fortement le diable; on inculque cette pensée qu'il tourmentera les pécheurs, non d'âme à âme seulement, mais corporellement dans leur chair, qu'ils souffriront des supplices matériels, non des flammes idéales, mais bien en réalité ce que les charbons ardents, le gril ou la broche rouge, peuvent donner d'exquises douleurs.

L'idée des diables tortureurs, infligeant aux âmes des morts des tortures matérielles, fut, pour l'Eglise, une mine d'or. Les vivants, navrés de douleur, de pitié, se demandaient : « Si l'on pouvait, d'un monde à l'autre, les racheter, ces pauvres âmes ? leur appliquer l'expiation par amende et composition que l'on pratique sur la terre ? » — Ce pont entre les deux mondes fut Cluny, qui, dès sa naissance (vers 900), devint tout à coup l'un des ordres les plus riches.

Tant que Dieu punissait lui-même, *appesantissait sa main* ou frappait par l'*épée de l'ange* (selon la noble forme antique), il y avait moins d'horreur ; cette main était sévère, celle d'un juge, d'un père pourtant. L'ange en frappant restait pur et net comme son épée. Il n'en est nullement ainsi, quand l'exécution se fait par des démons immondes. Ils n'imitent point du tout l'ange qui brûla Sodome, mais qui d'abord en sortit. Ils y restent, et leur enfer est une horrible Sodome où ces esprits, plus souillés que les pécheurs qu'on leur livre, tirent des tortures qu'ils infligent d'odieuses jouissances. C'est l'enseignement qu'on trouvait dans les *naïves* sculptures étalées aux portes des églises. On y apprenait l'horrible leçon des voluptés de la douleur. Sous prétexte de supplices, les diables assouvissent sur leurs victimes les caprices les plus révoltants. Conception immorale (et profondément coupable !) d'une prétendue justice qui favorise le pire, empire sa perversité en lui donnant un jouet, et corrompt le démon même !

Temps cruels ! sentez-vous combien le ciel fut noir et bas, lourd sur la tête de l'homme ? Les pauvres petits enfants, dès leur premier âge, imbus de ces horribles idées et tremblants dans le berceau ! La vierge pure, innocente, qui se sent damnée du plaisir que lui inflige l'Esprit. La femme, au lit conjugal, martyrisée de ses attaques, résistant, et cependant, par moments, le sentant en elle... Chose horrible que connaissent ceux qui ont le ténia. Se sentir une vie double, distinguer les mouvements du monstre, parfois agité, parfois d'une molle douceur, onduleuse, qui trouble encore plus, qui ferait croire qu'on est en mer ! Alors, on court éperdu, ayant horreur de soi-même, voulant s'échapper, mourir...

Même aux moments où le démon ne sévissait pas contre elle, la femme qui commençait à être envahie de lui errait accablée de mélancolie. Car, désormais, nul remède. Il entrait invinciblement, comme une fumée immonde. Il est le prince des airs, des tempêtes, et, tout autant, des tempêtes intérieures. C'est ce qu'on voit exprimé grossièrement, énergiquement, sous le portail de Strasbourg. En tête du chœur des *Vierges folles*, leur chef, la femme scélérate qui les entraîne à l'abîme, est pleine, gonflée du démon, qui regorge ignoblement et lui sort de dessous ses jupes en noir flot d'épaisse fumée.

Ce gonflement est un trait cruel de la *possession ;* c'est un supplice et un orgueil. Elle porte son ventre en avant, l'orgueilleuse de Strasbourg, renverse sa tête en arrière. Elle triomphe de sa plénitude, se réjouit d'être un monstre.

Elle ne l'est pas encore, la femme que nous suivons. Mais elle est gonflée déjà de lui et de sa superbe, de sa fortune nouvelle. La terre ne la porte pas. Grasse et belle, avec tout cela, elle va par la rue, tête haute, impitoyable de dédain. On a peur, on hait, on admire.

Notre dame de village dit, d'attitude et de regard : « Je devrais être la Dame !... Et que fait-elle là-haut, l'impudique, la paresseuse, au milieu de tous ces hommes, pendant l'absence du mari ? » La rivalité s'établit. Le village qui la déteste, en est fier. « Si la châtelaine est baronne, celle-ci est reine... plus que reine, on n'ose dire quoi... » Beauté terrible et fantastique, cruelle d'orgueil et de douleur. Le démon même est dans ses yeux.

Il l'a et ne l'a pas encore. Elle est *elle*, et se maintient *elle*. Elle n'est du démon ni de Dieu. Le démon peut bien l'envahir, y circuler en air subtil. Et il n'a encore rien du tout. Car il n'a pas la volonté. Elle est *possédée*, *endiablée*, et elle n'appartient pas au Diable. Parfois il exerce sur elle d'horribles sévices, et n'en tire rien. Il lui met au sein, au ventre, aux entrailles, un charbon de feu. Elle se cabre, elle se tord, et dit cependant encore : « Non, bourreau, je resterai moi. »

« — Gare à toi ! je te cinglerai d'un si cruel fouet de vipère, je te couperai d'un tel coup, qu'après tu iras pleurant et perçant l'air de tes cris. »

La nuit suivante, il ne vient pas. Au matin (c'est le dimanche), l'homme est monté au château. Il en descend tout défait. Le seigneur a dit : « Un ruisseau qui va goutte à goutte ne fait pas tourner le moulin... Tu m'apportes sou à sou, ce qui ne me sert à rien... Je vais partir dans quinze jours. Le roi marche vers la Flandre, et je n'ai pas seulement un destrier de bataille. Le mien boite depuis le tournoi. Arrange-toi, il me faut cent livres... — Mais, monseigneur, où les trouver ? — Mets tout le village à sac, si tu veux. Je vais te donner assez d'hommes... Dis à tes rustres qu'ils sont perdus si l'argent n'arrive pas, et toi le premier, tu es mort... J'ai assez de toi. Tu as le cœur d'une femme ; tu es un lâche, un paresseux. Tu périras, tu la payeras, ta mollesse, ta lâcheté. Tiens, il ne tient presque à rien que tu ne descendes pas, que je ne te garde ici... C'est dimanche ; on rirait bien si on te voyait d'en bas gambiller à mes créneaux. »

Le malheureux redit cela à sa femme, n'espère rien, se prépare à la mort, recommande son âme à Dieu. Elle, non moins effrayée, ne peut se coucher ni dormir. Que faire ? Elle a bien regret d'avoir renvoyé l'Esprit. S'il revenait !... Le matin, lorsque son mari se lève, elle tombe épuisée sur le lit. A peine elle y est, qu'elle sent un poids lourd sur sa poitrine ; elle halète, croit étouffer. Ce poids descend, pèse au ventre, et en même temps à ses bras elle sent comme deux mains d'acier. « Tu m'as désiré... Me voici. Eh bien, indocile, enfin, enfin, je l'ai donc, ton âme ? — Mais, messire, est-elle à moi ? Mon pauvre mari ! Vous l'aimiez... Vous l'avez dit... Vous promettiez... — Ton mari ! as-tu oublié ?... es-tu sûre de lui avoir toujours gardé ta volonté ?... Ton âme ! je te la demande par bonté, mais je l'ai déjà...

« — Non, messire, dit-elle encore par un retour de fierté, quoi qu'en nécessité si grande. Non, messire, cette âme est à moi, à mon mari, au sacrement...

« — Ah ! petite, petite sotte ! incorrigible ! Ce jour même sous l'aiguillon, tu luttes encore !... Je l'ai vue, je la sais, ton âme, à chaque heure, et bien mieux que toi. Jour par jour, j'ai vu tes premières résistances, tes douleurs et tes désespoirs ! J'ai vu tes découragements quand tu as dit à demi-voix : « Nul n'est tenu à l'impossible. » Puis j'ai vu tes résignations. Tu as été battue un peu, et tu as crié pas bien fort... Moi, si j'ai demandé ton âme, c'est que déjà tu l'as perdue...

« Maintenant ton mari périt... Que faut-il faire ? j'ai pitié de vous... Je t'ai... mais je veux davantage, et il me faut que tu cèdes, et d'aveu, et de volonté ! Autrement il périra. »

Elle répondit bien bas, en dormant : « Hélas ! mon corps et ma misérable chair, pour sauver mon pauvre mari, prenez-les... Mais mon cœur, non. Personne ne l'a eu jamais, et je ne peux pas le donner. »

Là, elle attendit, résignée... Et il lui jeta deux mots :

« Retiens-les. C'est ton salut. » — Au moment, elle frissonna, se sentit avec horreur empalée d'un trait de feu, inondée d'un flot de glace... Elle poussa un grand cri. Elle se trouva dans les bras de son mari étonné, et qu'elle inonda de larmes.

Elle s'arracha violemment, se leva, craignant d'oublier les deux mots si nécessaires. Son mari était effrayé. Car elle ne le voyait pas même, mais elle lançait aux murailles le regard aigu de Médée. Jamais elle ne fut plus belle. Dans l'œil noir et le blanc jaune flamboyait une lueur qu'on n'osait envisager, un jet sulfureux de volcan.

Elle marcha droit à la ville. Le premier mot était *vert*. Elle vit pendre à la porte d'un marchand une robe verte (couleur du Prince du monde). Robe vieille, qui, mise sur elle, se trouva jeune, éblouit. Elle marcha, sans s'informer, droit à la porte d'un juif, et elle y frappa un grand coup. On ouvre avec précaution. Ce pauvre juif, assis par terre, s'était englouti de cendre. « Mon cher, il me faut cent livres! — Ah! madame, comment le pourrais-je? Le prince-évêque de la ville, pour me faire dire où est mon or, m'a fait arracher les dents [1]... Voyez ma bouche sanglante... — Je sais, je sais. Mais je viens chercher justement chez toi de quoi détruire ton évêque. Quand on soufflette le pape, l'évêque ne tiendra guère. Qui dit cela? C'est *Tolède* [2].

Il avait la tête basse. Elle dit, et elle souffla... Elle avait une âme entière, et le diable par-dessus. Une chaleur extraordinaire remplit la chambre. Lui-même sentit une fontaine de feu. « Madame, dit-il, madame, en la regardant en dessous, pauvre, ruiné, comme je suis, j'avais quelques sous en réserve pour nourrir mes pauvres enfants. — Tu ne t'en repentiras pas, juif... Je vais te faire le *grand serment* dont on meurt... Ce que tu vas me donner, tu le recevras dans huit jours, et de bonne heure,

1. C'était une méthode fort usitée pour forcer les Juifs de contribuer. Le roi Jean sans Terre y eut souvent recours.

2. Tolède paraît avoir été la ville sainte des sorciers, innombrables en Espagne. Leurs relations avec les Maures, tellement civilisés, avec les Juifs, fort savants et maîtres alors de l'Espagne (comme agents du fisc royal), avaient donné aux sorciers une plus haute culture, et ils formaient à Tolède une sorte d'université. Au seizième siècle, on l'avait christianisée, transformée, réduite à la magie blanche. Voir la *Déposition du sorcier Achard, sieur de Beaumont, médecin en Poitou*. Lancre, *Incrédulité*, p. 781.

et le matin... Je t'en jure et ton *grand serment*, et le mien plus grand : « *Tolède.* »

Un an s'était écoulé. Elle s'était arrondie. Elle se faisait toute d'or. On était étonné de voir sa fascination. Tous admiraient, obéissaient. Par un miracle du diable, le juif, devenu généreux, au moindre signe prêtait. Elle seule soutenait le château et de son crédit à la ville, et de la terreur du village, de ses rudes extorsions. La victorieuse robe verte allait, venait, de plus en plus neuve et belle. Elle-même prenait une colossale beauté de triomphe et d'insolence. Une chose surnaturelle effrayait. Chacun disait : « A son âge, elle grandit! »

Cependant, voici la nouvelle : le seigneur revient. La dame, qui dès longtemps n'osait descendre pour ne pas rencontrer la face de celle d'en bas, a monté son cheval blanc. Elle va à la rencontre, entourée de tout son monde, arrête et salue son époux.

Avant toute chose, elle dit : « Que je vous ai donc attendu! Comment laissez-vous la fidèle épouse si longtemps veuve et languissante ?... Eh bien, pourtant, je ne peux pas vous donner place ce soir, si vous ne m'octroyez un don. — Demandez, demandez, ô belle! dit le chevalier en riant. Mais faites vite... Car j'ai hâte de vous embrasser, ma Dame... Que je vous trouve embellie! »

Elle lui parla à l'oreille, et l'on ne sait ce qu'elle dit. Avant de monter au château, le bon seigneur mit pied à terre devant l'église du village, entra. Sous le porche, en tête des notables, il voit une dame qu'il ne reconnaît pas, mais salue profondément. D'une fierté incomparable, elle portait bien plus haut que toutes les têtes des hommes le sublime *hennin* de l'époque, le triomphant bonnet du diable. On l'appelait souvent ainsi, à cause de la double corne dont il était décoré. La vraie dame rougit, éclipsée, et passa toute petite. Puis, indignée, à demi-voix : « La voilà pourtant, votre serve! C'est fini. Tout est renversé. Les ânes insultent les chevaux. »

A la sortie, le hardi page, le favori, de sa ceinture tire un poignard effilé, et lestement, d'un seul tour, coupe la belle robe verte aux reins [1]. Elle faillit s'évanouir... La

1. C'est le grand et cruel outrage qu'on trouve usité dans ces temps. Il est, dans les lois galloises et anglo-saxonnes, la peine de l'impudicité. Grimm, 679, 711. Sternhook, 19, 326. Ducange, IV, 52. Michelet, *Origines*, 286, 389. — Plus tard le même affront est indignement infligé aux

foule était interdite. Mais on comprit quand on vit toute la maison du seigneur qui se mit à lui faire la chasse... Rapides et impitoyables sifflaient, tombaient les coups de fouet... Elle fuit, mais pas bien fort; elle est déjà un peu pesante. A peine elle a fait vingt pas, qu'elle heurte. Sa meilleure amie lui a mis sur le chemin une pierre pour la faire chopper... On rit. Elle hurle, à quatre pattes... Mais les pages impitoyables la relèvent à coups de fouet. Les nobles et jolis lévriers aident et mordent au plus sensible. Elle arrive enfin, éperdue, dans ce terrible cortège, à la porte de sa maison. — Fermée! — Là, des pieds et des mains, elle frappe, elle crie : « Mon ami. Oh! vite! vite! ouvrez-moi! » Elle était étalée là, comme la misérable chouette qu'on cloue aux portes d'une ferme... Et les coups, en plein, lui pleuvaient... — Au-dedans, tout était sourd. Le mari y était-il ? ou bien, riche et effrayé, avait-il peur de la foule, du pillage de la maison ?

Elle eut là tant de misères, de coups, de soufflets sonores, qu'elle s'affaissa, défaillit. Sur la froide pierre du seuil, elle se trouva assise, à nu, demi-morte, ne couvrant guère sa chair sanglante que des flots de ses longs cheveux. Quelqu'un du château dit : « Assez... on n'exige pas qu'elle meure. »

On la laisse. Elle se cache. Mais elle voit en esprit le grand gala du château. Le seigneur, un peu étourdi, disait pourtant : « J'y ai regret. » Le chapelain dit doucement : « Si cette femme est *endiablée*, comme on le dit, monseigneur, vous devez à vos bons vassaux, vous devez à tout le pays, de la livrer à la Sainte Eglise. Il est effrayant de voir, depuis ces affaires du Temple et du Pape, quel progrès fait le démon. Contre lui, rien que le feu... » — Sur cela, un Dominicain : « Votre Révérence a parlé excellemment bien. La diablerie, c'est l'hérésie au premier chef. Comme l'hérétique, l'endiablé doit être brûlé. Pourtant plusieurs de nos bons Pères ne se fient plus au feu

femmes honnêtes, aux bourgeoises déjà fières, que la noblesse veut humilier. On sait le guet-apens où le tyran Hagenbach fit tomber les dames honorables de la haute bourgeoisie d'Alsace, probablement en dérision de leur riche et royal costume, tout de soie et d'or. J'ai rapporté aussi dans mes *Origines* (page 250) le droit étrange que le sire de Pacé, en Anjou, réclame sur les femmes *jolies* (honnêtes) du voisinage. Elles doivent lui apporter au château 4 deniers, un chapeau de roses et danser avec ses officiers. Démarche fort dangereuse, où elles avaient à craindre de trouver un affront, comme celui d'Hagenbach. Pour les y contraindre, on ajoute cette menace que les rebelles dépouillées seront piquées d'un aiguillon marqué aux armes du seigneur.

même. Ils veulent sagement qu'avant tout l'âme soit longuement purgée, éprouvée, domptée par les jeûnes; qu'elle ne brûle pas dans son orgueil, qu'elle ne triomphe pas au bûcher. Si, madame, votre piété est si grande, si charitable, que vous-même vous preniez la peine de travailler sur celle-ci, la mettant pour quelques années *in pace* dans une bonne fosse dont vous seule auriez la clef; vous pourriez, par la constance du châtiment, faire du bien à son âme, honte au diable, et la livrer, humble et douce, aux mains de l'Eglise. »

VI

LE PACTE

Il ne manquait que la victime. On savait que le présent le plus doux qu'on pût lui faire, c'était de la lui amener. Elle eût tendrement reconnu l'empressement de celui qui lui eût fait ce don d'amour, livré ce triste corps sanglant.

Mais la proie sentit le chasseur : quelques minutes plus tard, elle aurait été enlevée, à jamais scellée sous la pierre. Elle se couvrit d'un haillon qui était dans l'étable, prit des ailes, en quelque sorte, et, avant minuit, se trouva à quelques lieues, loin des routes, sur une lande abandonnée qui n'était que chardons et ronces. C'était à la lisière d'un bois, où, par une lune douteuse, elle put ramasser quelques glands, qu'elle engloutit, comme une bête. Des siècles avaient passé depuis la veille; elle était métamorphosée. La belle, la reine de village, n'était plus; son âme, changée, changeait ses attitudes même. Elle était comme un sanglier sur ces glands, ou comme un singe, accroupie. Elle roulait des pensées nullement humaines, quand elle entend ou croit entendre un miaulement de chouette, puis un aigre éclat de rire. Elle a peur, mais c'est peut-être le geai moqueur qui contrefait toutes les voix; ce sont ses tours ordinaires.

L'éclat de rire recommence. D'où vient-il ? Elle ne voit rien. On dirait qu'il sort d'un vieux chêne.

Mais elle entend distinctement : « Ah! te voilà donc enfin... Tu n'es pas venue de bonne grâce. Et tu ne serais pas venue, si tu n'avais trouvé le fond de ta nécessité dernière... Il t'a fallu, l'orgueilleuse, faire la course sous le fouet, crier et demander grâce, moquée, perdue, sans asile, rejetée de ton mari. Où serais-tu, si, le soir, je n'avais eu la charité de te faire voir l'*in pace* qu'on te préparait dans la tour ?... C'est tard, bien tard, que tu me viens, et quand on t'a nommée *la vieille*... Jeune, tu ne m'as pas bien traité, moi, ton petit lutin d'alors, si empressé à te servir... A ton tour (si je veux de toi) de me servir et de me baiser les pieds.

« Tu fus mienne dès ta naissance par ta malice contenue, par ton charme diabolique. J'étais ton amant, ton mari. Le tien t'a fermé sa porte. Moi, je ne ferme pas la mienne. Je te reçois dans mes domaines, mes libres prairies, mes forêts... Qu'y gagnè-je ? Est-ce que dès longtemps je ne t'ai pas à mon heure ? Ne t'ai-je pas envahie, possédée, emplie de ma flamme ? J'ai changé, remplacé ton sang. Il n'est veine de ton corps où je ne circule pas. Tu ne peux pas savoir toi-même à quel point tu es mon épouse. Mais nos noces n'ont pas eu encore toutes les formalités. J'ai des mœurs, je me fais scrupule... Soyons un pour l'éternité !

« — Messire, dans l'état où je suis, que dirais-je ? Oh! je l'ai senti, trop bien senti, que dès longtemps vous êtes toute ma destinée. Vous m'avez malicieusement caressée, comblée, enrichie, afin de me précipiter... Hier quand le lévrier noir mordit ma pauvre nudité, sa dent brûlait... j'ai dit : « C'est lui. » Le soir, quand cette Hérodiade salit, effraya la table, quelqu'un était entremetteur pour qu'on promît mon sang... C'est vous.

« — Oui, mais c'est moi qui t'ai sauvée et qui t'ai fait venir ici. J'ai fait tout, tu l'as deviné. Je t'ai perdue. Et pourquoi ? C'est que je te veux sans partage. Franchement, ton mari m'ennuyait. Tu chicanais, tu marchandais. Tout autres sont mes procédés. Tout ou rien. Voilà pourquoi je t'ai un peu travaillée, disciplinée, mise à point, mûrie pour moi... Car telle est ma délicatesse. Je ne prends pas, comme on croit, tant d'âmes sottes qui se donneraient. Je veux des âmes élues, à un certain état friand de fureur et de désespoir... Tiens, je ne peux te le cacher, telle que tu es aujourd'hui tu me plais; tu t'embellis fort; tu es une âme désirable... Oh! qu'il y a longtemps que je t'aime!... Mais aujourd'hui j'ai faim de toi...

« Je ferai grandement les choses. Je ne suis pas de ces maris qui comptent avec leur fiancée. Si tu ne voulais qu'être riche, cela serait à l'instant même. Si tu ne voulais qu'être reine, remplacer Jeanne de Navarre, quoiqu'on y tienne, on le ferait, et le roi n'y perdrait guère en orgueil, en méchanceté! Il est plus grand d'être ma femme. Mais enfin, dis ce que tu veux.

« — Messire, rien que de faire du mal.

« — Charmante, charmante réponse !... Oh ! que j'ai raison de t'aimer !... En effet, cela contient tout, toute la loi et tous les prophètes... Puisque tu as si bien choisi, il te sera, par-dessus, donné de surplus tout le reste. Tu auras tous mes secrets. Tu verras au fond de la terre. Le monde viendra à toi, et mettra l'or à tes pieds... Plus, voici le vrai diamant, mon épousée, que je te donne, la *vengeance*... Je te sais, friponne, je sais ton plus caché désir... Oh ! que nos cœurs s'entendent là... C'est bien là que j'aurai de toi la possession définitive. *Tu verras ton ennemie agenouillée devant toi*, demandant grâce et priant, heureuse si tu la tenais quitte en faisant ce qu'elle te fit. Elle pleurera... Toi, gracieuse, tu diras : *Non*, et la verras crier : Mort et damnation !... Alors, j'en fais mon affaire.

« — Messire, je suis votre servante... j'étais ingrate, c'est vrai. Car vous m'avez comblée toujours. Je vous appartiens, ô mon maître ! ô mon dieu ! Je n'en veux plus d'autre. Suaves sont vos délices. Votre service est très doux. »

Là, elle tombe à quatre pattes, l'adore !... Elle lui fait d'abord l'hommage, dans les formes du Temple, qui symbolise l'abandon absolu de la volonté ! Son maître, le Prince du monde, le Prince des vents, lui souffle à son tour comme un impétueux esprit. Elle reçoit à la fois les trois sacrements à rebours, baptême, prêtrise et mariage. Dans cette nouvelle Eglise, exactement l'envers de l'autre, toute chose doit se faire à l'envers. Soumise, patiente, elle endura la cruelle initiation [1], soutenue de ce mot : « Vengeance ! »

Bien loin que la foudre infernale l'épuisât, la fît languissante, elle se releva redoutable et les yeux étincelants. La lune, qui, chastement, s'était un moment voilée, eut peur en la revoyant. Epouvantablement gonflée de la vapeur infernale, de feu, de fureur et (chose nouvelle) de je ne sais quel désir, elle fut un moment énorme par cet excès de plénitude et d'une beauté horrible. Elle regarda tout autour... Et la nature était changée. Les arbres avaient une langue, contaient les choses passées. Les herbes étaient des simples. Telles plantes qu'hier elle foulait comme du foin, c'étaient maintenant des personnes qui causaient de médecine.

1. Ceci s'expliquera plus tard. Il faut se garder des additions pédantesques des modernes du dix-septième siècle. Les ornements que les sots donnent à une chose si terrible font Satan à leur image.

Elle s'éveilla le lendemain en grande sécurité, loin, bien loin de ses ennemis. On l'avait cherchée. On n'avait trouvé que quelques lambeaux épars de la fatale robe verte. S'était-elle, de désespoir, précipitée dans le torrent? Avait-elle été vivante emportée par le démon ? On ne savait. Des deux façons, elle était damnée à coup sûr. Grande consolation pour la dame de ne pas l'avoir trouvée.

L'eût-on vue, on l'eût à peine reconnue. Tellement elle était changée. Les yeux seuls restaient, non brillants, mais armés d'une très étrange et peu rassurante lueur. Elle-même avait peur de faire peur. Elle ne les baissait pas. Elle regardait de côté; dans l'obliquité du rayon, elle en éludait l'effet. Brunie tout à coup, on eût dit qu'elle avait passé par la flamme. Mais ceux qui observaient mieux sentaient que cette flamme plutôt était en elle, qu'elle portait un impur et brûlant foyer. Le trait flamboyant dont Satan l'avait traversée lui restait, et, comme à travers une lampe sinistre, lançait tel reflet sauvage, pourtant d'un dangereux attrait. On reculait, mais on restait, et les sens étaient troublés.

Elle se vit à l'entrée d'un de ces trous de troglodyte, comme on en trouve d'innombrables dans certaines collines du Centre et de l'Ouest. C'étaient les marches, alors sauvages, entre le pays de Merlin et le pays de Mélusine. Des landes à perte de vue témoignent encore des vieilles guerres et des éternels ravages, des terreurs, qui empêchaient le pays de se repeupler. Là le Diable était chez lui. Des rares habitants, la plupart lui étaient fervents, dévots. Quelque attrait qu'eussent pour lui les âpres fourrés de Lorraine, les noires sapinières du Jura, les déserts salés de Burgos, ses préférences étaient peut-être pour nos marches de l'Ouest. Ce n'était pas là seulement le berger visionnaire, la conjonction satanique de la chèvre et du chevrier, c'était une conjuration plus profonde avec la nature, une pénétration plus grande des remèdes et des poisons, des rapports mystérieux dont on n'a pas su le lien avec Tolède la savante, l'université diabolique.

L'hiver commençait. Son souffle, qui déshabillait les arbres, avait entassé les feuilles, les branchettes de bois mort. Elle trouva cela tout prêt à l'entrée du triste abri. Par un bois et une lande d'un quart de lieue, on descendait à portée de quelques villages qu'avait créés un cours d'eau. « Voilà ton royaume, lui dit la voix intérieure. Mendiante aujourd'hui, demain tu régneras dans la contrée. »

VII

LE ROI DES MORTS

Elle ne fut pas d'abord bien touchée de ces promesses. Un ermitage sans Dieu, désolé, et les grands vents si monotones de l'Ouest, les souvenirs impitoyables dans la grande solitude, tant de pertes et tant d'affronts, ce subit et âpre veuvage, son mari qui l'a laissée à la honte, tout l'accablait. Jouet du sort, elle se vit, comme la triste plante des landes, sans racines, que la brise promène, ramène, châtie, bat inhumainement; on dirait un corail grisâtre, anguleux, qui n'a d'adhérence que pour être mieux brisé. L'enfant met le pied dessus. Le peuple dit par risée : « C'est la fiancée du vent. »

Elle rit outrageusement sur elle-même en se comparant. Mais du fond du trou obscur : « Ignorante et insensée, tu ne sais ce que tu dis... Cette plante qui roule ainsi a bien droit de mépriser tant d'herbes grasses et vulgaires. Elle roule, mais complète en elle, portant tout, fleurs et semences. Ressemble-lui. Sois ta racine, et, dans le tourbillon même, tu porteras fleur encore, nos fleurs à nous, comme il vient de la poudre des sépulcres et des cendres des volcans.

« La première fleur de Satan, je te la donne aujourd'hui pour que tu saches mon premier nom, mon antique pouvoir. Je fus le *roi des morts*... Oh! qu'on m'a calomnié!... Moi seul (ce bienfait immense me méritait des autels), moi seul, je les fais revenir... »

Pénétrer l'avenir, évoquer le passé, devancer, rappeler le temps qui va si vite, étendre le présent de ce qui fut et de ce qui sera, voilà deux choses proscrites au moyen âge. En vain. Nature ici est invincible; on n'y gagnera rien. Qui pèche ainsi est homme. Il ne le serait pas, celui qui resterait fixé sur son sillon, l'œil baissé, le regard borné aux pas qu'il fait derrière ses bœufs. Non, nous irons toujours visant plus haut, plus loin et plus au fond. Cette terre, nous la mesurons péniblement, mais la frappons du pied, et lui disons toujours : « qu'as-tu dans tes entrailles ? quels secrets ? quels mystères ? Tu nous rends bien le grain que nous te confions. Mais tu ne nous rends pas cette semence humaine, ces morts aimés que nous t'avons prêtés. Ne germeront-ils pas, nos amis, nos amours, que nous avions mis là ? Si du moins pour une heure, un moment, ils venaient à nous !

Nous serons bientôt de la *terra incognita* où déjà ils ont descendu. Mais les reverrons-nous ? Serons-nous avec eux ? Où sont-ils ? Que font-ils ? — Il faut qu'ils soient, mes morts, bien captifs pour ne me donner aucun signe ! Et moi, comment ferai-je pour être entendu d'eux ? Comment mon père, pour qui je fus unique, et qui m'aima si violemment, comment ne vient-il pas à moi ?... Oh ! des deux côtés, servitude ! captivité ! mutuelle ignorance ! Nuit sombre où l'on cherche un rayon [1].

Ces pensées éternelles de nature, qui, dans l'antiquité, n'ont été que mélancoliques, au moyen âge, elles sont devenues cruelles, amères, débilitantes, et les cœurs en sont amoindris. Il semble que l'on ait calculé d'aplatir l'âme et la faire étroite et serrée à la mesure d'une bière. La sépulture servile entre les quatre ais de sapins est très propre à cela. Elle trouble d'une idée d'étouffement. Celui qu'on a mis là-dedans, s'il revient dans les songes, ce n'est plus comme une ombre lumineuse et légère, dans l'auréole Elyséenne ; c'est un esclave torturé, misérable gibier d'un chat griffu d'enfer (*bestiis*, dit le texte même, *Ne tradas bestiis*, etc.). Idée exécrable et impie, que mon père si bon, si aimable, que ma mère vénérée de tous, soient jouet de ce chat !... Vous riez aujourd'hui. Pendant mille ans, on n'a pas ri. On a amèrement pleuré. Et, aujourd'hui encore, on ne peut écrire ces blasphèmes sans que le cœur soit gonflé, que le papier ne grince, et la plume, d'indignation !

C'est aussi véritablement une cruelle invention d'avoir tiré la fête des Morts du printemps, où l'antiquité la pla-

1. Le rayon luit dans *l'Immortalité ; la Foi nouvelle*, de Dumesnil ; *Ciel et Terre*, de Reynaud, Henri Martin, etc.

çait, pour la mettre en novembre. En mai, où elle fut d'abord, on les enterrait dans les fleurs. En mars, où on la mit ensuite, elle était, avec le labour, l'éveil de l'alouette; le mort et le grain, dans la terre, entraient ensemble avec le même espoir. Mais, hélas! en novembre, quand tous les travaux sont finis, la saison close et sombre pour longtemps, quand on revient à la maison, quand l'homme se rassoit au foyer et voit en face la place à jamais vide... Oh! quel accroissement de deuil!... Évidemment, en prenant ce moment déjà funèbre en lui, des obsèques de la nature, on craignait qu'en lui-même, l'homme n'eût pas assez de douleur...

Les plus calmes, les plus occupés, quelque distraits qu'ils soient par les tiraillements de la vie, ont des moments étranges. Au noir matin brumeux, au soir qui vient si vite nous engloutir dans l'ombre, dix ans, vingt ans après, je ne sais quelles faibles voix vous montent au cœur : « Bonjour, ami; c'est nous... Tu vis donc, tu travailles, comme toujours... Tant mieux! tu ne souffres pas trop de nous avoir perdus, et tu sais te passer de nous... Mais nous, non pas de toi, jamais... Les rangs se sont serrés et le vide ne paraît guère. La maison qui fut nôtre est pleine, et nous la bénissons. Tout est bien, tout est mieux qu'au temps où ton père te portait, au temps où ta petite fille te disait à son tour : « Mon papa, porte-moi... » Mais voilà que tu pleures... Assez, et au revoir. »

Hélas! Ils sont partis! Douce et navrante plainte. Juste? Non. Que je m'oublie mille fois plutôt que de les oublier! Et, cependant, quoi qu'il en coûte, on est obligé de le dire, certaines traces échappent, sont déjà moins sensibles; certains traits du visage sont, non pas effacés, mais obscurcis, pâlis. Chose dure, amère, humiliante, de se sentir si fuyant et si faible, onduleux comme l'eau sans mémoire; de sentir qu'à la longue on perd du trésor de douleur qu'on espérait garder toujours! Rendez-la-moi, je vous prie; j'y tiens trop à cette riche source de larmes... Retracez-moi je vous supplie, ces effigies si chères... Si vous pouviez du moins m'en faire rêver la nuit!

Plus d'un dit cela en novembre... Et, pendant que les cloches sonnent, pendant que pleuvent les feuilles, ils s'écartent de l'église, disant tout bas : « Savez-vous bien, voisin?... Il y a là-haut certaine femme dont on dit du mal et du bien. Moi, je n'ose en rien dire. Mais elle a puissance au monde d'en bas. Elle appelle les morts et ils viennent. Oh! si elle pouvait (sans péché, s'entend, sans fâcher Dieu) me faire venir les miens!... Vous savez, je suis seul, et j'ai tout perdu en ce monde. — Mais, cette femme, qui sait ce qu'elle est ? Du ciel ou de l'enfer ? Je n'irai pas (et il en meurt d'envie)... Je n'irai pas... Je ne veux pas risquer mon âme. Ce bois, d'ailleurs, est hanté. Maintes fois on a vu sur la lande des choses qui n'étaient pas à voir... Savez-vous bien, la Jacqueline qui y a été un soir pour chercher un de ses moutons ? eh bien elle est revenue folle... Je n'irai pas. »

En se cachant les uns des autres, beaucoup y vont, des hommes. A peine encore les femmes osent se hasarder. Elles regardent le dangereux chemin, s'enquièrent près de ceux qui en reviennent. La pythonisse n'est pas celle d'Endor, qui, pour Saül, évoqua Samuel; elle ne montre pas les ombres, mais elle donne les mots cabalistiques et les puissants breuvages qui les feront revoir en songe. Ah! que de douleurs vont à elles! La grand'mère elle-même, vacillante, à quatre-vingts ans, voudrait revoir son petit-fils. Par un suprême effort, non sans remords de pécher au bord de la tombe, elle s'y traîne. L'aspect du lieu sauvage, âpre, d'ifs et de ronces, la rude et noire beauté de l'implacable Proserpine, la trouble. Prosternée et tremblante, appliquée à la terre, la pauvre vieille pleure et prie. Nulle réponse. Mais quand elle ose se relever un peu, elle voit que l'enfer a pleuré.

Retour tout simple de nature, Proserpine en rougit. Elle s'en veut. « Ame dégénérée, se dit-elle, âme faible! Toi qui venais ici dans le ferme désir de ne faire que du mal... Est-ce la leçon du maître ? Oh! qu'il rira!

« — Mais, non! ne suis-je pas le grand pasteur des ombres, pour les faire aller et venir, leur ouvrir la porte des songes ? Ton Dante, en faisant mon portrait, oublie mes attributs. En m'ajoutant cette queue inutile, il omet que je tiens la verge pastorale d'Osiris, et que, de Mercure, j'ai hérité le caducée. En vain on crut bâtir un mur infranchissable qui eût fermé la voie d'un monde à l'autre, j'ai des ailes aux talons, j'ai volé par-dessus. L'Esprit calomnié, ce monstre impitoyable, par une charitable révolte, a secouru ceux qui pleuraient, consolé les amants, les mères. Il a eu pitié d'elles contre le nouveau dieu. »

Le moyen âge, avec ses scribes tous ecclésiastiques, n'a garde d'avouer les changements muets, profonds, de l'esprit populaire. Il est évident que la compassion apparaît désormais du côté de Satan. La Vierge même, idéal de la grâce, ne répond rien à ce besoin du cœur, l'Eglise rien. L'évocation des morts reste expressément défendue. Pendant que tous les livres continuent à plaisir ou le démon pourceau des premiers temps, ou le démon griffu, bourreau du second âge, Satan a changé de figure pour ceux qui n'écrivent pas. Il tient du vieux Pluton, mais sa majesté pâle, nullement inexorable, accordant aux morts des retours, aux vivants de revoir les morts, de plus en plus revient à son père ou grand-père, Osiris, le pasteur des âmes.

Par ce point seul, bien d'autres sont changés. On confesse de bouche l'enfer officiel et les chaudières bouillantes. Au fond, y croit-on bien ? concilierait-on aisément ces complaisances de l'enfer pour les cœurs affligés avec les traditions horribles d'un enfer tortureur ? Une idée neutralise l'autre, sans l'effacer entièrement, et il s'en forme une mixte, vague, qui de plus en plus se rapprochera de l'enfer virgilien. Grand adoucissement pour le cœur ! Heureux allégement aux pauvres femmes surtout, que ce dogme terrible du supplice de leurs morts aimés tenait noyées de larmes, et sans consolation. Toute leur vie n'était qu'un soupir.

La sibylle rêvait aux mots du maître, quand un tout petit pas se fait entendre. Le jour paraît à peine (après Noël vers le 1er janvier). Sur l'herbe craquante et givrée, une blonde petite femme, tremblante, approche, et, arrivée, elle défaille, ne peut respirer. Sa robe noire dit assez qu'elle est veuve. Au perçant regard de Médée, immobile, et sans voix, elle dit tout pourtant; nul mystère en sa craintive personne. L'autre d'une voix forte : « Tu n'as que faire de dire, petite muette. Car tu n'en viendrais pas à bout. Je le dirai pour toi... Eh bien, tu meurs d'amour ! » Remise un peu, joignant les mains et presque à ses genoux, elle avoue, se confesse. Elle souffrait, pleurait, priait, et elle eût souffert en silence. Mais ces fêtes d'hiver, ces réunions de familles, le bonheur peu caché des femmes qui, sans pitié, étalent un légitime amour, lui ont remis au cœur le trait brûlant... Hélas ! que fera-t-elle ?... S'il pouvait revenir et la consoler un moment : « Au prix de la vie même... que je meure ! et le voie encore !

« — Retourne à ta maison; fermes-en bien la porte.

Ferme encore le volet au voisin curieux. Tu quitteras le deuil et mettras tes habits de noces, son couvert à la table, mais il ne viendra pas. — Tu diras la chanson qu'il fit pour toi, et qu'il a tant chantée, mais il ne viendra pas. — Tu tireras du coffre le dernier habit qu'il porta, le baiseras. — Et tu diras alors : « Tant pis pour toi si tu ne viens ! » Et sans retard, buvant ce vin amer, mais de profond sommeil, tu coucheras la mariée. Alors, sans nul doute, il viendra. »

La petite ne serait pas femme si, le matin, heureuse et attendrie, bien bas, à sa meilleure amie, elle n'avouait le miracle. « N'en dis rien, je t'en prie... Mais il m'a dit lui-même que, si j'ai cette robe, et si je dors sans m'éveiller, tous les dimanches il reviendra. »

Bonheur qui n'est pas sans péril. Que serait-ce de l'imprudente si l'Eglise savait qu'elle n'est plus veuve ? que, ressuscité par l'amour, l'esprit revient la consoler ?

Chose rare, le secret est gardé ! Toutes s'entendent, cachent un mystère si doux. Qui n'y a intérêt ? Qui n'a perdu ? qui n'a pleuré ? qui ne voit avec bonheur se créer ce pont entre les deux mondes ?

« O bienfaisante sorcière !... Esprit d'en bas, soyez béni ! »

VIII

LE PRINCE DE LA NATURE

Dur est l'hiver, long et triste dans le sombre nord-ouest. Fini même, il a des reprises, comme une douleur assoupie, qui revient, sévit par moments. Un matin, tout se réveille paré d'aiguilles brillantes. Dans cette splendeur ironique, cruelle, où la vie frissonne, tout le monde végétal paraît minéralisé, perd sa douce variété, se roidit en âpres cristaux.

La pauvre sibylle, engourdie à son morne foyer de feuilles, battue de la bise cuisante, sent au cœur la verge sévère. Elle sent son isolement. Mais cela même la relève. L'orgueil revient, et avec lui une force qui lui chauffe le cœur, lui illumine l'esprit. Tendue, vive et acérée, sa vue devient aussi perçante que ces aiguilles, et le monde, ce monde cruel dont elle souffre, lui est transparent comme verre. Et alors, elle en jouit, comme d'une conquête à elle.

N'en est-elle pas la reine ? n'a-t-elle pas des courtisans ! Les corbeaux manifestement sont en rapport avec elle. En troupe honorable, grave, ils viennent, comme anciens augures, lui parler des choses du temps. Les loups passent timidement, saluent d'un regard oblique. L'ours (moins rare alors) parfois s'assoit gauchement, avec sa lourde bonhomie, au seuil de l'antre, comme un ermite qui fait visite à un ermite, ainsi qu'on le voit si souvent dans les Vies des pères du désert.

Tous, oiseaux et animaux que l'homme ne connaît guère que par la chasse et la mort, ils sont des proscrits, comme elle. Ils s'entendent avec elle. Satan est le grand proscrit, et il donne aux siens la joie des libertés de la nature, la joie sauvage d'être un monde qui se suffit à lui-même.

Apre liberté solitaire, salut!... Toute la terre encore semble vêtue d'un blanc linceul, captive d'une glace pesante, d'impitoyables cristaux, uniformes, aigus, cruels. Surtout depuis 1200, le monde a été fermé comme un sépulcre transparent où l'on voit avec effroi toute chose immobile et durcie.

On a dit que « l'église gothique est une cristallisation ». Et c'est vrai. Vers 1300, l'architecture, sacrifiant ce qu'elle avait de caprice vivant, de variété, se répétant à l'infini, rivalise avec les prismes monotones du Spitzberg. Vraie et redoutable image de la dure cité de cristal dans lequel un dogme terrible a cru enterrer la vie.

Mais, quels que soient les soutiens, contreforts, arcs-boutants, dont le monument s'appuie, une chose le fait branler. Non les coups bruyants du dehors; mais je ne sais quoi de doux qui est dans les fondements, qui travaille ce cristal d'un insensible dégel. Quelle ? l'humble flot des tièdes larmes qu'un monde a versées, une mer de pleurs. Quelle ? une haleine d'avenir, la puissante, l'invincible résurrection de la vie naturelle. Le fantastique édifice dont plus d'un pan déjà croule, se dit, mais non sans terreur : « C'est le souffle de Satan. »

Tel un glacier de l'Hécla sur un volcan qui n'a pas besoin de faire éruption, foyer tiède, lent, clément, qui le caresse en dessous, l'appelle à lui et lui dit tout bas : « Descends. »

La sorcière a de quoi rire, si, dans l'ombre, elle voit là-bas, dans la brillante lumière, combien Dante, saint Thomas, ignorent la situation. Ils se figurent que Satan fait son chemin par l'horreur ou par la subtilité. Ils le font grotesque et grossier; comme à son âge d'enfance, lorsque Jésus pouvait encore le faire entrer dans les pourceaux. Ou bien ils le font subtil, un logicien scolastique, un juriste épilogueur. S'il n'eût été que cela, ou la bête, ou le disputeur, s'il n'avait eu que la fange, ou les *distinguo* du vide, il fût mort bientôt de faim.

On triomphe trop à l'aise quand on le montre dans Bartole, plaidant contre la *Femme* (la Vierge), qui le fait débouter, condamner avec dépens. Il se trouve qu'alors sur la terre, c'est justement le contraire qui arrive. Par un coup suprême, il gagne la plaideuse même, la *Femme*, sa belle adversaire, la séduit par un argument, non de mot, mais tout réel, charmant et irrésistible. Il lui met en main le fruit de la science et de la nature.

Il ne faut pas tant de disputes; il n'a pas besoin de plaider; il se montre; c'est l'Orient, c'est le paradis retrouvé. De l'Asie qu'on a cru détruire, une incomparable aurore surgit, dont le rayonnement porte au loin jusqu'à percer la profonde brume de l'Ouest. C'est un monde de nature et d'art que l'ignorance avait maudit, mais qui, maintenant, avance pour conquérir ses conquérants, dans une douce guerre d'amour et de séduction maternelle. Tous sont vaincus, tous en raffolent; on ne veut rien que de l'Asie. Elle vient à nous les mains pleines. Les tissus, châles, tapis de molle douceur, d'harmonie mystérieuse, l'acier galant, étincelant des armes damasquinées, nous démontrent notre barbarie. Mais, c'est peu, ces contrées maudites des mécréants où Satan règne, ont pour bénédiction visible les hauts produits de la nature, élixir des forces de Dieu, le *premier des végétaux*, le *premier des animaux*, le café, le cheval arabe. Que dis-je ? Un monde de trésors, la soie, le sucre, la foule des herbes toutes-puissantes qui nous relèvent le cœur, consolent, adoucissent nos maux.

Vers 1300, tout cela éclate. L'Espagne même reconquise par les barbares fils des Goths, mais qui a tout son cerveau dans les Maures et dans les Juifs, témoigne pour ces mécréants. Partout où les Musulmans, ces fils de Satan, travaillent, tout prospère, les sources jaillissent et la terre se couvre de fleurs. Sous un travail méritant, innocent, elle se pare de ces vignes merveilleuses où l'homme oublie, se refait, et croit boire la bonté même et la compassion céleste.

A qui Satan porte-t-il la coupe écumante de vie ? Et, dans ce monde de jeûne, qui a tant jeûné de raison, existe-t-il, l'être fort, qui va recevoir tout cela sans vertige, sans ivresse, sans risquer de perdre l'esprit ?

Existe-t-il un cerveau qui n'étant pas pétrifié, cristallisé de saint Thomas, reste encore ouvert à la vie, aux forces végétatives ? Trois magiciens [1] font effort; par des tours de force, ils arrivent à la nature, mais ces vigoureux génies n'ont pas la fluidité, la puissance populaire. Satan retourne à son Eve. La femme est encore au monde ce qui est le plus nature. Elle a et garde toujours certains côtés

1. Albert le Grand, Roger Bacon, Arnaud de Villeneuve (qui trouve l'eau-de-vie).

d'innocence malicieuse qu'a le jeune chat et l'enfant de trop d'esprit. Par là, elle va bien mieux à la comédie du monde, au grand jeu où se jouera le Protée universel.

Mais qu'elle est légère, mobile, tant qu'elle n'est pas mordue et fixée par la douleur! Celle-ci, proscrite du monde, enracinée à sa lande sauvage, donne prise. Reste à savoir si, froissée, aigrie, avec ce cœur plein de haine, elle rentrera dans la nature et les douces voies de la vie ? Si elle y va, sans nul doute, ce sera sans harmonie, souvent par les circuits du mal. Elle est effarée, violente, d'autant plus qu'elle est très faible, dans le va-et-vient de l'orage.

Lorsqu'aux tiédeurs printanières, de l'air, du fonds de la terre, des fleurs et de leurs langages, la révélation nouvelle lui monte de tous côtés, elle a d'abord le vertige. Son sein dilaté déborde. La sibylle de la science a sa torture, comme eut l'autre, la Cumaea, la Delphica. Les scolastiques ont beau jeu de dire : « C'est l'*aura*, c'est l'air qui la gonfle, et rien de plus. Son amant, le Prince de l'air, l'emplit de songes et de mensonges, de vent, de fumée, de néant. » Inepte ironie. Au contraire, la cause de son ivresse, c'est que ce n'est pas le vide, c'est le réel, la substance, qui trop vite a comblé son sein.

Avez-vous vu l'Agave, ce dur et sauvage Africain, pointu, amer, déchirant, qui, pour feuilles, a d'énormes dards ? Il aime et meurt tous les dix ans. Un matin, le jet amoureux, si longtemps accumulé dans la rude créature, avec le bruit d'un coup de feu, part, s'élance vers le ciel. Et ce jet est tout un arbre qui n'a pas moins de trente pieds, hérissé de tristes fleurs.

C'est quelque chose d'analogue que ressent la sombre sibylle quand, au matin d'un printemps tardif, d'autant plus violent, tout autour d'elle se fait la vaste explosion de la vie.

Et tout cela la regarde, et tout cela est pour elle. Car chaque être dit tout bas : « Je suis à qui m'a compris. »

Quel contraste!... Elle, l'épouse du désert et du désespoir, nourrie de haine, de vengeance, voilà tous ces innocents qui la convient à sourire. Les arbres, sous le vent du sud, font doucement la révérence. Toutes les herbes des champs, avec leurs vertus diverses, parfums, remèdes ou poisons (le plus souvent c'est même chose), s'offrent, lui disent : « Cueille-moi. »

Tout cela visiblement aime. « N'est-ce pas une dérision ?... J'eusse été prête pour l'enfer, non pour cette fête étrange... Esprit, es-tu bien l'Esprit de Terreur que j'ai connu, dont j'ai la trace cruelle (que dis-je ? et qu'est-ce que je sens ?), la blessure qui brûle encore...

« Oh ! non, ce n'est pas l'Esprit que j'espérais dans ma fureur : « *Celui qui dit toujours Non.* » Le voilà qui dit un oui d'amour, d'ivresse et de vertige... Qu'a-t-il donc ? Est-il l'âme folle, l'âme effarée de la vie ?

« On avait dit : le grand Pan est mort. Mais le voici en Bacchus, en Priape, impatient, par le long délai du désir, menaçant, brûlant, fécond... Non, non, loin de moi cette coupe. Car je n'y boirais que le trouble, qui sait ? un désespoir amer par-dessus mes désespoirs. »

Cependant, où paraît la femme, c'est l'unique objet de l'amour. Tous la suivent, et tous pour elle méprisent leur propre espèce. Que parle-t-on du bouc noir, son prétendu favori ? Mais cela est commun à tous. Le cheval hennit pour elle, rompt tout, la met en danger. Le chef redouté des prairies, le taureau noir, si elle passe et s'éloigne, mugit de regret. Mais voici l'oiseau qui s'abat, qui ne veut plus de sa femelle, et, les ailes frémissantes, sur elle accomplit son amour.

Nouvelle tyrannie de ce Maître, qui, par le plus fantasque coup, de roi des morts qu'on le croyait, éclate comme roi de la vie.

« Non, dit-elle, laissez-moi ma haine. Je n'ai demandé rien de plus. Que je sois redoutée, terrible... C'est ma beauté, celle qui va aux noirs serpents de mes cheveux, à ce visage sillonné de douleurs, des traits de la foudre... » Mais la souveraine Malice, tout bas, insidieusement : « Oh ! que tu es bien plus belle ! Oh ! que tu es plus sensible, dans ta colérique fureur !... Crie, maudis ! C'est un aiguillon... Une tempête appelle l'autre. Glissant, rapide, est le passage de la rage à la volupté. »

Ni la colère ni l'orgueil ne la sauveraient de ces séductions. Ce qui la sauve, c'est l'immensité du désir. Nul n'y suffirait. Chaque vie est limitée, impuissante. Arrière le Coursier, le Taureau ! arrière la flamme de l'oiseau ! Arrière, faibles créatures, pour qui a besoin d'infini !

Elle a une *envie* de femme. Envie de quoi ? Mais du Tout, du Grand Tout universel.

Satan n'a pas prévu cela, qu'on ne pouvait l'apaiser avec aucune créature.

Ce qu'il n'a pu, je ne sais quoi dont on ne sait pas le nom, le fait. A ce désir immense, profond, vaste comme une mer, elle succombe, elle sommeille. En ce moment, sans souvenir, sans haine ni pensée de vengeance, innocente malgré elle, elle dort sur la prairie, tout comme une autre aurait fait, la brebis ou la colombe, détendue, épanouie, — je n'ose dire, amoureuse.

Elle a dormi, elle a rêvé... Le beau rêve! Et comment le dire ? C'est que le monstre merveilleux de la vie universelle, chez elle, s'était englouti; que désormais vie et mort, tout tenait dans ses entrailles, et qu'au prix de tant de douleurs, elle avait conçu la Nature.

IX

SATAN MÉDECIN

La scène muette et sombre de la fiancée de Corinthe se renouvelle, à la lettre, du treizième au quinzième siècle. Dans la nuit qui dure encore, avant l'aube, les deux amants, l'homme et la nature, se retrouvent, s'embrassent avec transport, et, dans ce moment même (horreur!) ils se voient frappés d'épouvantables fléaux! On croit entendre encore l'amante dire à l'amant : « C'en est fait... Tes cheveux blanchiront demain.... Je suis morte, tu mourras. »

Trois coups terribles en trois siècles. Au premier, la métamorphose choquante de l'extérieur, les maladies de peau, la lèpre. Au second, le mal intérieur, bizarre stimulation nerveuse, les danses épileptiques. Tout se calme, mais le sang s'altère, l'ulcère prépare la syphilis, le fléau du seizième siècle!

Les maladies du moyen âge, autant qu'on peut l'entrevoir, moins précises, avaient été surtout la faim, la langueur et la pauvreté du sang, cette étisie qu'on admire dans la sculpture de ce temps-là. Le sang était de l'eau claire; les maladies scrofuleuses devaient être universelles. Sauf le médecin arabe ou juif, chèrement payé par les rois, la médecine ne se faisait qu'à la porte des églises, au bénitier. Le dimanche, après l'office, il y avait force malades; ils demandaient des secours, et on leur donnait des mots : « Vous avez péché, et Dieu vous afflige. Remerciez; c'est autant de moins sur les peines de l'autre vie. Résignez-vous, souffrez, mourez. L'Eglise a ses prières des morts. » Faibles, languissants, sans espoir, ni envie de vivre, ils suivaient très bien ce conseil et laissaient aller la vie.

Fatal découragement, misérable état qui dut indéfiniment prolonger ces âges de plomb, et leur fermer le progrès. Le pis, c'est de se résigner si aisément, d'accepter la mort si docilement, de ne pouvoir rien, ne désirer rien. Mieux valait la nouvelle époque, cette fin du moyen âge, qui, au prix d'atroces douleurs, nous donne le premier moyen de rentrer dans l'activité : la résurrection du désir.

L'Arabe Avicenne prétend que l'immense éruption des maladies de la peau qui signale le treizième siècle, fut l'effet des stimulants, par lesquels on cherchait alors à réveiller, raviver, les défaillances de l'amour. Nul doute que les épices brûlantes, apportées d'Orient, n'y aient été pour quelque chose. La distillation naissante et certaines boissons fermentées purent aussi avoir action.

Mais une grande fermentation, bien plus générale, se faisait. Dans l'aigre combat intérieur de deux mondes et de deux esprits, un tiers survint qui les fit taire. La foi pâlissante, la raison naissante disputaient : entre les deux, quelqu'un se saisit de l'homme. Qui ? l'Esprit impur, furieux, des âcres désirs, leur bouillonnement cruel.

N'ayant nul épanchement, ni les jouissances du corps, ni le libre jet de l'esprit, la sève de vie refoulée se corrompit elle-même. Sans lumière, sans voix, sans parole, elle parla en douleurs, en sinistres efflorescences. Une chose terrible et nouvelle advient alors : le désir ajourné, sans remise, se voit arrêté par un cruel enchantement, une atroce métamorphose [1].

L'amour avançait, aveugle, les bras ouverts... Il recule, frémit; mais il a beau fuir; la furie du sang persiste, la chair se dévore elle-même en titillations cuisantes, et plus

1. On imputa la lèpre aux Croisades, à l'Asie. L'Europe l'avait en elle-même. La guerre que le moyen âge déclara et à la chair, et à la propreté, devait porter son fruit. Plus d'une sainte est vantée pour ne s'être jamais lavé même les mains. Et combien moins le reste! La nudité d'un moment eût été grand péché. Les mondains suivent fidèlement ces leçons du monachisme. Cette société subtile et raffinée, qui immole le mariage, et ne semble animée que de la poésie de l'adultère, elle garde sur ce point si innocent un singulier scrupule. Elle craint toute purification comme une souillure. Nul bain pendant mille ans! Soyez sûr que pas un de ces chevaliers, de ces belles si éthérées, les Parceval, les Tristan, les Iseult, ne se lavaient jamais. De là un cruel accident, si peu poétique, en plein roman, les furieuses démangeaisons du treizième siècle.

cuisant au-dedans sévit le charbon de feu, irrité par le désespoir.

Quel remède l'Europe chrétienne trouve-t-elle à ce double mal ? La mort, la captivité : rien de plus. Quand le célibat amer, l'amour sans espoir, la passion aiguë, irritée, t'amène à l'état morbide; quand ton sang se décompose, descends dans un *in pace*, ou fais ta hutte au désert. Tu vivras la clochette en main pour que l'on fuie devant toi. « Nul être humain ne doit te voir : tu n'auras nulle consolation. Si tu approches, la mort! »

La lèpre est le dernier degré et l'apogée du fléau; mais mille autres maux cruels moins hideux, sévirent partout. Les plus pures et les plus belles furent frappées de tristes fleurs qu'on regardait comme le péché visible, ou le châtiment de Dieu. On fit alors ce que l'amour de la vie n'eût pas fait faire; on transgressa les défenses; on déserta la vieille médecine sacrée, et l'inutile bénitier. On alla à la sorcière. D'habitude, et de crainte aussi, on fréquentait toujours l'église; mais la vraie Eglise dès lors fut chez elle, sur la lande, dans la forêt, au désert. C'est là qu'on portait ses vœux.

Vœu de guérir, vœu de jouir. Aux premiers bouillonnements qui ensauvageaient le sang, en grand secret, aux heures douteuses, on allait à la sibylle : « Que ferai-je ? et que sens-je en moi ?... Je brûle, donnez-moi des calmants... Je brûle, donnez-moi ce qui fait mon intolérable désir. »

Démarche hardie et coupable qu'on se reproche le soir. Il faut bien qu'elle soit pressante, cette fatalité nouvelle. Qu'il soit bien cuisant ce feu, que tous les saints soient impuissants. Mais, quoi! le procès du Temple, le procès de Boniface, ont dévoilé la Sodome qui se cachait sous l'autel. Un pape sorcier, ami du diable, et emporté par le diable, cela change toutes les pensées. Est-ce sans l'aide du démon que le pape *qui n'est plus à Rome*, dans son Avignon, Jean XXII, fils d'un cordonnier de Cahors, a pu amasser plus d'or que l'empereur et tous les rois ? Tel le pape, et tel l'évêque. Guichard, l'évêque de Troyes, n'a-t-il pas obtenu du diable la mort des filles du roi ?... Nous ne demandons nulle mort, nous, mais de douces choses : vie, santé, beauté, plaisir... Choses de Dieu, que Dieu nous refuse... Que faire ? Si nous les avions de la grâce du *Prince du monde ?*

Le grand et puissant docteur de la Renaissance, Paracelse, en brûlant les livres savants de toute l'ancienne médecine, les grecs, les juifs et les arabes, déclare n'avoir rien appris que de la médecine populaire, des *bonnes femmes* [1], des *bergers* et des *bourreaux ;* ceux-ci étaient souvent d'habiles chirurgiens (rebouteurs d'os cassés, démis), et de bons vétérinaires.

Je ne doute pas que son livre admirable et plein de génie sur les *Maladies des femmes*, le premier qu'on ait écrit sur ce grand sujet, si profond, si attendrissant, ne soit sorti spécialement de l'expérience des femmes même, de celles à qui les autres demandaient secours : j'entends par là les sorcières qui partout étaient sages-femmes. Jamais, dans ces temps, la femme n'eût admis un médecin mâle, ne se fût confiée à lui, ne lui eût dit ses secrets. Les sorcières observaient seules, et furent, pour la femme surtout, le seul et unique médecin.

Ce que nous savons le mieux de leur médecine, c'est qu'elles employaient beaucoup, pour les usages les plus divers, pour calmer, pour stimuler, une grande famille de plantes, équivoques, fort dangereuses, qui rendirent les plus grands services. On les nomme avec raison : les *Consolantes* (Solanées) [2].

Famille immense et populaire, dont la plupart des espèces sont surabondantes, sous nos pieds, aux haies, partout. Famille tellement nombreuse, qu'un seul de ses genres a huit cents espèces [3]. Rien de plus facile à trouver, rien de plus vulgaire. Mais ces plantes sont la plupart d'un emploi fort hasardeux. Il a fallu de l'audace pour en préciser les doses, l'audace peut être du génie.

1. C'est le nom poli, craintif, qu'on donnait aux sorcières.

2. L'ingratitude des hommes est cruelle à observer. Mille autres plantes sont venues. La mode a fait prévaloir cent végétaux exotiques. Et ces pauvres *Consolantes* qui nous ont sauvés alors, on a oublié leurs bienfaits ? — Au reste, qui se souvient ? qui reconnaît les obligations antiques de l'humanité pour la nature innocente ? L'*Asclépias acida*, SARCOSTEMMA (la plante-chair), qui fut pendant cinq mille ans l'*hostie de l'Asie*, et son dieu palpable, qui donna à cinq cents millions d'hommes le bonheur de manger leur dieu, cette plante que le moyen âge appela le *Dompte-Venin* (Vince-Venenum), elle n'a pas un mot d'histoire dans nos livres de botanique. Qui sait ? dans deux mille ans d'ici, ils oublieront le froment. V. Langlois, sur la *soma* de l'Inde, et le *hom* de la Perse. *Mém.* de l'*Ac. des Inscriptions*, XIX, 326.

3. *Dict. d'hist. nat.* de M. d'Orbigny, article *Morelles* de M. Duchartre, d'après Dunal, etc.

Prenons par en bas l'échelle ascendante de leurs énergies [1]. Les premières sont tout simplement potagères et bonnes à manger (les aubergines, les tomates, mal appelées pommes d'amour). D'autres de ces innocentes sont le calme et la douceur même, les molênes (bouillon blanc), si utiles aux fomentations.

Vous rencontrez au-dessus une plante déjà suspecte, que plusieurs croyaient un poison, la plante miellée d'abord, amère ensuite, qui semble dire le mot de Jonathas : « J'ai mangé un peu de miel, et voilà pourquoi je meurs. » Mais cette mort est utile, c'est l'amortissement de la douleur. La douce-amère, c'est son nom, dut être le premier essai de l'homœopathie hardie, qui, peu à peu, s'éleva aux plus dangereux poisons. La légère irritation, les picotements qu'elle donne purent la désigner pour remède des maladies dominantes de ces temps, celles de la peau.

La jolie fille désolée de se voir parée de rougeurs odieuses, de boutons, de dartres vives, venait pleurer pour ce secours. Chez la femme, l'altération était encore plus cruelle. Le sein, le plus délicat objet de toute la nature, et ses vaisseaux qui dessous forment une fleur incomparable [2], est par la facilité de s'injecter, de s'engorger, le plus parfait instrument de douleur. Douleurs âpres, impitoyables, sans repos. Combien de bon cœur elle eût accepté tout poison ! Elle ne marchandait pas avec la sorcière, lui mettait entre ses mains la pauvre mamelle alourdie.

De la douce-amère, trop faible, on montait aux morelles noires, qui ont un peu plus d'action. Cela calmait quelques jours. Puis la femme revenait pleurer : « Eh bien, ce soir, tu reviendras... Je te chercherai quelque chose. Tu le veux. C'est un grand poison. »

1. Je n'ai trouvé cette échelle nulle part. Elle est d'autant plus importante, que les sorcières qui firent ces essais, au risque de passer pour empoisonneuses, commencèrent certainement par les plus faibles et allèrent peu à peu aux plus fortes. Chaque degré de force donne ainsi une date relative, et permet d'établir dans ce sujet obscur une sorte de chronologie. Je compléterai aux chapitres suivants, en parlant de la Mandragore et du Datura. — J'ai suivi surtout : Pouchet, *Solanées* et *Botanique générale*. M. Pouchet, dans son importante monographie, n'a pas dédaigné de profiter des anciens auteurs, Matthiole, Porta, Gessner, Sauvages, Gmelin, etc.

2. Voir la planche d'un excellent livre, lisible aux demoiselles même, le *Cours* de M. Auzoux.

La sorcière risquait beaucoup. Personne alors ne pensait qu'appliqués extérieurement, ou pris à très faible dose, les poisons sont des remèdes. Les plantes que l'on confondait sous le nom d'*herbes aux sorcières* semblaient des ministres de mort. Telles qu'on eût trouvées dans ses mains, l'auraient fait croire empoisonneuse ou fabricatrice de charmes maudits. Une foule aveugle, cruelle en proportion de sa peur, pouvait, un matin, l'assommer à coups de pierres, lui faire subir l'épreuve de l'eau (la noyade). Ou enfin, chose plus terrible, on pouvait, la corde au cou, la traîner à la cour d'église, qui en eût fait une pieuse fête, eût édifié le peuple en la jetant au bûcher.

Elle se hasarde pourtant, va chercher la terrible plante; elle y va au soir, au matin, quand elle a moins peur d'être rencontrée. Pourtant, un petit berger était là, le dit au village : « Si vous l'aviez vue comme moi, se glisser dans les décombres de la masure ruinée, regarder de tous côtés, marmotter je ne sais quoi!... Oh! elle m'a fait bien peur... Si elle m'avait trouvé, j'étais perdu... Elle eût pu me transformer en lézard, en crapaud, en chauve-souris... Elle a pris une vilaine herbe, la plus vilaine que j'aie vue; d'un jaune pâle de malade, avec des traits rouge et noir, comme on dit les flammes d'enfer. L'horrible, c'est que toute la tige était velue comme un homme, de longs poils noirs et collants. Elle l'a rudement arrachée, en grognant, et tout à coup je ne l'ai plus vue. Elle n'a pu courir si vite; elle se sera envolée... Quelle terreur que cette femme! Quel danger pour le pays! »

Il est certain que la plante effraye. C'est la jusquiame, cruel et dangereux poison, mais puissant émollient, doux cataplasme sédatif qui résout, détend, endort la douleur, guérit souvent.

Un autre de ces poisons, la *belladone*, ainsi nommée sans doute par la reconnaissance, était puissante pour calmer les convulsions qui parfois surviennent dans l'enfantement, qui ajoutent le danger au danger, la terreur à la terreur de ce suprême moment. Mais quoi! une main maternelle insinuait ce doux poison [1], endormait la mère et charmait la porte sacrée; l'enfant, tout comme aujourd'hui, où l'on emploie le chloroforme, seul opérait sa liberté, se précipitait dans la vie.

1. Mme La Chapelle et M. Chaussier ont fort utilement renouvelé ces pratiques de la vieille médecine populaire (Pouchet, *Solanées*, p. 64).

La *belladone* guérit de la danse en faisant danser. Audacieuse homœopathie, qui d'abord dut effrayer; c'était la *médecine à rebours*, contraire généralement à celle que les chrétiens connaissaient, estimaient seule, d'après les Arabes et les Juifs.

Comment y arriva-t-on ? Sans doute par l'effet si simple du grand principe satanique *que tout doit se faire à rebours*, exactement à l'envers de ce que fait le monde sacré. Celui-ci avait l'horreur des poisons. Satan les emploie, et il en fait des remèdes. L'Église croit par des moyens spirituels (sacrements, prières), agir même sur les corps. Satan, au rebours, emploie des moyens matériels pour agir même sur l'âme; il fait boire l'oubli, l'amour, la rêverie, toute passion. Aux bénédictions du prêtre il oppose des passes magnétiques, par de douces mains de femmes, qui endorment les douleurs.

Par un changement de régime, et surtout de vêtement (sans doute en substituant la toile à la laine), les maladies de la peau perdirent de leur intensité. La lèpre diminua, mais elle sembla rentrer et produire des maux plus profonds. Le quatorzième siècle oscilla entre trois fléaux, l'agitation épileptique, la peste, les ulcérations qui (à en croire Paracelse) préparaient la syphilis.

Le premier danger n'était pas le moins grand. Il éclata, vers 1350, d'une effrayante manière par la danse de Saint-Guy, avec cette singularité qu'elle n'était pas individuelle; les malades, comme emportés d'un même courant galvanique, se saisissaient par la main, formaient des chaînes immenses, tournaient, tournaient, à mourir. Les regardants riaient d'abord, puis, par une contagion, se laissaient aller, tombaient dans le grand courant, augmentaient le terrible chœur.

Que serait-il arrivé si le mal eût persisté, comme fit longtemps la lèpre dans sa décadence même ?

C'était comme un premier pas, un acheminement vers l'épilepsie. Si cette génération de malades n'eût été guérie, elle en eût produit une autre décidément épileptique. Effroyable perspective ! L'Europe couverte de fous, de furieux, d'idiots ! On ne dit pas comment ce mal fut traité, et s'arrêta. Le remède qu'on recommandait, l'expédient de tomber sur ces danseurs à coups de pied et de poing, était infiniment propre à aggraver l'agitation et la faire aboutir à l'épilepsie véritable. Il y eut, sans nul doute, un autre remède, dont on ne voulut pas parler. Dans le temps où la sorcellerie prend son grand essor, l'immense emploi des Solanées, surtout de la belladone, généralisa le médicament qui combat ces affections. Aux grandes réunions populaires du sabbat dont nous parlerons, l'*herbe aux sorcières*, mêlée à l'hydromel, à la bière, aussi au cidre [1], au poiré (les puissantes boissons de l'Ouest), mettait la foule en danse, une danse luxurieuse, mais point du tout épileptique.

Mais la grande révolution que font les sorcières, le plus grand pas *à rebours* contre l'esprit du moyen âge, c'est ce qu'on pourrait appeler la réhabilitation du ventre et des fonctions digestives. Elles professèrent hardiment : « Rien d'impur et rien d'immonde. » L'étude de la matière fut dès lors illimitée, affranchie. La médecine fut possible.

Qu'elles aient fort abusé du principe, on ne le nie pas. Il n'est pas moins évident. Rien d'impur que le mal moral. Toute chose physique est pure; nulle ne peut être éloignée du regard et de l'étude, interdite par un vain spiritualisme, encore moins par un sot dégoût.

Là surtout le moyen âge s'était montré dans son vrai caractère, l'*Anti-Nature*, faisant dans l'unité de l'être des distinctions, des castes hiérarchiques. Non seulement l'esprit est *noble*, selon lui, le corps *non noble*, — mais il y a des parties du corps qui sont *nobles*, et d'autres non, roturières apparemment. — De même, le ciel est noble, et l'abîme ne l'est pas. Pourquoi ? « C'est que le ciel est haut. » Mais le ciel n'est ni haut ni bas. Il est dessus et dessous. L'abîme, qu'est-ce ? Rien du tout. — Même sottise sur le monde, et le petit monde de l'homme.

Celui-ci est d'une pièce; tout y est solidaire de tout. Si le ventre est le serviteur du cerveau et le nourrit, le cerveau, aidant sans cesse à lui préparer le sucre de digestion [2], ne travaille pas moins pour lui.

Les injures ne manquèrent pas. On appela les sorcières sales, indécentes, impudiques, immorales. Cependant leurs premiers pas dans cette voie furent, on peut le dire, une heureuse révolution dans ce qui est le plus moral, la bonté, la charité. Par une perversion d'idées monstrueuse, le moyen âge envisageait la chair, en son représentant

1. Alors tout nouveau. Il commence au douzième siècle.
2. C'est la découverte qui immortalise Claude Bernard.

(maudit depuis Eve), la *Femme*, comme impure. La Vierge, *exaltée comme vierge, et non comme Notre-Dame*, loin de relever la femme réelle, l'avait abaissée en mettant l'homme sur la voie d'une scolastique de pureté où l'on allait enchérissant dans le subtil et le faux.

La femme même avait fini par partager l'odieux préjugé et se croire immonde. Elle se cachait pour accoucher. Elle rougissait d'aimer et de donner le bonheur. Elle, généralement si sobre, en comparaison de l'homme, elle qui n'est presque partout qu'herbivore et frugivore, qui donne si peu à la nature, qui, par un régime lacté, végétal, a la pureté de ces innocentes tribus, elle demandait presque pardon d'être, de vivre, d'accomplir les conditions de la vie. Humble martyr de la pudeur, elle s'imposait des supplices, jusqu'à vouloir dissimuler, annuler, supprimer presque ce ventre adoré, trois fois saint, d'où le dieu homme naît, renaît éternellement.

La médecine du moyen âge s'occupe uniquement de l'être supérieur et pur (c'est l'homme), qui seul peut devenir prêtre, et seul à l'autel fait Dieu.

Elle s'occupe des bestiaux; c'est par eux que l'on commence. Pense-t-on aux enfants ? Rarement. Mais à la femme ? Jamais.

Les romans d'alors, avec leurs subtilités, représentent le contraire du monde. Hors des cours, du noble adultère, le grand sujet de ces romans, la femme, est partout la pauvre Grisélidis, née pour épuiser la douleur, souvent battue, soignée jamais.

Il ne faut pas moins que le Diable, ancien allié de la femme, son confident du Paradis, il ne faut pas moins que cette sorcière, ce monstre qui fait tout à rebours, à l'envers du monde sacré, pour s'occuper de la femme, pour fouler aux pieds les usages, et la soigner malgré elle. La pauvre créature s'estimait si peu!... Elle reculait, rougissait, ne voulait rien dire. La sorcière, adroite et maligne, devina et pénétra. Elle sut enfin la faire parler, tira d'elle son petit secret, vainquit ses refus, ses hésitations de pudeur et d'humilité. Plutôt que de subir telle chose, elle aimait mieux presque mourir. La *barbare sorcière* la fit vivre.

X

CHARMES, PHILTRES

Qu'on ne se hâte pas de conclure du chapitre précédent que j'entreprends de blanchir, d'innocenter sans réserve, la sombre fiancée du diable. Si elle fit souvent du bien, elle put faire beaucoup de mal. Nulle grande puissance qui n'abuse. Et celle-ci eut trois siècles où elle régna vraiment dans l'entr'acte des deux mondes, l'ancien mourant et le nouveau ayant peine à commencer. L'Eglise, qui retrouvera quelque force (au moins de combat) dans les luttes du seizième siècle, au quatorzième est dans la boue. Lisez le portrait véridique qu'en fait Clémangis. La noblesse, si fièrement parée des armures nouvelles, d'autant plus lourdement tombe à Crécy, Poitiers, Azincourt. Tous les nobles à la fin prisonniers en Angleterre! Quel sujet de dérision! Bourgeois et paysans même s'en moquent, haussant les épaules. L'absence générale des seigneurs n'encouragea pas peu, je pense, les réunions du sabbat, qui toujours avaient eu lieu, mais purent alors devenir d'immenses fêtes populaires.

Quelle puissance que celle de la bien-aimée de Satan, qui guérit, prédit, devine, évoque les âmes des morts, qui peut vous jeter un sort, vous changer en lièvre, en loup, vous faire trouver un trésor, et, bien plus, vous faire aimer!... Epouvantable pouvoir qui réunit tous les autres! Comment une âme violente, le plus souvent ulcérée, parfois devenue très perverse, n'en eût-elle usé pour la haine et pour la vengeance, et parfois pour un plaisir de malice ou d'impureté ?

Tout ce qu'on disait jadis au confesseur, on le lui dit. Non seulement les péchés qu'on a faits, mais ceux qu'on veut faire. Elle tient chacun par son secret honteux, l'aveu des plus fangeux désirs. On lui confie à la fois les maux physiques et ceux de l'âme, les concupiscences ardentes d'un sang âcre et enflammé, envies pressantes, furieuses, fines aiguilles dont on est piqué, repiqué.

Tous y viennent. On n'a pas honte avec elle. On dit crûment. On lui demande la vie, on lui demande la mort, des remèdes, des poisons. Elle y vient, la fille en pleurs, demander un avortement. Elle y vient, la belle-mère (texte ordinaire au moyen âge), dire que l'enfant du premier lit mange beaucoup et vit longtemps. Elle y vient, la triste épouse accablée chaque année d'enfants qui ne naissent que pour mourir. Elle implore sa compassion, apprend à glacer le plaisir, au moment, le rendre infécond. Voici, au contraire, un jeune homme qui achèterait à tout prix le breuvage ardent qui peut troubler le cœur d'une haute dame, lui faire oublier les distances, regarder son petit page.

Le mariage de ces temps n'a que deux types et deux formes, toutes deux extrêmes, excessives.

L'orgueilleuse *héritière des fiefs*, qui apporte un trône ou un grand domaine, une Eléonore de Guyenne, aura, sous les yeux du mari, sa cour d'amants, et se contraindra fort peu. Laissons les romans, les poèmes. Regardons la réalité dans son terrible progrès jusqu'aux effrénées fureurs des filles de Philippe le Bel, de la cruelle Isabelle, qui, par la main de ses amants, empala Edouard II. L'insolence de la femme féodale éclate diaboliquement dans le triomphal bonnet aux deux cornes et autres modes effrontées.

Mais, dans ce siècle où les classes commencent à se mêler un peu, la femme de race inférieure, épousée par un baron, doit craindre les plus dures épreuves. C'est ce que dit l'histoire, vraie et réelle, de *Grisélidis*, l'humble, la douce, la patiente. Le conte, je crois, très sérieux, historique, de *Barbe-Bleue*, en est la forme populaire. L'épouse, qu'il tue et remplace si souvent, ne peut être que sa vassale. Il compterait bien autrement avec la fille ou la sœur d'un baron qui pût la venger. Si cette conjecture spécieuse ne me trompe pas, on doit croire que ce conte est du quatorzième siècle, et non des siècles précédents, où le seigneur n'eût pas daigné prendre femme au-dessous de lui.

Une chose fort remarquable dans le conte touchant de *Grisélidis*, c'est qu'à travers tant d'épreuves elle ne semble pas avoir l'appui de la dévotion ni celui d'un autre amour. Elle est évidemment fidèle, chaste, pure. Il ne lui vient pas à l'esprit de se consoler en aimant ailleurs.

Des deux femmes féodales, l'*Héritière*, la *Grisélidis*,

c'est uniquement la première qui a ses chevaliers servants, qui préside aux cours d'amour, qui favorise les amants les plus humbles, les encourage, qui rend (comme Eléonore) la fameuse décision, devenue classique en ces temps : « Nul amour possible entre époux. »

De là un espoir secret, mais ardent, mais violent, commence en plus d'un jeune cœur. Dût-il se donner au diable, il se lancera tête baissée vers cet aventureux amour. Dans ce château si bien fermé, une belle porte s'ouvre à Satan. A un jeu si périlleux, entrevoit-on quelque chance ? Non, répondrait la sagesse. Mais si Satan disait : « Oui ? »

Il faut bien se rappeler, combien, entre nobles même, l'orgueil féodal mettait de distance. Les mots trompent. Il y a loin du *chevalier* au *chevalier*.

Le chevalier *banneret*, le seigneur qui menait au roi toute une armée de vassaux, voyait à sa longue table, avec le plus parfait mépris, les pauvres chevaliers *sans terre* (mortelle injure du moyen âge, comme on le sait par Jean *sans Terre*). Combien plus les simples varlets, écuyers, pages, etc., qu'il nourrissait de ses restes ! Assis au bas bout de la table, tout près de la porte, ils grattaient les plats que les personnages d'en haut, assis au foyer, leur envoyaient souvent vides. Il ne tombait pas dans l'esprit du haut seigneur que ceux d'en bas fussent assez osés pour élever leurs regards jusqu'à leur belle maîtresse, jusqu'à la fière héritière du fief, siégeant près de sa mère « sous un chapel de roses blanches ». Tandis qu'il souffrait à merveille l'amour de quelque étranger, chevalier déclaré de la dame, portant ses couleurs, il eût puni cruellement l'audace d'un de ses serviteurs qui aurait visé si haut. C'est le sens de la jalousie furieuse du sire du Fayel, mortellement irrité, non de ce que sa femme avait un amant, mais de ce que cet amant était un de ses domestiques, le châtelain (simple gardien) de son château de Coucy.

Plus l'abîme était profond, infranchissable, ce semble, entre la dame du fief, la grande héritière, et cet écuyer, ce page, qui n'avait que sa chemise et pas même son habit qu'il recevait du seigneur, — plus la tentation d'amour était forte de sauter l'abîme.

Le jeune homme s'exaltait par l'impossible. Enfin, un jour qu'il pouvait sortir du donjon, il courait à la sorcière, et lui demandait un conseil. Un philtre suffirait-il, un *charme* qui fascinât ? Et si cela ne suffisait, fallait-il un *pacte* exprès ? Il n'eût point du tout reculé devant la terrible idée de se donner à Satan. — « On y songera, jeune homme. Mais remonte. Déjà tu verras que quelque chose est changé. »

Ce qui est changé, c'est lui. Je ne sais quel espoir le trouble; son œil baissé, plus profond, creusé d'une flamme inquiète, la laisse échapper malgré lui. Quelqu'un (on devine bien qui) le voit avant tout le monde, est touché, lui jette au passage quelque mot compatissant... O délire! ô bon Satan! charmante, adorable sorcière!...

Il ne peut ni manger ni dormir qu'il n'aille la revoir encore. Il baise sa main avec respect et se met presque à ses pieds. Que la sorcière lui demande, lui commande ce qu'elle veut, il obéira. Voulût-elle sa chaîne d'or, voulût-elle l'anneau qu'il a au doigt (de sa mère mourante), il les donnerait à l'instant. Mais d'elle-même malicieuse, haineuse pour le baron, elle trouve une grande douceur à lui porter un coup secret.

Un trouble vague déjà est au château. Un orage muet, sans éclair ni foudre, y couve, comme une vapeur électrique sur un marais. Silence, profond silence. Mais la dame est agitée. Elle soupçonne qu'une puissance surnaturelle a agi. Car enfin pourquoi celui-ci, plus qu'un autre qui est plus beau, plus noble, illustre déjà par des exploits renommés ? Il y a quelque chose là-dessous. Lui a-t-il jeté un sort ? A-t-il employé un charme ?... Plus elle se demande cela, et plus son cœur est troublé.

La malice de la sorcière a de quoi se satisfaire. Elle régnait dans le village. Mais le château vient à elle, se livre, et par le côté où son orgueil risque le plus. L'intérêt d'un tel amour, pour nous, c'est l'élan d'un cœur vers son idéal, contre la barrière sociale, contre l'injustice du sort. Pour la sorcière, c'est le plaisir, âpre, profond, de rabaisser la haute dame et de s'en venger peut-être, le plaisir de rendre au seigneur ce qu'il fait à ses vassaux, de prélever chez lui-même, par l'audace d'un enfant, le droit outrageant d'épousailles. Nul doute que, dans ces intrigues où la sorcière avait son rôle, elle n'ait souvent porté un fond de haine niveleuse, naturelle au paysan.

C'était déjà quelque chose de faire descendre la dame à l'amour d'un *domestique*. Jean de Saintré, Chérubin ne doivent pas faire illusion. Le jeune serviteur remplissait les plus basses fonctions de la domesticité. Le valet proprement dit n'existe pas alors, et d'autre part peu ou point de femmes de service dans les places de guerre. Tout se fait par ces jeunes mains qui n'en sont pas dégradées : le service, surtout corporel, du seigneur et de la dame, honore et relève. Néanmoins il mettait souvent le noble enfant en certaines situations assez tristes, prosaïques, je n'oserais dire risibles. Le seigneur ne s'en gênait pas. La dame avait bien besoin d'être fascinée par le diable pour ne pas voir ce qu'elle voyait chaque jour, le bien-aimé en œuvre malpropre et servile.

C'est le fait du moyen âge de mettre toujours en face le très haut et le très bas. Ce que nous cachent les poèmes, on peut l'entrevoir ailleurs. Dans ces passions éthérées, beaucoup de choses grossières sont mêlées visiblement.

Tout ce qu'on sait des charmes et philtres que les sorcières employaient est très fantasque, et, ce semble, souvent malicieux, mêle hardiment des choses par lesquelles on croirait le moins que l'amour pût être éveillé. Elles allèrent aussi très loin, sans qu'il aperçût, l'aveugle, qu'elles faisaient de lui leur jouet.

Ces philtres étaient fort différents. Plusieurs étaient d'excitation, et devaient troubler le sens, comme ces stimulants dont abusent tant les Orientaux. D'autres étaient de dangereux (et souvent perfides) breuvages d'illusion qui pouvaient livrer la personne sans la volonté. Certains enfin furent des épreuves où l'on défiait la passion, où l'on voulait voir jusqu'où le désir avide pourrait transposer les sens, leur faire accepter, comme faveur suprême et comme communion, les choses les moins agréables qui viendraient de l'objet aimé.

La construction si grossière des châteaux, tout en grandes salles, livrait la vie intérieure. A peine, assez tard, fit-on, pour se recueillir et dire les prières, un cabinet, le retrait, dans quelque tourelle. La dame était aisément observée. A certains jours, guettés, choisis, l'audacieux, conseillé par sa sorcière, pouvait faire son coup, modifier la boisson, y mêler le philtre.

Chose pourtant rare et périlleuse. Ce qui était plus facile, c'était de voler à la dame telles choses qui lui échappaient, qu'elle négligeait elle-même. On ramassait précieusement un fragment d'ongle imperceptible. On recueillait avec respect ce que laissait tomber son peigne, un ou deux de ses beaux cheveux. On le portait à la sorcière. Celle-ci exigeait souvent (comme font nos somnambules) tel objet fort personnel et imbu de la personne, mais qu'elle-même n'aurait pas donné, par exemple, quelques fils arrachés d'un vêtement longtemps porté et sali, dans lequel elle eût sué. Tout cela, bien entendu, baisé, adoré, regretté. Mais il fallait le mettre aux flammes pour en recueillir la cendre. Un jour ou l'autre, en revoyant son vêtement, la fine personne en distinguait la déchirure, devinait mais n'avait garde de parler et soupirait... Le charme avait eu son effet.

Il est certain que, si la dame hésitait, gardait le respect du sacrement, cette vie dans un étroit espace, où l'on se voyait sans cesse, où l'on était si près, si loin, devenait un véritable supplice. Lors même qu'elle avait été faible, cependant, devant son mari et d'autres non moins jaloux, le bonheur sans doute était rare. De là mainte violente folie du désir inassouvi. Moins on avait l'union, et plus on l'eût voulue profonde. L'imagination déréglée la cherchait en choses bizarres, hors nature et insensées. Ainsi, pour créer un moyen de communication secrète, la sorcière à chacun des deux piquait sur le bras la figure des lettres de l'alphabet. L'un voulait-il transmettre à l'autre une pensée, il ravivait, il rouvrait, en les suçant, les lettres sanglantes du mot voulu. A l'instant, les lettres correspondantes (dit-on) saignaient au bras de l'autre.

Quelquefois, dans ces folies, on buvait du sang l'un de l'autre, pour se faire une communion qui, disait-on, mêlait les âmes. Le cœur dévoré de Coucy que la dame « trouva si bon, qu'elle ne mangea plus de sa vie », est le plus tragique exemple de ces monstrueux sacrements de l'amour anthropophage. Mais quand l'absent ne mourait pas, quand c'était l'amour qui mourait en lui, la dame consultait la sorcière, lui demandait les moyens de le lier, le ramener.

Les chants de la magicienne de Théocrite et de Virgile, employés même au moyen âge, étaient rarement efficaces. On tâchait de le ressaisir par un charme qui paraît aussi imité de l'antiquité. On avait recours au gâteau, à la *confarreatio*, qui, de l'Asie à l'Europe, fut toujours l'hostie de l'amour. Mais ici on voulait lier plus que l'âme, — lier la chair, créer l'identification, au point que, mort pour toute femme, il n'eût de vie que pour une. Dure était la cérémonie. « Mais, madame, disait la sorcière, il ne faut pas marchander. » Elle trouvait l'orgueilleuse tout à coup obéissante, qui se laissait docilement ôter sa robe et le reste. Car il le fallait ainsi.

Quel triomphe pour la sorcière! Et si la dame était celle qui la fit courir jadis, quelle vengeance et quelles représailles! La voilà nue sous sa main. Ce n'est pas tout. Sur ses reins, elle établit une planchette, un petit fourneau, et là fait cuire le gâteau... « Oh! ma mie, je n'en peux plus. Dépêchez, je ne puis rester ainsi. — C'est ce qu'il nous fallait, madame, il faut que vous ayez chaud. Le gâteau cuit; il sera chauffé de vous, de votre flamme. »

C'est fini, et nous avons le gâteau de l'antiquité, du mariage indien et romain, — assaisonné, réchauffé du lubrique esprit de Satan. Elle ne dit pas comme celle de Virgile : « Revienne, revienne Daphnis! ramenez-le-moi, mes chants! » Elle lui envoie le gâteau, imprégné de sa souffrance et resté chaud de son amour... A peine il y a mordu, un trouble étrange, un vertige le saisit... Puis un flot de sang lui remonte au cœur; il rougit. Il brûle. La furie lui revient, et l'inextinguible désir [1].

1. J'ai tort de dire inextinguible. On voit que de nouveaux philtres deviennent souvent nécessaires. Et ici je plains la dame. Car cette furieuse sorcière, dans sa malignité moqueuse, exige que le philtre vienne corporellement de la dame elle-même. Elle l'oblige, humiliée, à fournir à son amant une étrange communion. Le noble faisait aux juifs, aux serfs, aux bourgeois même (V. S. Simon, sur son frère), un outrage de certaines choses répugnantes que la dame est forcée par la sorcière de livrer ici comme philtre. Vrai supplice pour elle-même. Mais d'*elle*, de la grande dame, tout est reçu à genoux. Voir plus bas la note tirée de Sprenger.

XI

LA COMMUNION DE RÉVOLTE — LES SABBATS LA MESSE NOIRE

Il faut dire les *Sabbats*. Ce mot évidemment a désigné des choses fort diverses, selon les temps. Nous n'en avons malheureusement de descriptions détaillées que fort tard (au temps d'Henri IV)[1]. Ce n'était guère alors qu'une grande farce libidineuse, sous prétexte de sorcellerie. Mais dans ces descriptions même d'une chose tellement abâtardie, certains traits fort antiques témoignent des âges successifs, des formes différentes par lesquelles elle avait passé.

On peut partir de cette idée très sûre que, pendant bien des siècles, le serf mena la vie du loup et du renard, qu'il fut un *animal nocturne*, je veux dire agissant le jour le moins possible, ne vivant vraiment que de nuit.

Encore jusqu'en l'an 1000, tant que le peuple fait ses saints et ses légendes, la vie du jour n'est pas sans intérêt pour lui. Ses nocturnes sabbats ne sont qu'un reste léger de paganisme. Il honore, craint la Lune qui influe sur les biens de la terre. Les vieilles lui sont dévotes et brûlent de petites chandelles pour *Dianom* (Diane-Lune-Hécate). Toujours le lupercale poursuit les femmes et les enfants, sous un masque, il est vrai, le noir visage du revenant Hallequin (Arlequin). On fête exactement la

1. La moins mauvaise est celle de Lancre. Il est homme d'esprit. Il est visiblement lié avec certaines jeunes sorcières, et il dut tout savoir. Son sabbat malheureusement est mêlé et surchargé des ornements grotesques de l'époque. Les descriptions du jésuite Del Rio et du dominicain Michaëlis sont des pièces ridicules de deux pédants crédules et sots. Dans celui de Del Rio, on trouve je ne sais combien de platitudes, de vaines inventions. Il y a cependant, au total, quelques belles traces d'antiquité dont j'ai pu profiter.

pervigilium Veneris (au 1er mai). On tue à la Saint-Jean le bouc de Priape-Bacchus Sabbasius, pour célébrer les Sabasies. Nulle dérision dans tout cela. C'est un innocent carnaval du serf.

Mais, vers l'an 1000, l'église lui est presque fermée par la différence des langues. En 1100, les offices lui deviennent inintelligibles. Des Mystères que l'on joue aux portes des églises, ce qu'il retient le mieux, c'est le côté comique, le bœuf et l'âne, etc. Il en fait des Noëls, mais de plus en plus dérisoires (vraie littérature sabbatique).

Croira-t-on que les grandes et terribles révoltes du douzième siècle furent sans influence sur ces mystères et cette vie nocturne du *loup*, de l'*advolé*, de ce *gibier sauvage*, comme l'appellent les cruels barons. Ces révoltes purent fort bien commencer souvent dans les fêtes de nuit. Les grandes communions de révolte entre serfs (buvant le sang les uns des autres, ou mangeant la terre pour hostie [1]) purent se célébrer au Sabbat. La *Marseillaise* de ce temps, chantée la nuit plus que le jour, est peut-être un chant sabbatique :

Nous sommes hommes comme ils sont !
Tout aussi grand cœur nous avons !
Tout autant souffrir nous pouvons !

Mais la pierre du tombeau retombe en 1200. Le pape assis dessus, le roi assis dessus, d'une pesanteur énorme, ont scellé l'homme. A-t-il alors sa vie nocturne ? D'autant plus. Les vieilles danses païennes durent être alors plus furieuses. Nos nègres des Antilles, après un jour horrible de chaleur, de fatigue, allaient bien danser à six lieues de là. Ainsi le serf. Mais, aux danses, durent se mêler des gaietés de vengeance, des farces satyriques, des moqueries et des caricatures du seigneur et du prêtre. Toute une littérature de nuit, qui ne sut pas un mot de celle du jour, peu même des fabliaux bourgeois.

Voilà le sens des sabbats avant 1300. Pour qu'ils prissent la forme étonnante d'une guerre déclarée au Dieu de ce temps-là, il faut bien plus encore, il faut deux choses ;

1. A la bataille de Courtrai. V. aussi Grimm et mes *Origines*.

non seulement qu'on descende au fond du désespoir, mais que *tout respect soit perdu.*

Cela n'arrive qu'au quatorzième siècle, sous la papauté d'Avignon et pendant le Grand Schisme, quand l'Église à deux têtes ne paraît plus l'Eglise, quand toute la noblesse et le roi, honteusement prisonniers des Anglais, exterminent le peuple pour lui extorquer leur rançon. Les sabbats ont alors la forme grandiose et terrible de la *Messe noire*, de l'office à l'envers, où Jésus est défié, prié de foudroyer, s'il peut. Ce drame diabolique eût été impossible encore au treizième siècle, où il eût fait horreur. Et, plus tard, au quinzième siècle, où tout était usé, et jusqu'à la douleur, un tel jet n'aurait pas jailli. On n'aurait pas osé cette création monstrueuse. Elle appartient au siècle de Dante.

Cela, je crois, se fit d'un jet; ce fut l'explosion d'une furie de génie, qui monta l'impiété à la hauteur des colères populaires. Pour comprendre ce qu'elles étaient, ces colères, il faut se rappeler que ce peuple, élevé par le clergé lui-même dans la croyance et la foi du miracle, bien loin d'imaginer la fixité des lois de Dieu, avait attendu, espéré un miracle pendant des siècles, et jamais il n'était venu. Il l'appelait en vain, au jour désespéré de sa nécessité suprême. Le ciel dès lors lui parut comme l'allié de ses bourreaux féroces, et lui-même féroce bourreau.

De là la *Messe noire* et la *Jacquerie.*

Dans ce cadre élastique de la *Messe noire* purent se placer ensuite mille variantes de détail; mais il est fortement construit, et, je crois, fait d'une pièce.

J'ai réussi à retrouver ce drame en 1857 (*Hist. de France*). Je l'ai recomposé en ses quatre actes, chose peu difficile. Seulement, à cette époque, je lui ai trop laissé les ornements grotesques que le sabbat reçut aux temps modernes, et n'ai pas précisé assez ce qui est du vieux cadre, si sombre et si terrible.

Ce cadre est daté fortement par certains traits atroces d'un âge maudit, — mais aussi par la place dominante qu'y tient la Femme, — grand caractère du quatorzième siècle.

C'est la singularité de ce siècle que la Femme, fort peu affranchie, y règne cependant, et de cent façons violentes. Elle hérite des fiefs alors ; elle apporte des royaumes au roi. Elle trône ici-bas, et encore plus au ciel. Marie a supplanté Jésus. Saint François et saint Dominique ont vu dans son sein les trois mondes. Dans l'immensité de la Grâce, elle noie le péché ; que dis-je ? aide à pécher (lire la légende de la religieuse dont la Vierge tient la place au chœur, pendant qu'elle va voir son amant).

Au plus haut, au plus bas, la Femme. — Béatrix est au ciel, au milieu des étoiles, pendant que Jean de Meung, au *Roman de la Rose*, prêche la communauté des femmes. — Pure, souillée, la Femme est partout. On en peut dire ce que dit de Dieu Raimond Lulle : « Quelle part est-ce du monde ? — Le Tout. »

Mais au ciel, mais en poésie, la Femme célébrée, ce n'est pas la féconde mère, parée de ses enfants. C'est la Vierge, c'est Béatrix stérile, et qui meurt jeune.

Une belle demoiselle anglaise passa, dit-on, en France vers 1300, pour prêcher la rédemption des femmes. Elle-même s'en croyait le Messie.

La *Messe noire*, dans son premier aspect, semblerait être cette rédemption d'Eve, maudite par le christianisme. La Femme au sabbat remplit tout. Elle est le sacerdoce, elle est l'autel, elle est l'hostie, dont tout le peuple communie. Au fond, n'est-elle pas le Dieu même ?

Il y a là bien des choses populaires, et pourtant tout n'est pas du peuple. Le paysan n'estime que la force ; il fait peu de cas de la Femme. On ne le voit que trop dans toutes nos vieilles coutumes (v. mes *Origines*). Il n'aurait pas donné à la Femme la place dominante qu'elle a ici. C'est elle qui la prend d'elle-même.

Je croirais volontiers que le Sabbat, dans la forme d'alors, fut l'œuvre de la Femme, d'une femme désespérée, telle que la sorcière l'est alors. Elle voit, au quatorzième siècle, s'ouvrir devant elle son horrible carrière de supplices, trois cents, quatre cents ans illuminés par les bûchers ! Dès 1300, sa médecine est jugée maléfice, ses remèdes sont punis comme des poisons. L'innocent sortilège par lequel les lépreux croyaient alors améliorer leur sort, amène le massacre de ces infortunés. Le pape

Jean XXII fait écorcher vif un évêque, suspect de sorcellerie. Sous une répression si aveugle, oser peu ou oser beaucoup, c'est risquer tout autant. L'audace croît par le danger même. La sorcière peut hasarder tout.

Fraternité humaine, défi au ciel chrétien, culte dénaturé du dieu nature, — c'est le sens de la *Messe noire*.

L'autel était dressé au grand serf Révolté, *Celui à qui on a fait tort*, « le vieux Proscrit, injustement chassé du ciel, l'Esprit qui a créé la terre, le Maître qui a fait germer les plantes ». C'est sous ces titres que l'honoraient les *Lucifériens*, ses adorateurs, et (selon une opinion vraisemblable), les chevaliers du Temple.

Le grand miracle, en ces temps misérables, c'est qu'on trouvait pour la cène nocturne de la fraternité ce qu'on n'eût pas trouvé le jour. La sorcière, non sans danger, faisait contribuer les plus aisés, recueillait leurs offrandes. La charité, sous forme satanique, étant crime et conspiration, étant une forme de révolte, avait grande puissance. On se volait le jour son repas pour le repas commun du soir.

Représentez-vous, sur une grande lande, et souvent près d'un vieux dolmen celtique, à la lisière d'un bois, une scène double : d'une part, la lande bien éclairée, le grand repas du peuple; — d'autre part, vers le bois, le chœur de cette église dont le dôme est le ciel. J'appelle chœur un tertre qui domine quelque peu. Entre les deux, des feux résineux à flamme jaune et de rouges brasiers, une vapeur fantastique.

Au fond, la sorcière dressait son Satan, un grand Satan de bois, noir et velu. Par les cornes et le bouc qui était près de lui, il eût été Bacchus; mais par les attributs virils, c'était Pan et Priape. Ténébreuse figure que chacun voyait autrement; les uns n'y trouvaient que terreur; les autres étaient émus de la fierté mélancolique où semblait absorbé l'éternel Exilé [1].

Premier acte. — L'*Introït* magnifique que le christianisme prit à l'antiquité (à ces cérémonies où le peuple, en

1. Ceci est de Del Rio, mais n'est pas, je crois, exclusivement espagnol. C'est un trait antique et marqué de l'inspiration primitive. Les facéties viennent plus tard.

longue file, circulait sous les colonnades, entrait au sanctuaire) — le vieux dieu, revenu, le reprenait pour lui. Le *lavabo* de même, emprunté aux purifications païennes. Il revendiquait tout cela par droit d'antiquité.

Sa prêtresse est toujours la *vieille* (titre d'honneur); mais elle peut fort bien être jeune. Lancre parle d'une sorcière de dix-sept ans, jolie, horriblement cruelle.

La fiancée du Diable ne peut être un enfant; il lui faut bien trente ans, la figure de Médée, la beauté des douleurs, l'œil profond, tragique et fiévreux, avec de grands flots de serpents descendant au hasard; je parle d'un torrent de noirs, d'indomptables cheveux. Peut-être, par-dessus, la couronne de verveine, le lierre des tombes, les violettes de la mort.

Elle fait renvoyer les enfants (jusqu'au repas). Le service commence.

« J'y entrerai, à cet autel... Mais, Seigneur, sauve-moi du perfide et du violent (du prêtre, du seigneur). »

Puis vient le reniement à Jésus, l'hommage au nouveau maître, le baiser féodal, comme aux réceptions du Temple, où l'on donne tout sans réserve, pudeur, dignité, volonté; — avec cette aggravation outrageante au reniement de l'ancien Dieu « qu'on aime mieux le dos de Satan » [1].

A lui de sacrer sa prêtresse. Le dieu de bois l'accueille comme autrefois Pan et Priape. Conformément à la forme païenne, elle se donne à lui, siège un moment sur lui, comme la *Delphica* au trépied d'Apollon. Elle en reçoit le souffle, l'âme, la vie, la fécondation simulée. Puis, non moins solennellement, elle se purifie. Dès lors, elle est l'autel vivant.

L'*Introït* est fini, et le service interrompu pour le banquet. Au rebours du festin des nobles qui siègent tous l'épée au côté, ici dans le festin des frères, pas d'armes, pas même de couteau.

Pour gardien de la paix, chacun a une femme. Sans femme on ne peut être admis. Parente ou non, épouse ou non, vieille, jeune, il faut une femme.

Quelles boissons circulaient ? hydromel ? bière ? vin ? Le cidre capiteux ou le poiré ? (Tous deux ont commencé au douzième siècle.)

1. On lui suspendait au bas du dos un masque ou second visage. Lancre, *Inconstance*, p. 68.

Les breuvages d'illusion, avec leur dangereux mélange de belladone, paraissaient-ils déjà à cette table ? Non pas certainement. Les enfants y étaient. D'ailleurs, l'excès du trouble eût empêché la danse.

Celle-ci, danse tournoyante, la fameuse *ronde du Sabbat*, suffisait bien pour compléter ce premier degré de l'ivresse. Ils tournaient dos à dos, les bras en arrière, sans se voir ; mais souvent les dos se touchaient. Personne peu à peu ne se connaissait bien, ni celle qu'il avait à côté. La vieille alors n'était plus vieille. Miracle de Satan. Elle était femme encore, et désirable, confusément aimée.

Acte deuxième. — Au moment où la foule, unie dans ce vertige, se sentait un seul corps, et par l'attrait des femmes, et par je ne sais quelle vague émotion de fraternité, on reprenait l'office au *Gloria*. L'autel, l'hostie apparaissait. Quels ? La Femme elle-même. De son corps prosterné, de sa personne humiliée, de la vaste soie noire de ses cheveux, perdus dans la poussière, elle (l'orgueilleuse Proserpine) elle s'offrait. Sur ses reins, un démon officiait, disait le *Credo*, faisait l'offrande [1].

Cela fut plus tard immodeste. Mais alors, dans les calamités du quatorzième siècle, aux temps terribles de la Peste noire et de tant de famines, aux temps de la Jacquerie et des brigandages exécrables des Grandes Compagnies, — pour ce peuple en danger, l'effet était plus que sérieux. L'assemblée tout entière avait beaucoup à craindre si elle était surprise. La sorcière risquait extrêmement et vraiment, dans cet acte audacieux, elle donnait sa vie. Bien plus, elle affrontait un enfer de douleurs, de telles tortures, qu'on ose à peine les dire. Tenaillée et rompue, les mamelles arrachées, la peau lentement écorchée (comme on le fit à l'évêque sorcier de Cahors), brûlée à petit feu de braise, et membre à membre, elle pouvait avoir une éternité d'agonie.

Tous, à coup sûr, étaient émus, quand, sur la créature dévouée, humiliée, qui se donnait, on faisait la prière, et

1. Ce point si grave que la Femme était autel elle-même, et qu'on officiait sur elle, nous est connu par le procès de la Voisin, que M. Ravaisson aîné va publier avec ses autres *Papiers de la Bastille*. Dans ces imitations récentes, il est vrai, du sabbat, qu'on fit pour amuser les grands seigneurs de la Cour de Louis XIV, on reproduisit sans nul doute les formes antiques et classiques du sabbat primitif, même en tel point qui avait pu être abandonné dans les temps intermédiaires.

l'offrande pour la récolte. On présentait du blé à l'*Esprit de la terre* qui fait pousser le blé. Des oiseaux envolés (du sein de la Femme sans doute) portaient au *Dieu de liberté* le soupir et le vœu des serfs. Que demandaient-ils ? Que nous autres, leurs descendants lointains, nous fussions affranchis [1].

Quelle hostie distribuait-elle ? Non l'hostie de risée, qu'on verra aux temps d'Henri IV, mais, vraisemblablement, cette *confarreatio* que nous avons vue dans les philtres, l'hostie d'amour, un gâteau cuit sur elle, sur la victime qui demain pouvait elle-même passer par le feu. C'était sa vie, sa mort, que l'on mangeait. On y sentait déjà sa chair brûlée.

En dernier lieu, on déposait sur elle deux offrandes qui semblaient de chair, deux simulacres; celui du *dernier mort* de la commune, celui du *dernier né*. Ils participaient au mérite de la femme, autel et hostie, et l'assemblée (fictivement) communiait de l'un et de l'autre. — Triple hostie, tout humaine. Sous l'ombre vague de Satan, le peuple n'adorait que le peuple.

C'était là le vrai sacrifice. Il était accompli. La Femme, s'étant donnée à manger à la foule, avait fini son œuvre. Elle se relevait, mais ne quittait la place qu'après avoir fièrement posé et comme constaté la légitimité de tout cela par l'appel à la foudre, un défi provocant au Dieu destitué.

En dérision des mots : *Agnus Dei*, etc., et de la rupture de l'hostie chrétienne, elle se faisait apporter un crapaud habillé et le mettait en pièces. Elle roulait ses yeux effroyablement, les tournait vers le ciel, et, décapitant le crapaud, elle disait ces mots singuliers : « Ah! *Philippe* [2], si je te tenais, je t'en ferais autant! »

Jésus ne disant rien à ce défi, ne lançant pas la foudre,

1. Cette offrande charmante du blé et des oiseaux est particulière à la France (Jaquier, Flagellans, 51, Soldan, 225). En Lorraine et sans doute en Allemagne, on offrait des bêtes noires : le chat noir, le bouc noir, le taureau noir.

2. Lancre, 136. Pourquoi ce nom *Philippe*, je n'en sais rien. Il reste d'autant plus obscur qu'ailleurs, lorsque Satan nomme Jésus, il l'appelle le petit Jean, ou *Janicot*. Le nommerait-elle ici *Philippe*, du nom odieux du roi qui nous donna les cent années des guerres anglaises, qui, à Crécy, commença nos défaites et nous valut la première invasion ? Après une longue paix, fort peu interrompue, la guerre fut d'autant plus horrible au peuple. Philippe de Valois, auteur de cette guerre sans fin, fut maudit et laissa peut-être dans ce rituel populaire une durable malédiction.

on le croyait vaincu. La troupe agile des démons choisissait ce moment pour étonner le peuple par de petits miracles, qui saisissaient, effrayaient les crédules. Les crapauds, bête inoffensive, mais qu'on croyait très venimeuse, étaient mordus par eux, et déchirés à belles dents. De grands feux, des brasiers, étaient sautés impunément pour amuser la foule et la faire rire des feux d'enfer.

Le peuple riait-il après un acte si tragique, si hardi ? je ne sais. Elle ne riait pas, à coup sûr, celle qui, la première, osa cela. Ces feux durent lui paraître ceux du prochain bûcher. A elle de pourvoir à l'avenir de la monarchie diabolique, de créer la future sorcière.

XII

SUITE — L'AMOUR, LA MORT — SATAN S'ÉVANOUIT

Voilà la foule affranchie, rassurée. Le serf, un moment libre, est roi pour quelques heures. Il a bien peu de temps. Déjà change le ciel, et les étoiles inclinent. Dans un moment, l'aube sévère va le remettre en servitude, le ramener sous l'œil ennemi, sous l'ombre du château, sous l'ombre de l'église, au travail monotone, à l'éternel ennui réglé par les deux cloches, dont l'une dit : *Toujours*, et l'autre dit : *Jamais*. Chacun d'eux, humble et morne, d'un maintien composé, paraîtra sortir de chez lui.

Qu'ils l'aient du moins, ce court moment ! que chacun des déshérités soit comblé une fois, et trouve ici son rêve !... Quel cœur si malheureux, si flétri, qui parfois ne songe, n'ait quelque folle envie, ne dise : « Si cela m'arrivait ? »

Les seules descriptions détaillées que l'on ait sont, je l'ai dit, modernes, d'un temps de paix et de bonheur, des dernières années d'Henri IV, où la France refleurissait. Années prospères, luxurieuses, tout à fait différentes de l'âge noir, où s'organisa le sabbat.

Il ne tient pas à M. de Lancre et autres que nous ne figurions le troisième acte comme la Kermesse de Rubens, une orgie très confuse, un grand bal travesti qui permettrait toute union, surtout entre proches parents. Selon ces auteurs qui ne veulent qu'inspirer l'horreur, faire frémir, le but principal du sabbat, la leçon, la doctrine expresse de Satan, c'est l'inceste, et, dans ces grandes assemblées (parfois de douze mille âmes), les actes les plus monstrueux eussent été commis devant tout le monde.

Cela est difficile à croire. Les mêmes auteurs disent

d'autres choses qui semblent fort contraires à un tel cynisme. Ils disent qu'on n'y venait que par couples, qu'on ne siégeait au banquet que deux à deux, que même, s'il arrivait une personne isolée, on lui déléguait un jeune démon pour la conduire, lui faire les honneurs de la fête. Ils disent que des amants jaloux ne craignaient pas d'y venir, d'y amener les belles curieuses.

On voit aussi que la masse venait par familles, avec les enfants. On ne les renvoyait que pour le premier acte, non pour le banquet ni l'office, et non même pour ce troisième acte. Cela prouve qu'il y avait une certaine décence. Au reste, la scène était double. Les groupes de familles restaient sur la lande bien éclairés. Ce n'était qu'au-delà du rideau fantastique des fumées résineuses que commençaient des espaces plus sombres où l'on pouvait s'écarter.

Les juges, les inquisiteurs, si hostiles, sont obligés d'avouer qu'il y avait un grand esprit de douceur et de paix. Nulle des trois choses si choquantes aux fêtes des nobles. Point d'épée, de duels, point de tables ensanglantées. Point de galantes perfidies pour avilir l'*intime ami*. L'immonde fraternité des Templiers, quoi qu'on ait dit, était inconnue, inutile; au sabbat la femme était tout.

Quant à l'inceste, il faut s'entendre. Tout rapport avec les parentes, même les plus permis aujourd'hui, était compté comme crime. La loi moderne, qui est la charité même, comprend le cœur de l'homme et le bien des familles. Elle permet au veuf d'épouser la sœur de sa femme, c'est-à-dire de donner à ses enfants la meilleure mère. Elle permet à l'oncle de protéger sa nièce en l'épousant. Elle permet surtout d'épouser la cousine, une épouse sûre et bien connue, souvent aimée d'enfance, compagne des premiers jeux, agréable à la mère, qui d'avance l'adopta de cœur. Au moyen âge, tout cela, c'est l'inceste.

Le paysan, qui n'aime que sa famille, était désespéré. Même au sixième degré, c'eût été chose énorme d'épouser sa cousine. Nul moyen de se marier dans son village, où la parenté mettait tant d'empêchements. Il fallait chercher ailleurs, au loin. Mais alors, on communiquait peu, on ne se connaissait pas, et on détestait ses voisins. Les villages, aux fêtes, se battaient sans savoir pourquoi (cela se voit encore dans les pays tant soit peu écartés). On n'osait guère aller chercher femme au lieu même où l'on s'était battu, où l'on eût été en danger.

Autre difficulté. Le seigneur du jeune serf ne lui permettait pas de se marier dans la seigneurie d'à côté. Il fût devenu serf du seigneur de sa femme, eût été perdu pour le sien.

Ainsi le *prêtre défendait la cousine*, le *seigneur l'étrangère*. Beaucoup ne se mariaient pas.

Cela produisait justement ce qu'on prétendait éviter. Au sabbat éclataient les attractions naturelles. Le jeune homme retrouvait là celle qu'il connaissait, aimait d'avance, celle dont, à dix ans, on l'appelait le *petit mari*. Il la préférait à coup sûr, et se souvenait peu des empêchements canoniques.

Quand on connaît bien la famille du moyen âge, on ne croit point du tout à ces imputations déclamatoires d'une vaste promiscuité qui eût mêlé une foule. Tout au contraire, on sent que chaque petit groupe, serré et concentré, est infiniment loin d'admettre l'étranger.

Le serf, peu jaloux (pour ses proches), mais si pauvre, si misérable, craint excessivement d'empirer son sort en multipliant des enfants qu'il ne pourra nourrir. Le prêtre, le seigneur, voudraient qu'on augmentât leurs serfs, que la femme fût toujours enceinte, et les prédications les plus étranges se faisaient à ce sujet [1]; parfois des reproches sanglants et des menaces. D'autant plus obstinée était la prudence de l'homme. La femme, pauvre créature qui ne pouvait avoir d'enfants viables dans de telles conditions, qui n'enfantait que pour pleurer, avait la terreur des grossesses. Elle ne se hasardait à la fête nocturne que sur cette expresse assurance qu'on disait, répétait : « Jamais femme n'en revint enceinte [2]. »

Elles venaient, attirées à la fête par le banquet, la danse, les lumières, l'amusement, nullement par le plaisir charnel. Les unes n'y trouvaient que souffrance. Les autres détestaient la purification glacée qui suivait brusquement l'amour pour le rendre stérile. N'importe. Elles acceptaient tout, plutôt que d'aggraver leur indigence, de faire un malheureux, de donner un serf au seigneur.

Forte conjuration, entente très fidèle, qui resserrait l'amour dans la famille, excluait l'étranger. On ne se fiait qu'aux parents unis dans un même servage, qui, parta-

1. Fort récemment encore, mon spirituel ami, M. Génin, avait recueilli les plus curieux renseignements là-dessus.

2. Boguet, Lancre, tous les auteurs sont d'accord là-dessus. Rude contradiction de Satan, mais tout à fait selon le vœu du serf, du paysan, du pauvre : Satan fait germer la moisson, mais il rend la femme inféconde. Beaucoup de blé et point d'enfant.

geant les mêmes charges, n'avaient garde de les augmenter.

Ainsi, nul entraînement général, point de chaos confus du peuple. Tout au contraire, des groupes serrés et exclusifs. C'est ce qui devait rendre le sabbat impuissant comme révolte. Il ne mêlait nullement la foule. La famille, attentive à la stérilité, l'assurait en se concentrant en elle-même dans l'amour des très proches, c'est-à-dire des intéressés. Arrangement triste, froid, impur. Les moments les plus doux en étaient assombris, souillés. Hélas! jusqu'à l'amour, tout était misère et révolte.

Cette société était cruelle. L'autorité disait : « Mariez-vous. » Mais elle rendait cela très difficile, et par l'excès de la misère, et par cette rigueur insensée des empêchements canoniques.

L'effet était exactement contraire à la pureté que l'on prêchait. Sous apparence chrétienne, le patriarcat de l'Asie existait seul.

L'aîné seul se mariait. Les frères cadets, les sœurs, travaillaient sous lui et pour lui [1]. Dans les fermes isolées des montagnes du Midi, loin de tout voisinage et de toute femme, les frères vivaient avec leurs sœurs, qui étaient leurs servantes et leur appartenaient en toute chose. Mœurs analogues à celles de la Genèse, aux mariages des Parsis, aux usages toujours subsistants de certaines tribus pastorales de l'Himalaya.

Ce qui était plus choquant encore, c'était le sort de la mère. Elle ne mariait pas son fils, ne pouvait l'unir à une parente, s'assurer d'une bru qui eût eu des égards pour elle. Son fils se mariait (s'il le pouvait) à une fille d'un village éloigné, souvent hostile, dont l'invasion était terrible, soit aux enfants du premier lit, soit à la pauvre mère, que l'étrangère faisait souvent chasser. On ne le croira pas, mais la chose est certaine. Tout au moins, on la maltraitait : on l'éloignait du foyer, de la table.

Une loi suisse défend d'ôter à la mère sa place au coin du feu.

Elle craignait extrêmement que le fils ne se mariât. Mais son sort ne valait guère mieux s'il ne le faisait point. Elle n'en était pas moins servante du jeune *maître de maison*, qui succédait à tous les droits du père, et même

1. Chose très générale dans l'ancienne France, me disait le savant et exact M. Monteil.

à celui de la battre. J'ai vu encore dans le Midi cette impiété : le fils de vingt-cinq ans châtiait sa mère quand elle s'enivrait.

Combien plus dans ces temps sauvages!... C'était lui bien plutôt qui revenait des fêtes dans l'état de demi-ivresse, sachant très peu ce qu'il faisait. Même chambre, même lit (car il n'y en avait jamais deux). Elle n'était pas sans avoir peur. Il avait vu ses amis mariés, et cela l'aigrissait. De là, des pleurs, une extrême faiblesse, le plus déplorable abandon. L'infortunée, menacée de son seul dieu, son fils, brisée de cœur, dans une situation tellement contre nature, désespérait. Elle tâchait de dormir, d'ignorer. Il arrivait, sans que ni l'un ni l'autre s'en rendît compte, ce qui arrive aujourd'hui encore si fréquemment aux quartiers indigents des grandes villes, où une pauvre personne, forcée ou effrayée, battue peut-être, subit tout. Domptée dès lors, et, malgré ses scrupules, beaucoup trop résignée, elle endurait une misérable servitude. Honteuse et douloureuse vie, pleine d'angoisse, car d'année en année la distance d'âge augmentait, les séparait. La femme de trente-six ans gardait un fils de vingt. Mais à cinquante, hélas! plus tard encore, qu'advenait-il ? Du grand sabbat, où les lointains villages se rencontraient, il pouvait ramener l'étrangère, la jeune maîtresse, inconnue, dure, sans cœur, sans pitié, qui lui prendrait son fils, son feu, son lit, cette maison qu'elle avait faite elle-même.

A en croire Lancre et autres, Satan faisait au fils un grand mérite de rester fidèle à sa mère, tenait ce crime pour vertu. Si cela est vrai, on peut supposer que la femme défendait la femme, que la sorcière était dans les intérêts de la mère pour la maintenir au foyer contre la belle-fille, qui l'eût envoyée mendier, le bâton à la main.

Lancre prétend encore « qu'il n'y avait bonne sorcière qui ne naquît de l'amour de la mère et du fils ». Il en fut ainsi dans la Perse pour la naissance du mage, qui, disait-on, devait provenir de cet odieux mystère. Ainsi les secrets de magie restaient fort concentrés dans une famille qui se renouvelait elle-même.

Par une erreur impie, ils croyaient imiter l'innocent mystère agricole, l'éternel cercle végétal, où le grain, ressemé au sillon, fait le grain.

Les unions moins monstrueuses (du frère et de la

sœur), communes chez les Juifs et les Grecs, étaient froides et très peu fécondes. Elles furent très sagement abandonnées, et l'on n'y fût guère revenu, sans l'esprit de révolte, qui, suscité par d'absurdes rigueurs, se jetait follement dans l'extrême opposé.

Des lois contre nature firent ainsi, par la haine, des mœurs contre nature.

O temps dur! temps maudit! et gros de désespoir!

Nous avons disserté! Mais voici presque l'aube. Dans un moment l'heure sonne qui met en fuite les esprits. La sorcière, à son front, sent sécher les lugubres fleurs. Adieu sa royauté! sa vie peut-être!... Que serait-ce si le jour la trouvait encore?

Que fera-t-elle de Satan? une flamme? une cendre? Il ne demande pas mieux. Il sait bien, le rusé, que, pour vivre, renaître, le seul moyen, c'est de mourir.

Mourra-t-il, le puissant évocateur des morts qui donna à celles qui pleurent la seule joie d'ici-bas, l'amour évanoui et le rêve adoré? Oh! non, il est bien sûr de vivre.

Mourra-t-il, le puissant esprit qui, trouvant la Création maudite, la Nature gisante par terre, que l'Eglise avait jetée de sa robe, comme un nourrisson sale, ramassa la Nature et la mit dans son sein? Cela ne se peut pas.

Mourra-t-il, l'unique médecin du moyen âge, de l'âge malade, qui le sauva par les poisons, et lui dit : « Vis donc, imbécile! »

Comme il est sûr de vivre, le gaillard, il meurt tout à son aise. Il s'escamote, brûle avec dextérité sa belle peau de bouc, s'évanouit dans la flamme et dans l'aube.

Mais, *elle*, elle qui fit Satan, qui fit tout, le bien et le mal, qui favorisa tant de choses, d'amour, de dévouements, de crimes...! que devient-elle? La voilà seule sur la lande déserte!

Elle n'est pas, comme on dit, l'horreur de tous. Beaucoup la béniront [1]. Plus d'un l'a trouvée belle, plus d'un vendrait sa part du paradis pour oser approcher... Mais, autour, il est un abîme, on l'admire trop, et on en a tant peur! de cette toute-puissante Médée, de ses beaux yeux profonds, des voluptueuses couleuvres de cheveux noirs dont elle est inondée.

1. Lancre parle de sorcières aimées et adorées.

Seule à jamais. A jamais, sans amour ! Qui lui reste ? Rien que l'Esprit qui se déroba tout à l'heure.

« Eh bien, mon bon Satan, partons... Car j'ai bien hâte d'être là-bas. L'enfer vaut mieux. Adieu le monde ! »

Celle qui la première fit, joua le terrible drame, dut survivre très peu. Satan obéissant, avait, tout près, sellé un gigantesque cheval noir, qui, des yeux, des naseaux, lançait le feu. — Elle y monta d'un bond...

On les suivit des yeux... Les bonnes gens épouvantés disaient : « Oh ! qu'est-ce qu'elle va donc devenir ? » — En partant, elle rit, du plus terrible éclat de rire, — et disparut comme une flèche. — On voudrait bien savoir, mais on ne saura pas ce que la pauvre est devenue [1].

1. C'est à peu près la fin d'une sorcière anglaise dont parle Wyer. [*Dans l'édition Lacroix (1863) cette note est remplacée par la suivante :* « Voir la fin de la Sorcière de Berkeley dans Guillaume de Malmesbury ».]

LIVRE DEUXIÈME

I

SORCIÈRE DE LA DÉCADENCE — SATAN MULTIPLIÉ, VULGARISÉ

Le délicat bijou du Diable, la petite sorcière conçue de la Messe noire où la grande a disparu, elle est venue, elle a fleuri, en malice, en grâce de chat. Celle-ci, toute contraire à l'autre; fine et oblique d'allure, sournoise, filant doucettement, faisant volontiers le gros dos. Rien de titanique, à coup sûr. Loin de là, basse de nature. Dès le berceau, lubrique et toute pleine de mauvaises friandises. Elle exprimera toute sa vie certain moment nocturne, impur et trouble, où certaine pensée dont on eût eu horreur le jour, usa des libertés du rêve.

Celle qui naît avec ce secret dans le sang, cette science instinctive du mal, qui a vu si loin et si bas, elle ne respectera rien, ni chose ni personne en ce monde, n'aura guère de religion. Guère pour Satan lui-même, car il est encore un esprit, et celle-ci a un goût unique pour toute chose de matière.

Enfant, elle salissait tout. Grandelette, jolie, elle étonne de malpropreté. Par elle, la sorcellerie sera je ne sais quelle cuisine de je ne sais quelle chimie. De bonne heure, elle manipule surtout les choses répugnantes, les drogues aujourd'hui, demain les intrigues. C'est là son élément, les amours et les maladies. Elle sera fine entremetteuse, habile, audacieuse empirique. On lui fera la guerre pour de prétendus meurtres, pour l'emploi des poisons. A tort. Elle a peu l'instinct de telles choses, peu le goût de la mort. Sans bonté, elle aime la vie, à guérir, prolonger la vie. Elle est dangereuse en deux sens : elle vendra des recettes de stérilité, d'avortement peut-être. D'autre part, effrénée, libertine d'imagination, elle aidera volontiers à la chute des femmes par ses damnés breuvages, jouira des crimes d'amour.

Oh! que celle-ci diffère de l'autre! C'est un industriel.

L'autre fut l'Impie, le Démon; elle fut la grande Révolte, la femme de Satan, et, on peut dire, sa mère. Car il a grandi d'elle, et de sa puissance intérieure. Mais celle-ci est tout au plus la fille du Diable. Elle a de lui deux choses; elle est impure, et elle aime à manipuler la vie. C'est son lot; elle y est artiste, déjà artiste à vendre, et nous entrons dans le métier.

On dit qu'elle se perpétuera par l'inceste dont elle est née. Mais elle n'en a pas besoin. Sans mâle, elle fera d'innombrables petits. En moins de cinquante ans, au début du quinzième siècle, sous Charles VI, une contagion immense s'étend. Quiconque croit avoir quelques secrets, quelques recettes, quiconque croit deviner, quiconque rêve et voyage en rêvant, se dit favori de Satan. Toute femme lunatique prend pour elle ce grand nom : Sorcière.

Nom périlleux, nom lucratif, lancé par la haine du peuple, qui, tour à tour, injurie et implore la puissance inconnue. Il n'en est pas moins accepté, revendiqué souvent. Aux enfants qui la suivent, aux femmes qui menacent du poing, lui jettent ce mot comme une pierre, elle se retourne, et dit avec orgueil : « C'est vrai! vous l'avez dit! »

Le métier devient bon, et les hommes s'en mêlent. Nouvelle chute pour l'art. La moindre des sorcières a cependant encore un peu de la Sibylle. Ceux-ci, sordides charlatans, jongleurs grossiers, taupiers, tueurs de rats, jetant des sorts aux bêtes, vendant les secrets, qu'ils n'ont pas, empuantissent ce temps de sombre fumée noire, de peur et de bêtise. Satan devient immense, immensément multiplié. Pauvre triomphe. Il est ennuyeux, plat. Le peuple afflue pourtant à lui, ne veut guère d'autre Dieu. C'est lui qui se manque à lui-même.

Le quinzième siècle, malgré deux ou trois grandes inventions, n'en est pas moins, je crois, un siècle fatigué, de peu d'idées.

Il commence très dignement par le sabbat royal de Saint-Denis, le bal effréné et lugubre que Charles VI fit dans cette abbaye pour l'enterrement de Du Guesclin, enterré depuis tant d'années. Trois jours, trois nuits, Sodome se roula sur les tombes. Le fou qui n'était pas encore idiot, força tous ces rois, ses aïeux, ces os secs sautant dans leur bière, de partager son bal. La mort, bon gré mal gré, devint entremetteuse, donna aux voluptés un cruel aiguillon. Là éclatèrent les modes immondes de l'époque où les dames, grandies du hennin diabolique, faisaient valoir le ventre et semblaient toutes enceintes (admirable moyen de cacher les grossesses)[1]. Elles y tinrent; cette mode dura quarante années. L'adolescence, d'autre part, effrontée, les éclipsait en nudités saillantes. La femme avait Satan au front dans le bonnet cornu. Le bachelier, le page, l'avaient au pied dans la chaussure à fine pointe de scorpion. Sous masque d'animaux, ils s'offraient hardiment par les bas côtés de la bête. Le célèbre enleveur d'enfants, Retz, lui-même alors page, prit là son monstrueux essor. Toutes ces grandes dames de fiefs, effrénées Jézabels, moins pudibondes encore que l'homme, ne daignaient se déguiser. Elles s'étalaient à face nue. Leur furie sensuelle, leur folle ostentation de débauche, leurs outrageux défis, furent pour le roi, pour tous, — pour le sens, la vie, le corps, l'âme, — l'abîme et le gouffre sans fond.

Ce qui en sort, ce sont les vaincus d'Azincourt, pauvre génération de seigneurs épuisés qui, dans les miniatures, font grelotter encore à voir sous un habit perfidement serré leurs tristes membres amaigris[2].

Je plains fort la sorcière, qui, au retour de la grande dame après la fête du roi, sera sa confidente et son ministre, dont elle exigera l'impossible.

Au château, il est vrai, elle est seule, l'unique femme, ou à peu près, dans un monde d'hommes non mariés. A en croire les romans, la dame aurait eu plaisir à s'entourer de jolies filles. L'histoire et le bon sens disent justement le contraire. Eléonore n'est pas si sotte que de s'opposer Rosamonde. Ces reines et grandes dames, si licencieuses, n'en sont pas moins horriblement jalouses (exemple, celle que conte Henri Martin, qui fit mourir sous les outrages des soldats une fille qu'admirait son mari). La puissance d'amour de la dame, répétons-le, tient à ce qu'elle est seule. Quels que soient la figure et, l'âge, elle est le rêve de tous. La sorcière a beau jeu de lui

1. Même au sujet le plus mystique, dans une œuvre de génie, l'*Agneau* de Van Eyck (Jean dit de Bruges), toutes les Vierges paraissent enceintes. C'est la grotesque mode du quinzième siècle.

2. Cet amaigrissement de gens usés et énervés me gâtent (*sic*) toutes les splendides miniatures de la cour de Bourgogne, du duc de Berry, etc. Les sujets sont si déplorables que nulle exécution n'en peut faire d'heureuses œuvres d'art.

faire abuser de sa divinité, de lui faire faire risée de ce troupeau de mâles assotis et domptés. Elle lui fait oser tout, les traiter comme bêtes. Les voilà transformés. Ils tombent à quatre pattes, singes flatteurs, ours ridicules, ou chiens lubriques, pourceaux avides à suivre l'outrageuse Circé.

Tout cela fait pitié ! Elle en a la nausée. Elle repousse du pied ces bêtes rampantes. C'est immonde, pas assez coupable. Elle trouve à son mal un absurde remède. C'est (lorsque ceux-ci sont si nuls) d'avoir plus nul encore, de prendre un tout petit amant. Conseil digne de la sorcière. Susciter, avant l'heure, l'étincelle dans l'innocent qui dort du pur sommeil d'enfance. Voilà la laide histoire du petit Jehan de Saintré, type des Chérubins, et autres poupées misérables des âges de décadence.

Sous tant d'ornements pédantesques et de moralité sentimentale, la basse cruauté du fonds se sent très bien. On y tue le fruit dans la fleur. C'est, en un sens, la chose qu'on reprochait à la sorcière, « de manger des enfants ». Tout au moins, on en boit la vie. Sous forme tendre et maternelle, la belle dame caressante n'est-elle pas un vampire pour épuiser le sang du faible ? Le résultat de ces énormités, le roman même nous le donne. Saintré, dit-il, devient un chevalier parfait, mais parfaitement frêle et faible, si bien qu'il est bravé, défié, par le butor de paysan abbé, en qui la dame, enfin mieux avisée, voit ce qui lui convient le mieux.

Ces vains caprices augmentent le blasement, la fureur du vide. Circé, au milieu de ses bêtes, ennuyée, excédée, voudrait être bête elle-même. Elle se sent sauvage, elle s'enferme. De la tourelle, elle jette un regard sinistre sur la sombre forêt. Elle se sent captive, et elle a la fureur d'une louve qu'on tient à la chaîne. — « Vienne à l'instant la vieille !... Je la veux. Courez-y. » — Et deux minutes après : « quoi ! n'est-elle pas déjà venue ? »

La voici. « Ecoute bien... j'ai une *envie*... (tu le sais, c'est insurmontable), l'envie de t'étrangler, de te noyer ou de te donner à l'évêque qui déjà te demande... Tu n'as qu'un moyen d'échapper, c'est de me satisfaire une autre *envie*, — de me changer en louve. Je m'ennuie trop. Assez rester. Je veux, au moins la nuit, courir librement la forêt. Plus de sots serviteurs, de chiens qui m'étourdissent, de chevaux maladroits qui heurtent, évitent les fourrés.

— « Mais, madame, si l'on vous prenait... — Insolente... Oh! tu périras. — Du moins, vous savez bien l'histoire de la dame louve dont on coupa la patte [1]... Que de regrets j'aurais!.. — C'est mon affaire... Je ne t'écoute plus... J'ai hâte, et j'ai jappé déjà... Quel bonheur! chasser seule, au clair de lune, et seule mordre la biche, l'homme aussi, s'il en vient; mordre l'enfant si tendre, et la femme surtout, oh! la femme, y mettre la dent!... Je les hais toutes... Pas une autant que toi... Mais ne *recule* pas, je ne te mordrai pas; tu me répugnes trop, et d'ailleurs, tu n'as pas de sang... Du sang, du sang! c'est ce qu'il faut. »

Il n'y a pas à dire non : « Rien de plus aisé, madame. Ce soir, à neuf heures, vous boirez. Enfermez-vous. Transformée, pendant qu'on vous croit là, vous courrez la forêt. »

Cela se fait, et la dame, au matin, se trouve excédée, abattue; elle n'en peut plus. Elle doit, cette nuit, avoir fait trente lieues. Elle a chassé, elle a tué; elle est pleine de sang. Mais ce sang vient peut-être des ronces où elle s'est déchirée.

Grand orgueil, et péril aussi pour celle qui a fait ce miracle. La dame qui l'exigea, cependant, la reçoit fort sombre : « O sorcière, que tu as là un épouvantable pouvoir! Je ne l'aurais pas deviné! Mais maintenant j'ai peur et j'ai horreur... Oh! qu'à bon droit tu es haïe! Quel beau jour ce sera, quand tu seras brûlée! Je te perdrai quand je voudrai. Mes paysans, ce soir, repasseraient sur toi leurs faux, si je disais un mot de cette nuit... Va-t'en, noire, exécrable vieille! »

1. Cette terrible fantaisie n'était pas rare chez ces grandes dames, nobles captives des châteaux. Elles avaient faim et soif de liberté, de libertés cruelles. Boguet raconte que, dans les montagnes de l'Auvergne, un chasseur tira, certaine nuit, sur une louve, la manqua, mais lui coupa la patte. Elle s'enfuit en boitant. Le chasseur se rendit dans un château voisin pour demander l'hospitalité au gentilhomme qui l'habitait. Celui-ci, en l'apercevant, s'enquit s'il avait fait bonne chasse. Pour répondre à cette question, il voulut tirer de sa gibecière la patte qu'il venait de couper à la louve; mais quelle ne fut point sa surprise, en trouvant, au lieu d'une patte une main, et à l'un des doigts un anneau que le gentilhomme reconnut pour être celui de sa femme! Il se rendit immédiatement auprès d'elle, et la trouva blessée et cachant son avant-bras. Ce bras n'avait plus de main; on y rajusta celle que le chasseur avait rapportée, et force fut à la dame d'avouer que c'était bien elle qui, sous la forme de louve, avait attaqué le chasseur, et s'était sauvée ensuite en laissant une patte sur le champ de bataille. Le mari eut la cruauté de la livrer à la justice, et elle fut brûlée.

Elle est précipitée par les grands, ses patrons, dans d'étranges aventures. N'ayant que le château qui la garde du prêtre, la défende un peu du bûcher, que refusera-t-elle à ses terribles protecteurs ? Si le baron, revenu des croisades, de Nicopolis, par exemple, imitateur de la vie turque, la fait venir, la charge de voler pour lui des enfants ? que fera-t-elle ? Ces razzias, immenses en pays grec, où parfois deux mille pages entraient à la fois au sérail, n'étaient nullement inconnues aux chrétiens (aux barons d'Angleterre dès le douzième siècle, plus tard aux chevaliers de Rhodes ou Malte). Le fameux Gilles de Retz, le seul dont on fit le procès, fut puni non d'avoir enlevé ses petits serfs (chose peu rare), mais de les avoir immolés à Satan. Celle qui les volait, et qui, sans doute, ignorait leur destin, se trouvait entre deux dangers. D'une part, la fourche et la faux du paysan, de l'autre, les tortures de la tour qu'un refus lui aurait values. L'homme de Retz, son terrible Italien [1], eût fort bien pu la piler au mortier.

De tous côtés, périls et gains. Nulle situation plus horriblement corruptrice. Les sorcières elles-mêmes ne niaient pas les absurdes puissances que le peuple leur attribuait. Elles avouaient qu'avec une poupée percée d'aiguilles, elles pouvaient *envoûter*, faire maigrir, faire périr qui elles voulaient. Elles avouaient qu'avec la mandragore, arrachée du pied du gibet (par la dent d'un chien, disaient-elles, qui ne manquait pas d'en mourir), elles pouvaient pervertir la raison, changer les hommes en bêtes, livrer les femmes aliénées et folles. Bien plus terrible encore le délire furieux de la Pomme épineuse (ou Datura) qui fait danser à mort [2], subir mille hontes, dont on n'a ni conscience, ni souvenir.

1. Voir mon *Histoire de France*, et surtout la savante et exacte notice de notre si regrettable Armand Guéraud : *Notice sur Gilles de Rais*, Nantes, 1855 (reproduite dans la *Biographie bretonne* de M. Levot). — On y voit que les pourvoyeurs de l'horrible charnier d'enfants étaient généralement des hommes. La Meffraye, qui s'en mêlait aussi, était-elle sorcière ? On ne le dit pas. M. Guéraud devait publier le *Procès*. Il est à désirer qu'on fasse cette publication, mais sincère, intégrale, non mutilée. Les manuscrits sont à Nantes, à Paris. Mon savant ami, M. Dugast-Matifeux, m'apprend qu'il en existe une copie *plus complète* que ces originaux aux archives de Thouars (provenant des la Trémouille et des Serrant).

2. Pouchet, *Solanées* et *Botanique générale*. — Nysten, *Dictionnaire de médecine* (édition Littré et Robin), article *Datura*. Les voleurs n'emploient que trop ces breuvages. Ils en firent prendre un jour au bourreau d'Aix et à sa femme, qu'ils voulaient dépouiller de leur argent ; ces deux personnes entrèrent dans un si étrange délire, que pendant toute une nuit ils dansèrent tout nus dans un cimetière.

De là d'immenses haines, mais aussi d'extrêmes terreurs. L'auteur du *Marteau des Sorcières*, Sprenger, raconte avec effroi qu'il vit, par un temps de neige, toutes les routes étant défoncées, une misérable population, éperdue de peur, et maléficiée de maux trop réels, qui couvrait tous les abords d'une petite ville d'Allemagne. Jamais, dit-il, vous ne vîtes de si nombreux pèlerinages à Notre-Dame de grâce ou Notre-Dame des ermites. Tous ces gens, par les fondrières, clochant, se traînant, tombant, s'en allaient à la sorcière, implorer leur grâce du Diable. Quels devaient être l'orgueil et l'emportement de la vieille de voir tout ce peuple à ses pieds [1] !

1. Cet orgueil la menait parfois à un furieux libertinage. De là ce mot allemand : « La sorcière en son grenier a montré à sa camarade quinze beaux fils en habit vert, et lui a dit : « Choisis, ils sont à toi. » — Son triomphe était de changer les rôles, d'infliger comme épreuves d'amour les plus choquants outrages aux nobles, aux grands, qu'elle abrutissait. On sait que les reines, aussi bien que les rois, les hautes dames (en Italie encore au dernier siècle, *Collection Maurepas*, XXX, 111), recevaient, tenaient cour au moment le plus rebutant, et se faisaient servir aux choses les moins désirables par les personnes favorisées. De la fantasque idole, on adorait, on se disputait tout. Pour peu qu'elle fût jeune et jolie, moqueuse, il n'était pas d'épreuve si basse, si choquante que ses animaux domestiques (le sigisbée, l'abbé, un page fou) ne fussent prêts à subir, sur l'idée sotte qu'un philtre répugnant avait plus de vertu. Cela déjà est triste pour la nature humaine. Mais que dire de cette chose prodigieuse que la sorcière, ni grande dame, ni jolie, ni jeune, pauvre, et peut-être une serve, en sales haillons, par sa malice seule, je ne sais quelle furie libertine, une perfide fascination, hébétât, dégradât à ce point les plus graves personnages ? Des moines d'un couvent du Rhin, de ces fiers couvents germaniques où l'on n'entrait qu'avec quatre cents ans de noblesse, firent à Sprenger ce triste aveu : « Nous l'avons vue ensorceler trois de nos abbés tour à tour, tuer le quatrième, disant avec effronterie : « Je l'ai fait et le ferai, et ils ne pourront se tirer de là, parce qu'ils ont mangé, » etc. (*Comederunt meam...*, etc. Sprenger, *Malleus maleficarum*, *quaestio* VII, p, 84.) Le pis pour Sprenger, et ce qui fait son désespoir, c'est qu'elle est tellement protégée, sans doute par ces fous, qu'il n'a pu la brûler. « Fateor quia nobis non aderat ulciscendi aut inquirendi super eam facultas; *ideo adhuc superest.* »

II

LE MARTEAU DES SORCIÈRES

Les sorcières prenaient peu de peine pour cacher leur jeu. Elles s'en vantaient plutôt, et c'est de leur bouche même que Sprenger a recueilli une grande partie des histoires qui ornent son manuel. C'est un livre pédantesque, calqué ridiculement sur les divisions et subdivisions usitées par les Thomistes, mais naïf, très convaincu, d'un homme vraiment effrayé, qui, dans ce duel terrible entre Dieu et le Diable où *Dieu permet* généralement que le Diable ait l'avantage, ne voit de remède qu'à poursuivre celui-ci la flamme en main, brûlant au plus vite les corps où il élit domicile.

Sprenger n'a eu que le mérite de faire un livre plus complet, qui couronne un vaste système, toute une littérature. Aux anciens *pénitentiaires*, aux manuels des confesseurs pour l'inquisition des péchés, succédèrent les *directoria* pour l'inquisition de l'hérésie, qui est le plus grand péché. Mais pour la plus grande hérésie, qui est la sorcellerie, on fit des *directoria* ou manuels spéciaux, des Marteaux pour les sorcières. Ces manuels, constamment enrichis par le zèle des dominicains, ont atteint leur perfection dans le *Malleus* de Sprenger, livre qui le guida lui-même dans sa grande mission d'Allemagne et resta pour un siècle le guide et la lumière des tribunaux d'inquisition.

Comment Sprenger fut-il conduit à étudier ces matières ? Il raconte qu'étant à Rome, au réfectoire où les moines hébergeaient des pèlerins, il en vit deux de Bohême ; l'un jeune prêtre, l'autre son père. Le père soupirait et priait pour le succès de son voyage. Sprenger, ému de charité, lui demande d'où vient son chagrin. C'est que son fils est possédé ; avec grande peine et dépense, il l'amène à Rome, au tombeau des saints. « Ce fils, où est-il ? dit le moine. — A côté de vous. A cette réponse, j'eus peur et me reculai. J'envisageai le jeune prêtre et fus étonné de le voir manger d'un air très modeste et répondre avec douceur. Il m'apprit qu'ayant parlé un peu durement à une vieille, elle lui avait jeté un sort; ce sort était sous un arbre. Sous lequel ? la sorcière s'obstinait à ne pas le dire. » Sprenger, toujours par charité, se mit à mener le possédé d'église en église, et de relique en relique. A chaque station, exorcisme, fureur, cris, contorsions, baragouinage en toute langue et force gambades. Tout cela devant le peuple, qui les suivait, admirait, frissonnait. Les diables, si communs en Allemagne, étaient plus rares en Italie. En quelques jours, Rome ne parlait d'autre chose. Cette affaire, qui fit grand bruit, recommanda sans nul doute le dominicain à l'attention. Il étudia, compila tous les *Mallei* et autres manuels manuscrits, et devint de première force en procédure démoniaque. Son *Malleus* dut être fait dans les vingt ans qui séparent cette aventure de la grande mission donnée à Sprenger par le pape Innocent VIII, en 1484.

Il était bien nécessaire de choisir un homme adroit pour cette mission d'Allemagne, un homme d'esprit, d'habileté, qui vainquît la répugnance des loyautés germaniques au ténébreux système qu'il s'agissait d'introduire. Rome avait eu aux Pays-Bas un rude échec qui y mit l'Inquisition en honneur et, par suite, lui ferma la France (Toulouse seule, comme ancien pays albigeois, y subit l'Inquisition). Vers l'année 1460, un pénitencier de Rome, devenu doyen d'Arras, imagina de frapper un coup de terreur sur les *chambres de rhétorique* (ou réunions littéraires), qui commençaient à discuter des matières religieuses. Il brûla comme sorcier un de ces *rhétoriciens* et, avec lui, des bourgeois riches, des chevaliers même. La noblesse, ainsi touchée, s'irrita; la voix publique s'éleva avec violence. L'Inquisition fut conspuée, maudite, surtout en France. Le parlement de Paris lui ferma rudement la porte, et Rome, par sa maladresse, perdit cette occasion d'introduire dans tout le Nord cette domination de terreur.

Le moment semblait mieux choisi vers 1484. L'Inquisition, qui avait pris en Espagne des proportions si terribles et dominait la royauté, semblait alors devenue une institution conquérante, qui dût marcher d'elle-même, pénétrer partout et envahir tout. Elle trouvait, il est vrai, un obstacle en Allemagne, la jalouse opposition des princes ecclésiastiques, qui, ayant leurs tribunaux, leur inquisition personnelle, ne s'étaient jamais prêtés à recevoir celle de Rome. Mais la situation de ces princes, les très grandes inquiétudes que leur donnaient les mouvements populaires, les rendaient plus maniables. Tout le Rhin et la Souabe, l'Orient même vers Salzbourg, semblaient minés en dessous. De moment en moment éclataient des révoltes de paysans. On aurait dit un immense volcan souterrain, un invisible lac de feu, qui, de place en place, se fût révélé par des jets de flamme. L'Inquisition étrangère, plus redoutée que l'allemande, arrivait ici à merveille pour terroriser le pays, briser les esprits rebelles, brûlant comme sorciers aujourd'hui ceux qui, peut-être demain, auraient été insurgés. Excellente arme populaire pour dompter le peuple, admirable dérivatif. On allait détourner l'orage cette fois sur les sorciers, comme en 1349 et dans tant d'autres occasions, on l'avait lancé sur les Juifs.

Seulement il fallait un homme. L'inquisiteur qui, le premier, devant les Cours jalouses de Mayence et de Cologne, devant le peuple moqueur de Francfort ou de Strasbourg, allait dresser son tribunal, devait être un homme d'esprit. Il fallait que sa dextérité personnelle balançât, fît quelquefois oublier l'odieux de son ministère. Rome, du reste, s'est piquée toujours de choisir très bien les hommes. Peu soucieuse des questions, beaucoup des personnes, elle a cru, non sans raison, que le succès des affaires dépendait du caractère tout spécial des agents envoyés dans chaque pays. Sprenger était-il bien l'homme ? D'abord, il était Allemand, dominicain, soutenu d'avance par cet ordre redouté, par tous ses couvents, ses écoles. Un digne fils des écoles était nécessaire, un bon scolastique, un homme ferré sur la Somme, ferme sur son saint Thomas, pouvant toujours donner des textes. Sprenger était tout cela. Mais, de plus, c'était un sot.

« On dit, on écrit souvent que *dia-bolus* vient de *dia*, deux, et *bolus*, bol ou pilule, parce qu'avalant à la fois et l'âme et le corps, des deux choses il ne fait qu'une pilule, un même morceau. Mais (dit-il, continuant avec la gravité de Sganarelle), selon l'étymologie grecque, *diabolus* signifie *clausus ergastulo ;* ou bien, *defluens* (Teufel ?) c'est-à-dire tombant, parce qu'il est tombé du ciel. »

D'où vient maléfice ? « De *maleficiendo*, qui signifie *male de fide sentiendo.* » Etrange étymologie, mais d'une portée très grande. Si le *maléfice* est assimilé aux *mauvaises opinions*, tout sorcier est un hérétique, et tout douteur est un sorcier. On peut brûler comme sorciers tous ceux qui penseraient mal. C'est ce qu'on avait fait à Arras, et ce qu'on voulait peu à peu établir partout.

Voilà l'incontestable et solide mérite de Sprenger. Il est sot, mais intrépide; il pose hardiment les thèses les moins acceptables. Un autre essayerait d'éluder, d'atténuer, d'amoindrir les objections. Lui, non. Dès la première page, il montre de face, expose une à une les raisons naturelles, évidentes, qu'on a de ne pas croire aux miracles diaboliques. Puis il ajoute froidement : *Autant d'erreurs hérétiques*. Et sans réfuter les raisons, il copie les textes contraires, saint Thomas, Bible, légendes, canonistes et glossateurs. Il vous montre d'abord le bon sens, puis le pulvérise par l'autorité.

Satisfait, il se rassoit, serein, vainqueur; il semble dire : Eh bien! maintenant, qu'en dites-vous ? Seriez-vous bien assez osé pour user de votre raison ?... Allez donc douter, par exemple, que le Diable ne s'amuse à se mettre entre les époux, lorsque tous les jours l'Eglise et les canonistes admettent ce motif de séparation!

Cela, certes, est sans réplique. Personne ne soufflera. Sprenger, en tête de ce manuel des juges, déclarant le moindre doute *hérétique*, le juge est lié; il sent qu'il ne doit pas broncher; que, si malheureusement il avait quelque tentation de doute ou d'humanité, il lui faudrait commencer par se condamner et se brûler lui-même.

C'est partout la même méthode. Le bon sens d'abord; puis de front, de face et sans précaution, la négation du bon sens. Quelqu'un, par exemple, serait tenté de dire que, puisque l'amour est dans l'âme, il n'est pas bien nécessaire de supposer qu'il y faut l'action mystérieuse du Diable. Cela n'est-il pas spécieux ? « Non pas, dit Sprenger, *distinguo :* Celui qui fend le bois n'est pas cause de la combustion; il est seulement cause indirecte. Le fendeur de bois, c'est l'amour (voir Denis l'Aréopagite, Origène,

Jean Damascène). Donc l'amour n'est que la cause indirecte de l'amour. »

Voilà ce que c'est que d'étudier. Ce n'est pas une faible école qui pouvait produire un tel homme. Cologne seule, Louvain, Paris, avaient les machines propres à mouler le cerveau humain. L'école de Paris était forte; pour le latin de cuisine, qu'opposer au *Janotus* de Gargantua? Mais plus forte était Cologne, glorieuse reine des ténèbres qui a donné à Hutten le type des *obscuri viri*, des obscurantins et ignorantins, race si prospère et si féconde.

Ce solide scolastique, plein de mots, vide de sens, ennemi juré de la nature, autant que de la raison, siège avec une foi superbe dans ses livres et dans sa robe, dans sa crasse et sa poussière. Sur la table de son tribunal, il a la *Somme* d'un côté, de l'autre le *Directorium*. Il n'en sort pas. A tout le reste il sourit. Ce n'est pas à un homme comme lui qu'on en fait accroire, ce n'est pas lui qui donnera dans l'astrologie ou dans l'alchimie, sottises pas encore assez sottes, qui mèneraient à l'observation. Que dis-je? Sprenger est esprit fort, il doute des vieilles recettes. Quoique Albert le Grand assure que la sauge dans une fontaine suffit pour faire un grand orage, il secoue la tête. La sauge? à d'autres! je vous prie. Pour peu qu'on ait d'expérience, on reconnaît ici la ruse de Celui qui voudrait faire perdre sa piste et donner le change, l'astucieux Prince de l'air; mais il y aura du mal, il a affaire à un docteur plus malin que le Malin.

J'aurais voulu voir en face ce type admirable du juge et les gens qu'on lui amenait. Des créatures que Dieu prendrait dans deux globes différents ne seraient pas plus opposées, plus étrangères l'une à l'autre, plus dépourvues de langue commune. La vieille, squelette déguenillé à l'œil flamboyant de malice, trois fois recuite au feu d'enfer; le sinistre solitaire, berger de la Forêt Noire ou des hauts déserts des Alpes : voilà les sauvages qu'on présente à l'œil terne du savantasse, au jugement du scolastique.

Ils ne le feront pas, du reste, suer longtemps en son lit de justice. Sans torture, ils diront tout. La torture viendra, mais après, pour complément et ornement du procès-verbal. Ils expliquent et content par ordre tout ce qu'ils ont fait. Le Diable est l'intime ami du berger, et il couche avec la sorcière. Elle en sourit, elle en triomphe. Elle jouit visiblement de la terreur de l'assemblée.

Voilà une vieille bien folle; le berger ne l'est pas moins. Sots ? Ni l'un, ni l'autre. Loin de là, ils sont affinés, subtils, entendent pousser l'herbe et voient à travers les murs ! Ce qu'ils voient le mieux encore, ce sont les monumentales oreilles d'âne qui ombragent le bonnet du docteur. C'est surtout la peur qu'il a d'eux. Car il a beau faire le brave, il tremble. Lui-même avoue que le prêtre, s'il n'y prend garde, en conjurant le démon, le décide parfois à changer de gîte, à passer dans le prêtre même, trouvant plus flatteur de loger dans un corps consacré à Dieu : Qui sait si ces simples diables de bergers et de sorcières n'auraient pas l'ambition d'habiter un inquisiteur ? Il n'est nullement rassuré lorsque, de sa plus grosse voix, il dit à la vieille : « S'il est si puissant, ton maître, comment ne sens-je point ses atteintes ? » — « Et je ne les sentais que trop, dit le pauvre homme dans son livre. Quand j'étais à Ratisbonne, que de fois il venait frapper aux carreaux de ma fenêtre ! que de fois il enfonçait des épingles à mon bonnet ! Puis c'étaient cent visions, des chiens, des singes, etc. »

La plus grande joie du Diable, ce grand logicien, c'est de pousser au docteur, par la voix de la fausse vieille, des arguments embarrassants, d'insidieuses questions, auxquels il n'échappe guère qu'en faisant comme ce poisson qui s'enfuit en troublant l'eau et la noircissant comme l'encre. Par exemple : « Le Diable n'agit qu'autant que Dieu le permet. Pourquoi punir ses instruments ? » — ou bien : « Nous ne sommes pas libres. Dieu permet, comme pour Job, que le Diable nous tente et nous pousse, nous violente avec des coups... Doit-on punir qui n'est pas libre ? » — Sprenger s'en tire en disant : « Vous êtes des êtres libres (ici force textes). Vous n'êtes serfs que de votre pacte avec le Malin. » — A quoi la réponse serait trop facile : « Si Dieu permet au Malin de nous tenter de faire un pacte, il rend ce pacte possible, etc. »

« Je suis bien bon, dit-il, d'écouter ces gens-là ! Sot qui dispute avec le Diable. » — Tout le peuple dit comme lui. Tous applaudissent au procès ; tous sont émus, frémissants, impatients de l'exécution. De pendus, on en voit assez. Mais le sorcier et la sorcière, ce sera une curieuse fête de voir comment ces deux fagots pétilleront dans la flamme.

Le juge a le peuple pour lui. Il n'est pas embarrassé. Avec le *Directorium*, il suffirait de trois témoins. Comment n'a-t-on pas trois témoins, surtout pour témoigner le faux ? Dans toute ville médisante, dans tout village envieux, plein de haines de voisins, les témoins abondent. Au reste, le *Directorium* est un livre suranné, vieux d'un siècle. Au quinzième, siècle de lumière, tout est perfectionné. Si l'on n'a pas de témoins, il suffit de la *voix publique*, du cri général [1].

Cri sincère, cri de la peur, cri lamentable des victimes, des pauvres ensorcelés. Sprenger en est fort touché. Ne croyez pas que ce soit de ces scolastiques insensibles, hommes de sèche abstraction. Il a un cœur. C'est justement pour cela qu'il tue si facilement. Il est pitoyable, plein de charité! Il a pitié de cette femme éplorée, naguère enceinte, dont la sorcière étouffa l'enfant d'un regard. Il a pitié du pauvre homme dont elle a fait grêler le champ. Il a pitié du mari qui, n'étant nullement sorcier, voit bien que sa femme est sorcière, et la traîne, la corde au cou, à Sprenger, qui la fait brûler.

Avec un homme cruel, on s'en tirerait peut-être; mais, avec ce bon Sprenger, il n'y a rien à espérer. Trop forte est son humanité; on est brûlé sans remède, ou bien il faut bien de l'adresse, une grande présence d'esprit. Un jour, on lui porte plainte de la part de trois bonnes dames de Strasbourg qui, au même jour, à la même heure, ont été frappées de coups invisibles. Comment ? Elles ne peuvent accuser qu'un homme de mauvaise mine qui leur aura jeté un sort. Mandé devant l'inquisiteur, l'homme proteste, jure par tous les saints qu'il ne connaît point ces dames, qu'il ne les a jamais vues. Le juge ne veut point le croire. Pleurs, serments, rien ne servait. Sa grande pitié pour les dames le rendait inexorable, indigné des dénégations. Et déjà il se levait. L'homme allait être torturé, et là il eût avoué, comme faisaient les plus innocents. Il obtient de parler et dit : « J'ai mémoire, en effet,

1. Faustin Hélie, dans son savant et lumineux *Traité de l'instruction criminelle* (t. I, 398), a parfaitement expliqué comment Innocent III, vers 1200, supprime les garanties de l'*Accusation*, jusque-là nécessaires (surtout la peine de la calomnie que pouvait encourir l'accusateur). On y substitue les procédures ténébreuses, la *Dénonciation*, l'*Inquisition*. Voir dans Soldan la légèreté terrible des dernières procédures. On versa le sang comme l'eau.

qu'hier, à cette heure, j'ai battu... qui ? non des créatures baptisées, mais trois chattes qui furieusement sont venues pour me mordre aux jambes... » — Le juge, en homme pénétrant, vit alors toute l'affaire; le pauvre homme était innocent; les dames étaient certainement à tels jours transformées en chattes, et le Malin s'amusait à les jeter aux jambes des chrétiens pour perdre ceux-ci et les faire passer pour sorciers.

Avec un juge moins habile, on n'eût pas deviné ceci. Mais on ne pouvait toujours avoir un tel homme. Il était bien nécessaire que, toujours sur la Table de l'Inquisition, il y eût un bon guide-âne qui révélât au juge, simple et peu expérimenté, les ruses du vieil Ennemi, les moyens de les déjouer, la tactique habile et profonde dont le grand Sprenger avait si heureusement fait usage dans ses campagnes du Rhin. Dans cette vue, le *Malleus*, qu'on devait porter dans la poche, fut imprimé généralement dans un format rare alors, le petit-18. Il n'eût pas été séant qu'à l'audience, embarrassé, le juge ouvrît sur la table un in-folio. Il pouvait, sans affectation, regarder du coin de l'œil, et sous la table, fouiller son manuel de sottise.

Le *Malleus*, comme tous les livres de ce genre, contient un singulier aveu, c'est que le Diable gagne du terrain, c'est-à-dire que Dieu en perd; que le genre humain, sauvé par Jésus, devient la conquête du Diable. Celui-ci, trop visiblement, avance de légende en légende. Que de chemin il a fait depuis les temps de l'Evangile, où il était trop heureux de se loger dans des pourceaux, jusqu'à l'époque de Dante, où, théologien et juriste, il argumente avec les saints, plaide, et, pour conclusion d'un syllogisme vainqueur, emportant l'âme disputée, dit avec un rire triomphant : « Tu ne savais pas que j'étais logicien! »

Aux premiers temps du moyen âge, il attend encore l'agonie pour prendre l'âme et l'emporter. Sainte Hildegarde (vers 1100) croit « *qu'il ne peut pas entrer dans le corps d'un homme vivant*, autrement les membres se disperseraient; c'est l'ombre et la fumée du Diable qui y entrent seulement. » Cette dernière lueur de bon sens disparaît au douzième siècle. Au treizième, nous voyons un prieur qui craint tellement d'être pris vivant, qu'il se fait garder jour et nuit par deux cents hommes armés.

Là commence une époque de terreurs croissantes, où l'homme se fie de moins en moins à la protection divine.

Le Démon n'est plus un esprit furtif, un voleur de nuit qui se glisse dans les ténèbres ; c'est l'intrépide adversaire, l'audacieux singe de Dieu, qui, sous son soleil, en plein jour, contrefait sa création. Qui dit cela ? La légende ? Non, mais les plus grands docteurs. Le Diable transforme tous les êtres, dit Albert le Grand. Saint Thomas va bien plus loin. « Tous les changements, dit-il, qui peuvent se faire de nature et par les germes, le Diable peut les imiter. » Etonnante concession, qui, dans une bouche si grave, ne va pas à moins qu'à constituer un Créateur en face du Créateur ! « Mais pour ce qui peut se faire sans germer, ajoute-t-il, une métamorphose d'homme en bête, la résurrection d'un mort, le Diable ne peut les faire. » Voilà la part de Dieu petite. En propre, il n'a que le miracle, l'action rare et singulière. Mais le miracle quotidien, la vie, elle n'est plus à lui seul : le Démon, son imitateur, partage avec lui la nature.

Pour l'homme, dont les faibles yeux ne font pas différence de la nature créée de Dieu à la nature créée du Diable, voilà le monde partagé. Une terrible incertitude planera sur toute chose. L'innocence de la nature est perdue. La source pure, la blanche fleur, le petit oiseau, sont-ils bien de Dieu, ou de perfides imitations, des pièges tendus à l'homme ?... Arrière ! tout devient suspect. Des deux créations, la bonne, comme l'autre en suspicion, est obscurcie et envahie. L'ombre du Diable voile le jour, elle s'étend sur toute vie. A juger par l'apparence et par les terreurs humaines, il ne partage pas le monde, il l'a usurpé tout entier.

Les choses en sont là au temps de Sprenger. Son livre est plein des aveux les plus tristes sur l'impuissance de Dieu. Il *permet*, dit-il, qu'il en soit ainsi. *Permettre* une illusion si complète, laisser croire que le Diable est tout, Dieu rien, c'est plus que *permettre*, c'est décider la damnation d'un monde d'âmes infortunées que rien ne défend contre cette erreur. Nulle prière, nulle pénitence, nul pèlerinage ne suffit ; non pas même (il en fait l'aveu) le sacrement de l'autel. Etrange mortification ! Des nonnes, bien confessées, l'*hostie dans la bouche*, avouent qu'à ce moment même elles ressentent l'infernal amant, qui, sans vergogne, ni peur, les trouble et ne lâche pas prise. Et, pressées de questions, elles ajoutent, en pleurant, qu'il a le corps, *parce qu'il a l'âme*.

Les anciens Manichéens, les modernes Albigeois, furent accusés d'avoir cru à la puissance du Mal, qui luttait à côté du Bien, et fait le Diable égal de Dieu. Mais ici il est plus qu'égal. Si Dieu, dans l'hostie, ne fait rien, le Diable paraît supérieur.

Je ne m'étonne pas du spectacle étrange qu'offre alors le monde. L'Espagne, avec une sombre fureur, l'Allemagne, avec la colère effrayée et pédantesque dont témoigne le *Malleus*, poursuivent l'insolent vainqueur dans les misérables où il élit domicile; on brûle, on détruit les logis vivants où il s'était établi. Le trouvant trop fort dans l'âme, on veut le chasser des corps. A quoi bon ? Brûlez cette vieille, il s'établit chez la voisine; que dis-je ? il se saisit parfois (si nous en croyons Sprenger) du prêtre qui l'exorcise, triomphant dans son juge même.

Les dominicains, aux expédients, conseillaient pourtant d'essayer l'intercession de la Vierge, la répétition continuelle de l'*Ave Maria*. Toutefois Sprenger avoue que ce remède est éphémère. On peut être pris entre deux *Ave*. De là l'invention du Rosaire, le chapelet des *Ave*, par lequel on peut sans attention marmotter indéfiniment pendant que l'esprit est ailleurs. Des populations entières adoptent ce premier essai de l'art par lequel Loyola essayera de mener le monde, et dont ses *Exercitia* sont l'ingénieux rudiment.

Tout ceci semble contredire ce que nous avons dit au chapitre précédent sur la décadence de la sorcellerie. Le Diable est maintenant populaire et présent partout. Il semble avoir vaincu. Mais profite-t-il de la victoire ? Gagne-t-il en substance ? Oui, sous l'aspect nouveau de la Révolte scientifique qui va nous faire la lumineuse Renaissance. Non, sous l'aspect ancien de l'Esprit ténébreux de la sorcellerie. Ses légendes, au seizième siècle, plus nombreuses, plus répandues que jamais, tournent volontiers au grotesque. On tremble, et cependant on rit [1].

1. V. mes *Mémoires de Luther*, pour les Kilcrops, etc.

III

CENT ANS DE TOLÉRANCE EN FRANCE — RÉACTION

L'Eglise donnait au juge et à l'accusateur la confiscation des sorciers. Partout où le droit canonique reste fort, les procès de sorcellerie se multiplient, enrichissent le clergé. Partout où les tribunaux laïques revendiquent ces affaires, elles deviennent rares et disparaissent, du moins pour cent années chez nous, 1450-1550.

Un premier coup de lumière se fait déjà au milieu du quinzième siècle, et il part de la France. L'examen du procès de Jeanne d'Arc par le Parlement, sa réhabilitation, font réfléchir sur le commerce des esprits, bons ou mauvais, sur les erreurs des tribunaux ecclésiastiques. Sorcière pour les Anglais, pour les plus grands docteurs du Concile de Bâle, elle est pour les Français une sainte, une sibylle. Sa réhabilitation inaugure chez nous une ère de tolérance. Le Parlement de Paris réhabilite aussi les prétendus Vaudois d'Arras. En 1498, il renvoie comme fou un sorcier qu'on lui présente. Nulle condamnation sous Charles VIII, Louis XII, François Ier.

Tout au contraire, l'Espagne, sous la pieuse Isabelle (1506), sous le cardinal Ximénès, commence à brûler les sorcières. Genève, alors sous son évêque (1515), en brûla cinq cents en trois mois. L'empereur Charles Quint, dans ses constitutions allemandes, veut en vain établir que « la sorcellerie, causant dommage aux biens et aux personnes, est une affaire *civile* (non ecclésiastique) ». En vain *il supprime la confiscation* (sauf le cas de lèse-majesté). Les petits princes-évêques, dont la sorcellerie fait un des meilleurs revenus, continuent de brûler en furieux. L'imperceptible évêché de Bamberg, en un moment, brûle six cents personnes, et celui de Wurtzbourg neuf cents! Le procédé est simple. Employer tout d'abord la torture contre les témoins, créer des témoins à charge par la douleur, l'effroi. Tirer de l'accusé, par l'excès des souffrances, un aveu, et croire cet aveu contre l'évidence des faits. Exemple. Une sorcière avoue avoir tiré du cimetière le corps d'un enfant mort récemment, pour user de ce corps dans ses compositions magiques. Son mari dit : « Allez au cimetière. L'enfant y est. » On le déterre, on le retrouve justement dans sa bière. Mais le juge décide, contre le témoignage de ses yeux, que c'est *une apparence*, une illusion du diable. Il préfère l'aveu de la femme au fait lui-même. Elle est brûlée [1].

Les choses allèrent si loin chez ces bons princes-évêques, que plus tard l'empereur le plus bigot qui fut jamais, l'empereur de la guerre de Trente ans, Ferdinand II, est obligé d'intervenir, d'établir à Bamberg un commissaire impérial pour qu'on suive le droit de l'Empire, et que le juge épiscopal ne commence pas ces procès par la torture qui les tranchait d'avance, menait droit au bûcher.

On prenait les sorcières fort aisément par leurs aveux, et parfois sans tortures. Beaucoup étaient de demi-folles. Elles avouaient se transformer en bêtes. Souvent les Italiennes se faisaient chattes, et, glissant sous les portes, suçaient, disaient-elles, le sang des enfants. Au pays des grandes forêts, en Lorraine et au Jura, les femmes volontiers devenaient louves, dévoraient les passants, à les en croire (même quand il ne passait personne). On les brûlait. Des filles assuraient s'être livrées au diable, et on les trouvait vierges encore. On les brûlait. Plusieurs semblaient avoir hâte, besoin d'être brûlées. Parfois folie, fureur. Et parfois désespoir. Une Anglaise, menée au bûcher, dit au peuple : « N'accusez mes juges. J'ai voulu me perdre moi-même. Mes parents s'étaient éloignés avec horreur. Mon mari m'avait reniée. Je ne serais rentrée dans la vie que déshonorée... j'ai voulu mourir... j'ai menti. »

Le premier mot exprès de tolérance, contre le sot Sprenger, son affreux Manuel et ses dominicains, fut dit

1. Voir Soldan pour ce fait et pour tout ce qui regarde l'Allemagne.

par un légiste de Constance, Molitor. Il dit cette chose de bon sens, qu'on ne pouvait prendre au sérieux les aveux des sorcières, puisqu'en elles, celui qui parlait, c'était justement le père du mensonge. Il se moqua des miracles du diable, soutint qu'ils étaient illusoires. Indirectement les rieurs, Hutten, Erasme, dans les satires qu'ils firent des idiots dominicains, portèrent un coup violent à l'Inquisition. Cardan dit sans détour : « Pour avoir la confiscation, les mêmes accusaient, condamnaient, et à l'appui inventaient mille histoires. »

L'apôtre de la tolérance, Châtillon, qui soutint, contre les catholiques et les protestants à la fois, qu'on ne devait point brûler les hérétiques, sans parler des sorciers, mit les esprits dans une meilleure direction. Agrippa, Lavatier, Wyer surtout, l'illustre médecin de Clèves, dirent justement que, si ces misérables sorcières sont le jouet du Diable, il faut s'en prendre au Diable plus qu'à elles, les guérir et non les brûler. Quelques médecins de Paris poussent bientôt l'incrédulité jusqu'à prétendre que les possédées, les sorcières, ne sont que des fourbes. C'était aller trop loin. La plupart étaient des malades sous l'empire d'une illusion.

Le sombre règne d'Henri II et de Diane de Poitiers finit les temps de tolérance. On brûle, sous Diane, les hérétiques et les sorciers. Catherine de Médicis, au contraire, entourée d'astrologues et de magiciens, eût voulu protéger ceux-ci. Ils multipliaient fort. Le sorcier Trois-Echelles, jugé sous Charles IX, les compte par cent mille, et dit que la France est sorcière.

Agrippa et d'autres soutiennent que toute science est dans la Magie. Magie blanche, il est vrai. Mais la terreur des sots, la fureur fanatique, en font fort peu de différence. Contre Wyer, contre les vrais savants, la lumière et la tolérance, une violente réaction de ténèbres se fait d'où on l'eût attendu le moins. Nos magistrats, qui, depuis près d'un siècle, s'étaient montrés éclairés, équitables, maintenant lancés en grand nombre dans le Catholicon d'Espagne et la furie Ligueuse, se montrent plus prêtres que les prêtres. En repoussant l'inquisition de France, ils l'égalent, voudraient l'effacer. A ce point qu'en une fois le seul Parlement de Toulouse met au bûcher *quatre cents corps humains*. Qu'on juge de l'horreur, de la noire fumée de tant de chair, de graisse, qui, sous les cris perçants, les hurlements, fond horriblement, bouillonne! Exécrable et nauséabond spectacle qu'on n'avait pas vu depuis les grillades et les rôtissades albigeoises!

Mais cela, c'est trop peu encore pour Bodin, le légiste d'Angers, l'adversaire violent de Wyer. Il commence par dire que les sorciers sont si nombreux, qu'ils pourraient en Europe refaire une armée de Xerxès, de dix-huit cent mille hommes. Puis il exprime (à la Caligula) le vœu que ces deux millions d'hommes soient réunis pour qu'il puisse, lui Bodin, les juger, les brûler d'un seul coup.

La concurrence s'en mêle. Les gens de loi commencent à dire que le prêtre, souvent trop lié avec la sorcière, n'est plus un juge sûr. Les juristes, en effet, paraissent un moment plus sûrs encore. L'avocat jésuite Del Rio en Espagne, Rémy (1596) en Lorraine, Boguet (1602) au Jura, Leloyer (1605) dans le Maine [1], sont gens incomparables, à faire mourir d'envie Torquemada.

En Lorraine, ce fut comme une contagion terrible de sorciers, de visionnaires. La foule, désespérée par le passage continuel des troupes et des bandits, ne priait plus que le diable. Les sorciers entraînaient le peuple. Maints villages, effrayés, entre deux terreurs, celle des sorciers et celle des juges, avaient envie de laisser là leurs terres et de s'enfuir, si l'on en croit Rémy, le juge de Nancy. Dans son livre dédié au cardinal de Lorraine (1596), il assure avoir brûlé en seize années huit cents sorcières. « Ma justice est si bonne, dit-il, que l'an dernier, il y en a eu seize qui se sont tuées pour ne pas passer par mes mains. »

Les prêtres étaient humiliés. Auraient-ils pu faire mieux que ce laïque? Aussi les moines seigneurs de Saint-Claude, contre leurs sujets, adonnés à la sorcellerie, prirent pour juge un laïque, l'honnête Boguet. Dans ce triste Jura, pays pauvre de maigres pâturages et de sapins, le serf sans espoir se donnait au Diable. Tous adoraient le chat noir.

Le livre de Boguet (1602) eut une autorité immense. Messieurs des Parlements étudièrent, comme un manuel, ce livre d'or du petit juge de Saint-Claude. Boguet, en

1. *L'édition Lacroix porte :* l'Anjou.

réalité, est un vrai légiste, scrupuleux même, à sa manière. Il blâme la perfidie dont on usait dans ces procès ; il ne veut pas que l'avocat trahisse son client ni que le juge promette grâce à l'accusé pour le faire mourir. Il blâme les épreuves si peu sûres auxquelles on soumettait encore les sorcières. « La torture, dit-il, est superflue ; elles n'y cèdent jamais. » Enfin il a l'humanité de les faire étrangler avant qu'on les jette au feu, sauf toutefois les loups-garous, « qu'il faut avoir bien soin de brûler vifs ». Il ne croit pas que Satan veuille faire pacte avec les enfants : « Satan est fin ; il sait trop bien qu'au-dessous de quatorze ans ce marché avec un mineur pourrait être cassé pour défaut d'âge et de discrétion. » Voilà donc les enfants sauvés ? Point du tout ; il se contredit ; ailleurs, il croit qu'on ne purgera cette lèpre qu'en brûlant tout, jusqu'aux berceaux. Il en fût venu là s'il eût vécu. Il fit du pays un désert. Il n'y eut jamais un juge plus consciencieusement exterminateur.

Mais c'est au Parlement de Bordeaux qu'est poussé le cri de victoire de la juridiction laïque dans le livre de Lancre : *Inconstance des démons* (1610 et 1613). L'auteur, homme d'esprit, conseiller de ce Parlement, raconte en triomphateur sa bataille contre le Diable au pays basque, où, en moins de trois mois, il a expédié je ne sais combien de sorcières, et, ce qui est plus fort, trois prêtres. Il regarde en pitié l'Inquisition d'Espagne, qui, près de là, à Logroño (frontière de Navarre et de Castille), a traîné deux ans un procès et fini maigrement par un petit auto-da-fé, en relâchant tout un peuple de femmes.

IV

LES SORCIÈRES BASQUES - 1609

Cette vigoureuse exécution de prêtres indique assez que M. de Lancre est un esprit indépendant. Il l'est en politique. Dans son livre *du Prince* (1617), il déclare sans ambages que « la Loi est au-dessus du Roi ».

Jamais les Basques ne furent mieux caractérisés que dans le livre de l'*Inconstance*. Chez nous, comme en Espagne, leurs privilèges les mettaient quasi en république. Les nôtres ne devaient au roi que de le servir en armes. Au premier coup de tambour, ils devaient armer deux mille hommes, sous leurs capitaines basques. Le clergé ne pesait guère; il poursuivait peu les sorciers, l'étant lui-même. Le prêtre dansait, portait l'épée, menait sa maîtresse au sabbat. Cette maîtresse était sa sacristine ou *bénédicte*, qui arrangeait l'église. Le curé ne se brouillait avec personne, disait à Dieu sa messe blanche le jour, la nuit au Diable la messe noire, et parfois dans la même église. (Lancre.)

Les Basques de Bayonne et de Saint-Jean-de-Luz, têtes hasardeuses et excentriques, d'une fabuleuse audace, qui s'en allaient en barque aux mers les plus sauvages harponner la baleine, faisaient nombre de veuves. Ils se jetèrent en masse dans les colonies d'Henri IV, l'empire du Canada, laissant leurs femmes à Dieu ou au Diable. Quant aux enfants, ces marins, fort honnêtes et probes, y auraient songé davantage, s'ils en eussent été sûrs. Mais, au retour de leurs absences, ils calculaient, comptaient les mois, et ne trouvaient jamais leur compte.

Les femmes, très jolies, très hardies, imaginatives, passaient le jour, assises aux cimetières sur les tombes, à jaser du sabbat, en attendant qu'elles y allassent le soir. C'était leur rage et leur furie.

Nature les fait sorcières : ce sont les filles de la mer et

de l'illusion. Elles nagent comme des poissons, jouent dans les flots. Leur maître naturel est le Prince de l'air, roi des vents et des rêves, celui qui gonflait la sibylle et lui soufflait l'avenir.

Leur juge qui les brûle est pourtant charmé d'elles : « Quand on les voit, dit-il, passer, les cheveux au vent et sur leurs épaules, elles vont, dans cette belle chevelure, si parées et si bien armées, que, le soleil y passant comme à travers une nuée, l'éclat en est violent et forme d'ardents éclairs... De là, la fascination de leurs yeux, dangereux en amour, autant qu'en sortilège. »

Ce Bordelais, aimable magistrat, le premier type de ces juges mondains qui ont égayé la robe au dix-septième siècle, joue du luth dans les entr'actes, et fait même danser les sorcières avant de les faire brûler. Il écrit bien ; il est beaucoup plus clair que tous les autres. Et cependant on démêle chez lui une cause nouvelle d'obscurité, inhérente à l'époque. C'est que, dans un si grand nombre de sorcières, que le juge ne peut brûler toutes, la plupart sentent finement qu'il sera indulgent pour celles qui entreront le mieux dans sa pensée et dans sa passion. Quelle passion ? D'abord, une passion populaire, l'amour du merveilleux horrible, le plaisir d'avoir peur, et aussi, s'il faut le dire, l'amusement des choses indécentes. Ajoutez une affaire de vanité : plus ces femmes habiles montrent le Diable terrible et furieux, plus le juge est flatté de dompter un tel adversaire. Il se drape dans sa victoire, trône dans sa sottise, triomphe de ce fou bavardage.

La plus belle pièce, en ce genre, est le procès-verbal espagnol de l'auto-da-fé de Logroño (9 novembre 1610), qu'on lit dans Llorente. Lancre, qui le cite avec jalousie et voudrait le déprécier, avoue le charme infini de la fête, la splendeur du spectacle, l'effet profond de la musique. Sur un échafaud étaient les brûlées, en petit nombre, et sur un autre, la foule des relâchées. L'héroïne repentante, dont on lut la confession, a tout osé. Rien de plus fou. Au sabbat, on mange des enfants en hachis, et, pour second plat, des corps de sorciers déterrés. Les crapauds dansent, parlent, se plaignent amoureusement de leurs maîtresses, les font gronder par le Diable. Celui-ci reconduit poliment les sorcières, en les éclairant avec le bras d'un enfant mort sans baptême, etc.

La sorcellerie, chez nos Basques, avait l'aspect moins fantastique. Il semble que le sabbat n'y fût alors qu'une grande fête où tous, les nobles même, allaient pour l'amusement. Au premier rang y figuraient des personnes voilées, masquées, que quelques-uns croyaient des princes. « On n'y voyait autrefois, dit Lancre, que des idiots des Landes. Aujourd'hui on y voit des gens de qualité. » Satan, pour fêter ces notabilités locales, créait parfois en ce cas un *évêque du sabbat*. C'est le titre que reçut de lui le jeune seigneur Lancinena, avec qui le Diable en personne voulut bien ouvrir la danse.

Si bien appuyées, les sorcières régnaient. Elles exerçaient sur le pays une terreur d'imagination incroyable. Nombre de personnes se croyaient leurs victimes, et réellement devenaient gravement malades. Beaucoup étaient frappées d'épilepsie et aboyaient comme des chiens. La seule petite ville d'Acqs comptait jusqu'à quarante de ces malheureux aboyeurs. Une dépendance effrayante les liait à la sorcière, si bien qu'une dame appelée comme témoin, aux approches de la sorcière qu'elle ne voyait même pas, se mit à aboyer furieusement, et sans pouvoir s'arrêter.

Ceux à qui l'on attribuait une si terrible puissance étaient maîtres. Personne n'eût osé leur fermer sa porte. Un magistrat même, l'assesseur criminel de Bayonne, laissa faire le sabbat chez lui. Le seigneur de Saint-Pé, Urtubi, fut obligé de faire la fête dans son château. Mais sa tête en fut ébranlée au point qu'il s'imagina qu'une sorcière lui suçait le sang. La peur lui donnant du courage, avec un autre seigneur, il se rendit à Bordeaux, s'adressa au Parlement, qui obtint du roi que deux de ses membres, MM. d'Espagnet et de Lancre, seraient commis pour juger les sorciers du pays basque. Commission absolue, sans appel, qui procéda avec une vigueur inouïe, jugea en quatre mois soixante ou quatre-vingts sorcières, et en examina cinq cents, également marquées du signe du Diable, mais qui ne figurèrent au procès que comme témoins (mai-août 1609).

Ce n'était pas une chose sans péril pour deux hommes et quelques soldats d'aller procéder ainsi au milieu d'une population violente, de tête fort exaltée, d'une foule de femmes de marins, hardies et sauvages. L'autre danger, c'étaient les prêtres, dont plusieurs étaient sorciers, et que les commissaires laïques devaient juger, malgré la vive opposition du clergé.

Quand les juges arrivèrent, beaucoup de gens se sauvèrent aux montagnes. D'autres hardiment restèrent, disant que c'étaient les juges qui seraient brûlés. Les sorcières s'effrayaient si peu, qu'à l'audience elles s'endormaient du sommeil sabbatique, et assuraient au réveil avoir joui, au tribunal même, des béatitudes de Satan. Plusieurs dirent : « Nous ne souffrons que de ne pouvoir lui témoigner que nous brûlons de souffrir pour lui. »

Celles que l'on interrogeait disaient ne pouvoir parler. Satan obstruait leur gosier, et leur montait à la gorge.

Le plus jeune des commissaires, Lancre, qui écrit cette histoire, était homme du monde. Les sorcières entrevirent qu'avec un pareil homme, il y avait des moyens de salut. La ligue fut rompue. Une mendiante de dix-sept ans, la Murgui (Margarita), qui avait trouvé lucratif de se faire sorcière, et qui, presque enfant, menait et offrait des enfants au Diable, se mit avec sa compagne (une Lisalda de même âge) à dénoncer toutes les autres. Elle dit tout, décrivit tout, avec la vivacité, la violence, l'emphase espagnole, avec cent détails impudiques, vrais ou faux. Elle effraya, amusa, empauma les juges, les mena comme des idiots. Ils confièrent à cette fille corrompue, légère, enragée, la charge terrible de chercher sur le corps des filles et garçons l'endroit où Satan aurait mis sa marque. Cet endroit se reconnaissait à ce qu'il était insensible, et qu'on pouvait impunément y enfoncer des aiguilles. Un chirurgien martyrisait les vieilles, elle les jeunes, qu'on appelait comme témoins, mais qui, si elle les disait marquées, pouvaient être accusées. Chose odieuse que cette fille effrontée, devenue maîtresse absolue du sort de ces infortunés, allât leur enfonçant l'aiguille, et pût à volonté désigner ces corps sanglants à la mort!

Elle avait pris un tel empire sur Lancre, qu'elle lui fait croire que, pendant qu'il dort à Saint-Pé, dans son hôtel, entouré de ses serviteurs et de son escorte, le Diable est entré la nuit dans sa chambre, qu'il y a dit la Messe noire, que les sorcières ont été jusque sous ses rideaux pour l'empoisonner, mais qu'elles l'ont trouvé bien gardé de Dieu. La Messe noire a été servie par la dame de Lancinena, à qui Satan a fait l'amour dans la chambre même du juge. On entrevoit le but probable de ce misérable conte : la mendiante en veut à la dame, qui était jolie, et qui eût pu, sans cette calomnie, prendre aussi quelque ascendant sur le galant commissaire.

Lancre et son confrère, effrayés, avancèrent, n'osant reculer. Ils firent planter leurs potences royales sur les places même où Satan avait tenu le sabbat. Cela effraya, on les sentit forts et armés du bras du roi. Les dénonciations plurent comme grêle. Toutes les femmes, à la queue, vinrent s'accuser l'une l'autre. Puis on fit venir les enfants, pour leur faire dénoncer les mères. Lancre juge, dans sa gravité, qu'un témoin de huit ans est bon, suffisant et respectable.

M. d'Espagnet ne pouvait donner qu'un moment à cette affaire, devant se rendre bientôt aux Etats de Béarn. Lancre, poussé à son insu par la violence des jeunes révélatrices, qui seraient restées en péril si elles n'eussent fait brûler les vieilles, mena le procès au galop, bride abattue. Un nombre suffisant de sorcières furent adjugées au bûcher. Se voyant perdues, elles avaient fini par parler aussi, dénoncer. Quand on mena les premières au feu, il y eut une scène horrible. Le bourreau, l'huissier, les sergents, se crurent à leur dernier jour. La foule s'acharna aux charrettes, pour forcer ces malheureuses de rétracter leurs accusations. Des hommes leur mirent le poignard à la gorge; elles faillirent périr sous les ongles de leurs compagnes furieuses.

La justice s'en tira pourtant à son honneur. Et alors les commissaires passèrent au plus difficile, au jugement de huit prêtres qu'ils avaient en main. Les révélations des filles avaient mis ceux-ci à jour. Lancre parle de leurs mœurs comme un homme qui sait tout d'original. Il leur reproche non seulement leurs galants exercices aux nuits du sabbat, mais surtout leurs sacristines, bénédictes ou marguillières. Il répète même des contes : que les prêtres ont envoyé les maris à Terre-Neuve, et rapporté du Japon les diables qui leur livrent les femmes.

Le clergé était fort ému. L'évêque de Bayonne aurait voulu résister. Ne l'osant, il s'absenta, et désigna son vicaire général pour assister au jugement. Heureusement le Diable secourut les accusés mieux que l'évêque. Comme il ouvre toutes les portes, il se trouva, un matin, que cinq des huit échappèrent. Les commissaires, sans perdre de temps, brûlèrent les trois qui restaient.

Cela vers août 1609. Les inquisiteurs espagnols qui faisaient à Logroño leur procès n'arrivèrent à l'auto-da-fé qu'au 8 novembre 1610. Ils avaient eu bien plus d'embarras que les nôtres, vu le nombre immense, épouvantable, des accusés. Comment brûler tout un peuple ? Ils consultèrent le pape et les plus grands docteurs d'Espagne. La reculade fut décidée. Il fut entendu qu'on ne brûlerait que les obstinés, ceux qui persisteraient à nier, et que ceux qui avoueraient seraient relâchés. C'est la méthode qui déjà sauvait tous les prêtres dans les procès de libertinage. On se contentait de leur aveu, et d'une petite pénitence. (V. Llorente.)

L'inquisition, exterminatrice pour les hérétiques, cruelle pour les Maures et les Juifs, l'était bien moins pour les sorciers. Ceux-ci, bergers en grand nombre, n'étaient nullement en lutte avec l'Eglise. Les jouissances fort basses, parfois bestiales, des gardeurs de chèvres inquiétaient peu les ennemis de la liberté de penser.

Le livre de Lancre a été écrit surtout en vue de montrer combien la justice de France, laïque et parlementaire, est meilleure que la justice de prêtres. Il est écrit légèrement et au courant de la plume, fort gai. On y sent la joie d'un homme qui s'est tiré à son honneur d'un grand danger. Joie gasconne et vaniteuse. Il raconte orgueilleusement qu'au sabbat qui suivit la première exécution des sorcières, leurs enfants vinrent en faire des plaintes à Satan. Il répondit que leurs mères n'étaient pas brûlées, mais vivantes, heureuses. Du fond de la nuée, les enfants crurent en effet entendre les voix des mères, qui se disaient en pleine béatitude. Cependant Satan avait peur. Il s'absenta quatre sabbats, se substituant un diablotin de nulle importance. Il ne reparut qu'au 22 juillet. Lorsque les sorciers lui demandèrent la cause de son absence, il dit : « J'ai été plaider votre cause contre Janicot (Petit-Jean, il nomme ainsi Jésus). J'ai gagné l'affaire. Et celles qui sont encore en prison ne seront pas brûlées. »

Le grand menteur fut démenti. Et le magistrat vainqueur assure qu'à la dernière qu'on brûla on vit une nuée de crapauds sortir de sa tête. Le peuple se rua sur eux à coups de pierres, si bien qu'elle fut plus lapidée que brûlée. Mais, avec tout cet assaut, ils ne vinrent pas à bout d'un crapaud noir, qui échappa aux flammes, aux bâtons, aux pierres, et se sauva, comme un démon qu'il était, en lieu où on ne sut jamais le trouver.

V

SATAN SE FAIT ECCLÉSIASTIQUE — 1610

Quelle que soit l'apparence de fanatisme satanique que gardent encore les sorcières, il ressort du récit de Lancre et autres du dix-septième siècle que le sabbat alors est surtout une affaire d'argent. Elles lèvent des contributions presque forcées, font payer un droit de présence, tirent une amende des absents. À Bruxelles et en Picardie, elles payent, sur un tarif fixe, celui qui amène un membre nouveau à la confrérie.

Aux pays basques, nul mystère. Il y a des assemblées de douze mille âmes, et de personnes de toutes classes, riches et pauvres, prêtres, gentilshommes. Satan, lui-même gentilhomme, par-dessus ses trois cornes, porte un chapeau, comme un Monsieur. Il a trouvé trop dur son vieux siège, la pierre druidique, il s'est donné un bon fauteuil doré. Est-ce à dire qu'il vieillit ? Plus ingambe que dans sa jeunesse, il fait l'espiègle, cabriole, saute du fond d'une grande cruche ; il officie les pieds en l'air, la tête en bas.

Il veut que tout se passe très honorablement, et fait des frais de mise en scène. Outre les flammes ordinaires, jaunes, rouges, bleues, qui amusent la vue, montrent, cachent de fuyantes ombres, il délecte l'oreille d'une étrange musique, « surtout de certaines clochettes qui chatouillent » les nerfs, à la manière des vibrations pénétrantes de l'harmonica. Pour comble de magnificence, Satan fait apporter de la vaisselle d'argent. Il n'est pas jusqu'à ses crapauds qui n'affectent des prétentions ; ils deviennent élégants, et, comme de petits seigneurs, vont habillés de velours vert.

L'aspect, en général, est d'un grand champ de foire, d'un vaste bal masqué, à déguisements fort transparents. Satan, qui sait son monde, ouvre le bal avec l'évêque du sabbat, ou le roi et la reine. Dignités constituées pour flatter les gros personnages, riches ou nobles, qui honorent l'assemblée de leur présence.

Ce n'est plus là la sombre fête de révolte, sinistre orgie des serfs, des *Jacques*, communiant la nuit dans l'amour, et le jour dans la mort. La violente ronde du sabbat n'est plus l'unique danse. On y joint les danses Moresques, vives ou languissantes, amoureuses, obscènes, où des filles, dressées à cela, comme la Murguy, la Lisalda, simulaient, paradaient les choses les plus provocantes. Ces danses étaient, dit-on, l'irrésistible attrait qui, chez les Basques, précipitait au sabbat tout le monde féminin, femmes, filles, veuves (celles-ci en grand nombre).

Sans ces amusements et le repas, on s'expliquerait peu cette fureur du sabbat. C'est l'amour sans l'amour. La fête était expressément celle de la stérilité. Boguet l'établit à merveille.

Lancre varie dans un passage pour éloigner les femmes et leur faire craindre d'être enceintes. Mais généralement plus sincère, il est d'accord avec Boguet. Le cruel et sale examen qu'il fait même du corps des sorcières dit très bien qu'il les croit stériles, et que l'amour stérile, passif, est le fond du sabbat.

Cela eût dû bien assombrir la fête si les hommes avaient eu du cœur.

Les folles qui y venaient danser, manger, elles étaient victimes au total. Elles se résignaient, ne désirant que de ne pas revenir enceintes. Elles portaient, il est vrai, bien plus que l'homme le poids de la misère. Sprenger nous dit le triste cri qui déjà, de son temps, s'échappait dans l'amour : « le fruit en soit au Diable ! » Or, en ce temps-là (1500), on vivait pour deux sous par jour, et en ce temps-ci (1600), sous Henri IV, on vit à peine avec vingt sous. Dans tout ce siècle, va croissant le désir, le besoin de la stérilité.

Cette triste réserve, cette crainte de l'amour partagé, eût rendu le sabbat froid, ennuyeux, si les habiles directrices n'en eussent augmenté le burlesque, ne l'eussent égayé d'intermèdes risibles. Ainsi le début du sabbat, cette scène antique, grossièrement naïve, la fécondation simulée de la sorcière par Satan (jadis par Priape), était suivi d'un autre jeu, un *lavabo*, une froide purification (pour glacer et stériliser), qu'elle recevait non sans grimaces de frisson, d'horripilation. Comédie à la Pourceaugnac [1] où la

1. L'instrument décrit autorise ce mot. Dans Boguet, p. 69, il est

sorcière se substituait ordinairement une agréable figure, la reine du sabbat, jeune et jolie mariée.

Une facétie non moins choquante était celle de la noire hostie, la *rave noire*, dont on faisait mille sales plaisanteries dès l'antiquité, dès la Grèce, où on l'infligeait à l'homme-femme, au jeune efféminé qui courait les femmes d'autrui. Satan la découpait en rondelettes qu'il avalait gravement.

La finale était, selon Lancre (sans nul doute selon les deux effrontées qui lui font croire tout ?), une chose bien étonnante dans des assemblées si nombreuses. On y eût généralisé publiquement, affiché l'inceste, la vieille condition satanique pour produire la sorcière, à savoir, que la mère conçût de son fils. Chose fort inutile alors où la sorcellerie est héréditaire dans des familles régulières et complètes. Chose impossible en fait et trop choquante. Peut-être on en faisait la comédie, celle d'une grotesque Sémiramis, d'un Ninus imbécile.

Ce qui peut-être était plus sérieux, une comédie probablement réelle, et qui indique fortement la présence d'une haute société libertine, c'était une mystification odieuse, barbare.

On tâchait d'attirer quelque imprudent mari que l'on grisait du funeste breuvage (datura, belladone), de sorte qu'*enchanté* il perdît le mouvement, la voix, mais non la faculté de voir. Sa femme, autrement *enchantée* de breuvages érotiques, tristement absente d'elle-même, apparaissait dans un déplorable état de nature, se laissant patiemment caresser sous les yeux indignés de celui qui n'en pouvait mais.

Son désespoir visible, ses efforts inutiles pour délier sa langue, dénouer ses membres immobiles, ses muettes fureurs, ses roulements d'yeux, donnaient aux regardants un cruel plaisir, analogue, du reste, à celui de telles comédies de Molière. Celle-ci était poignante de réalité et elle pouvait être poussée aux dernières hontes. Hontes stériles, il est vrai, comme le sabbat l'était toujours, et le lendemain bien obscurcies dans le souvenir des deux victimes dégrisées. Mais ceux qui avaient vu, agi, oubliaient-ils ?

froid, dur, très mince, long d'un peu plus d'un doigt (visiblement une canule). Dans Lancre, 224, 225, 226, il est mieux entendu, risque moins de blesser; il est long d'une aulne et sinueux; une partie est métallique, une autre souple, etc. Satan, au pays basque, entre deux grandes monarchies, est au courant du progrès de cet art, déjà fort à la mode chez les dames du seizième siècle.

Ces actes punissables sentent déjà l'aristocratie. Ils ne rappellent en rien l'antique fraternité des serfs, le primitif sabbat, impie, souillé sans doute, mais libre et sans surprise, où tout était voulu et consenti.

Visiblement Satan, de tout temps corrompu, va se gâtant encore. Il devient un Satan poli, rusé, douceâtre, d'autant plus perfide et immonde. Quelle chose nouvelle, étrange, au sabbat, que son accord avec les prêtres ? Qu'est-ce que ce curé qui amène sa *Bénédicte*, sa sacristine, qui tripote des choses d'église, dit le matin la messe blanche, la nuit la messe noire ? Satan, dit Lancre, lui recommande de faire l'amour à ses filles spirituelles, de corrompre ses pénitentes. Innocent magistrat ! Il a l'air d'ignorer que depuis un siècle déjà Satan a compris, exploité les bénéfices de l'Eglise. Il s'est fait directeur. Ou, si vous l'aimez mieux, le directeur s'est fait Satan.

Rappelez-vous donc, mon cher Lancre, les procès qui commencent dès 1491, et qui peut-être contribuent à rendre tolérant le Parlement de Paris. Il ne brûle plus guère Satan, n'y voyant plus qu'un masque.

Nombre de nonnes cèdent à sa ruse nouvelle d'emprunter le visage d'un confesseur aimé. Exemple cette Jeanne Pothierre, religieuse du Quesnoy, mûre, de quarante-cinq ans, mais, hélas ! trop sensible. Elle déclare ses feux à son *pater*, qui n'a garde de l'écouter, et fuit à Falempin, à quelques lieues de là. Le diable, qui ne dort jamais, comprend son avantage, et la voyant (dit l'annaliste) « piquée d'épines de Vénus, il prit subtilement la forme dudit Père, et, chaque nuit revenu au couvent, il réussit près d'elle, la trompant tellement, qu'elle déclare y avoir été prise, de compte fait, quatre cent trente-quatre fois[1] ... » On eut grande pitié de son repentir, et elle fut subitement dispensée de rougir, car on bâtit une bonne fosse murée près de là, au château de Selles, où elle mourut en quelques jours, mais d'une très bonne mort catholique... Quoi de plus touchant ?... Mais tout ceci n'est rien en présence de la belle affaire de Gauffridi, qui a lieu à Marseille pendant que Lancre instrumente à Bayonne.

Le Parlement de Provence n'eut rien à envier aux succès du Parlement de Bordeaux. La juridiction laïque saisit de nouveau l'occasion d'un procès de sorcellerie pour se faire la réformatrice des mœurs ecclésiastiques.

1. Massée, Chronique du Monde (1540), et les chroniqueurs du Hainaut, Vinchant, etc.

Elle jeta un regard sévère dans le monde fermé des couvents. Rare occasion. Il y fallut un concours singulier de circonstances, des jalousies furieuses, des vengeances de prêtre à prêtre. Sans ces passions indiscrètes, que nous verrons plus tard encore éclater de moments en moments, nous n'aurions nulle connaissance de la destinée réelle de ce grand peuple de femmes qui meurt dans ces tristes maisons, pas un mot de ce qui se passe derrière ces grilles et ces grands murs que le confesseur franchit seul.

Le prêtre basque que Lancre montre si léger, si mondain, allant, l'épée au côté, danser la nuit au sabbat, où il conduit sa sacristine, n'était pas un exemple à craindre. Ce n'était pas celui-là que l'Inquisition d'Espagne prenait tant de peine à couvrir, et pour qui ce corps si sévère se montrait si indulgent. On entrevoit fort bien chez Lancre, au milieu de ses réticences, qu'il y a encore *autre chose.* Et les Etats-Généraux de 1614, quand ils disent qu'il ne faut pas que le prêtre juge le prêtre, pensent aussi à *autre chose.* C'est précisément ce mystère qui se trouve déchiré par le Parlement de Provence. Le directeur de religieuses, maître d'elles, et disposant de leur corps et de leur âme, les ensorcelant : voilà ce qui apparut au procès de Gauffridi, plus tard aux affaires terribles de Loudun et de Louviers, dans celles que Llorente, que Ricci et autres nous ont fait connaître.

La tactique fut la même pour atténuer le scandale, désorienter le public, l'occuper de la forme en cachant le fond. Au procès d'un prêtre sorcier, on mit en saillie le sorcier, et l'on escamota le prêtre, de manière à tout rejeter sur les arts magiques et faire oublier la fascination naturelle d'un homme maître d'un troupeau de femmes qui lui sont abandonnées.

Il n'y avait aucun moyen d'étouffer la première affaire. Elle avait éclaté en pleine Provence, dans ce pays de lumière où le soleil perce tout à jour. Le théâtre principal fut non seulement Aix et Marseille, mais le lieu célèbre de la Sainte-Baume, pèlerinage fréquenté où une foule de curieux vinrent de toute la France assister au duel à mort de deux religieuses possédées et de leurs démons. Les Dominicains, qui entamèrent la chose comme inquisiteurs, s'y compromirent fort par l'éclat qu'ils lui donnèrent par leur partialité pour telle de ces religieuses. Quelque soin que le Parlement mît ensuite à brusquer la conclusion, ces moines eurent grand besoin de s'expliquer et de l'excuser. De là le livre important du moine

Michaëlis, mêlé de vérités, de fables, où il érige Gauffridi, le prêtre qu'il fit brûler, en *Prince des magiciens*, non seulement de France, mais d'Espagne, d'Allemagne, d'Angleterre et de Turquie, de toute la terre habitée.

Gauffridi semble avoir été un homme agréable, et de mérite. Né aux montagnes de Provence, il avait beaucoup voyagé dans les Pays-Bas et dans l'Orient. Il avait la meilleure réputation à Marseille, où il était prêtre à l'église des Acoules. Son évêque en faisait cas, et les dames les plus dévotes le préféraient pour confesseur. Il avait, dit-on, un don singulier pour se faire aimer de toutes. Néanmoins il aurait gardé une bonne réputation si une dame noble de Provence, aveugle et passionnée, qu'il avait déjà corrompue, n'eût poussé l'infatuation jusqu'à lui confier (peut-être pour son éducation religieuse) une charmante enfant de douze ans, Madeleine de la Palud, blonde et d'un caractère doux. Gauffridi y perdit l'esprit, et ne respecta pas l'âge ni la sainte ignorance, l'abandon de son élève.

Elle grandit cependant, et la jeune demoiselle noble s'aperçut de son malheur, de cet amour inférieur et sans espoir de mariage. Gauffridi, pour la retenir, dit qu'il pouvait l'épouser devant le Diable, s'il ne le pouvait devant Dieu. Il caressa son orgueil en lui disant qu'il était le *Prince des magiciens*, et qu'elle en deviendrait la reine. Il lui mit au doigt un anneau d'argent, marqué de caractères magiques. La mena-t-il au sabbat ou lui fit-il croire qu'elle y avait été, en la troublant par des breuvages, des fascinations magnétiques ? Ce qui est sûr, c'est que l'enfant, tiraillée entre deux croyances, pleine d'agitation et de peur, fut dès lors par moments folle, et certains accès la jetaient dans l'épilepsie. Sa peur était d'être enlevée vivante par le Diable. Elle n'osa plus rester dans la maison de son père, et se réfugia au couvent des Ursulines de Marseille.

VI

GAUFFRIDI — 1610

L'ordre des Ursulines semblait le plus calme des ordres, le moins déraisonnable. Elles n'étaient pas oisives, s'occupant un peu à élever des petites filles. La réaction catholique, qui avait commencé avec une haute ambition espagnole d'extase, impossible alors, qui avait follement bâti force couvents de Carmélites, Feuillantines et Capucines, s'était vue bientôt au bout de ses forces. Les filles qu'on murait là si durement pour s'en délivrer mouraient tout de suite, et, par ces morts si promptes, accusaient horriblement l'inhumanité des familles. Ce qui les tuait, ce n'étaient pas les mortifications, mais l'ennui et le désespoir. Après le premier moment de ferveur, la terrible maladie des cloîtres (décrite dès le cinquième siècle par Cassien), l'ennui pesant, l'ennui mélancolique des *après-midi*, l'ennui tendre qui égare en d'indéfinissables langueurs, les minait rapidement. D'autres étaient comme furieuses; le sang trop fort les étouffait.

Une religieuse, pour mourir décemment sans laisser trop de remords à ses proches, doit y mettre environ dix ans (c'est la vie moyenne des cloîtres). Il fallut donc en rabattre, et des hommes de bon sens et d'expérience sentirent que, pour les prolonger, il fallait les occuper quelque peu, ne pas les tenir trop seules. Saint François de Sales fonda les Visitandines, qui devaient, deux à deux, visiter les malades. César de Bus et Romillion, qui avaient créé les Prêtres de la Doctrine (en rapport avec l'Oratoire), fondèrent ce qu'on eût pu appeler les filles de la Doctrine, les Ursulines, religieuses enseignantes, que ces prêtres dirigeaient. Le tout sous la haute inspection des évêques, et peu, très peu monastique; elles n'étaient pas cloîtrées encore. Les Visitandines sortaient; les Ursulines recevaient (au moins les parents des élèves). Les unes et les autres étaient en rapport avec le monde, sous des directeurs estimés. L'écueil de tout cela, c'était la médiocrité. Quoique les Oratoriens et Doctrinaires aient eu des gens de grand mérite, l'esprit général de l'ordre était systématiquement moyen, modéré, attentif à ne pas prendre un vol trop haut. Le fondateur des Ursulines, Romillion, était un homme d'âge, un protestant converti, qui avait tout traversé, et était revenu de tout. Il croyait ses jeunes Provençales déjà aussi sages, et comptait tenir ses petites ouailles dans les maigres pâturages d'une religion oratorienne, monotone et raisonnable. C'est par là que l'ennui rentrait. Un matin, tout échappa.

Le montagnard provençal, le voyageur, le mystique, l'homme de trouble et de passion, Gauffridi, qui venait là comme directeur de Madeleine, eut une bien autre action. Elles sentirent une puissance, et, sans doute par les échappées de la jeune folle amoureuse, elles surent que ce n'était rien moins qu'une puissance diabolique. Toutes sont saisies de peur, et plus d'une aussi d'amour. Les imaginations s'exaltent; les têtes tournent. En voilà cinq ou six qui pleurent, qui crient et qui hurlent, qui se sentent saisies du démon.

Si les Ursulines eussent été cloîtrées, murées, Gauffridi, leur seul directeur, eût pu les mettre d'accord de manière ou d'autre. Il aurait pu arriver, comme au cloître du Quesnoy en 1491, que le Diable, qui prend volontiers la figure de celui qu'on aime, se fût constitué, sous la figure de Gauffridi, amant commun des religieuses. Ou bien, comme dans ces cloîtres espagnols dont parle Llorente, il leur eût persuadé que le prêtre sacre de prêtrise celles à qui il fait l'amour, et que le péché avec lui est une sanctification. Opinion répandue en France, et à Paris même, où ces maîtresses de prêtres étaient dites « les consacrées » (Lestoile, éd. Michaud, 561).

Gauffridi, maître de toutes, s'en tint-il à Madeleine ? Ne passa-t-il pas de l'amour au libertinage ? On ne sait. L'arrêt indique une religieuse qu'on ne montra pas au procès, mais qui reparaît à la fin, comme s'étant donnée au Diable et à lui.

Les Ursulines étaient une maison toute à jour, où chacun venait, voyait. Elles étaient sous la garde de leurs Doctrinaires, honnêtes, et d'ailleurs jaloux. Le fondateur même était là, indigné et désespéré. Quel malheur pour l'ordre naissant, qui, à ce moment même, prospérait, s'étendait partout en France! Sa prétention était la sagesse, le bon sens, le calme. Et tout à coup il délire! Romillion eût voulu étouffer la chose. Il fit secrètement exorciser ces filles par un de ces prêtres. Mais les diables ne tenaient compte d'exorcistes doctrinaires. Celui de la petite blonde, Diable noble, qui était Belzébuth, démon de l'orgueil, ne daigna desserrer les dents.

Il y avait, parmi ces possédées, une fille particulièrement adoptée de Romillion, fille de vingt à vingt-cinq ans, fort cultivée et nourrie dans la controverse, née protestante, mais qui, n'ayant ni père ni mère, était tombée aux mains du Père, comme elle, protestant converti. Son nom de Louise Capeau semble roturier. C'était, comme il parut trop, une fille d'un prodigieux esprit, d'une passion enragée. Ajoutez-y une épouvantable force. Elle soutint trois mois, outre son orage infernal, une lutte désespérée qui eût tué l'homme le plus fort en huit jours.

Elle dit qu'elle avait trois diables : Verrine, bon diable catholique, léger, un des démons de l'air; Léviathan, mauvais diable, raisonneur et protestant; enfin un autre qu'elle avoue être celui de l'impureté. Mais elle en oublie un, le démon de la jalousie.

Elle haïssait cruellement la petite, la blonde, la préférée, l'orgueilleuse demoiselle noble. Celle-ci, dans ses accès, avait dit qu'elle avait été au sabbat, et qu'elle y avait été reine, et qu'on l'y avait adorée, et qu'elle s'y était livrée, mais au Prince... — Quel prince ? — Louis Gauffridi, le prince des magiciens.

Cette Louise, à qui une telle révélation avait enfoncé un poignard, était trop furieuse pour en douter. Folle, elle crut la folle, afin de la perdre. Son démon fut soutenu de tous les démons des jalouses. Toutes crièrent que Gauffridi était bien le roi des sorciers. Le bruit se répandait partout qu'on avait fait une grande capture, un prêtre-roi des magiciens, le Prince de la magie, pour tous les pays. Tel fut l'affreux diadème de fer et de feu que ces démons femelles lui enfoncèrent au front.

Tout le monde perdit la tête et le vieux Romillion même. Soit haine de Gauffridi, soit peur de l'Inquisition, il sortit l'affaire des mains de l'évêque, et mena ses deux possédées, Louise et Madeleine, au couvent de la Sainte-Baume, dont le prieur dominicain était le Père Michaëlis, inquisiteur du Pape en terre papale d'Avignon, et qui prétendait l'être pour toute la Provence. Il s'agissait uniquement d'exorcismes. Mais, comme les deux filles devaient accuser Gauffridi, celui-ci allait par le fait tomber aux mains de l'Inquisition.

Michaëlis devait prêcher l'Advent à Aix, devant le Parlement. Il sentit combien cette affaire dramatique le relèverait. Il la saisit avec l'empressement de nos avocats de Cours d'assises quand il leur vient un meurtre dramatique ou quelque cas curieux de Conversation criminelle. Le beau, dans ce genre d'affaires, c'était de mener le drame pendant l'Advent, Noël et le Carême, et de ne brûler qu'à la Semaine sainte, la veille du grand moment de Pâques. Michaëlis se réserva pour le dernier acte, et confia le gros de la besogne à un Dominicain flamand qu'il avait, le docteur Dompt, qui venait de Louvain, qui avait déjà exorcisé, était ferré en ces sottises.

Ce que le Flamand d'ailleurs avait à faire de mieux, c'était de ne rien faire. On lui donnait en Louise un auxiliaire terrible, trois fois plus zélé que l'Inquisition, d'une inextinguible fureur, d'une brûlante éloquence, bizarre, baroque parfois, mais à faire frémir, une vraie torche infernale.

La chose fut réduite à un duel entre les deux diables, entre Louise et Madeleine, par-devant le peuple.

Des simples qui venaient là au pèlerinage de la Sainte-Baume, un bon orfèvre par exemple et un drapier, gens de Troyes en Champagne, étaient ravis de voir le démon de Louise battre si cruellement les démons et fustiger les magiciens. Ils en pleuraient de joie, et s'en allaient en remerciant Dieu.

Spectacle bien terrible cependant (même dans la lourde rédaction des procès-verbaux du Flamand) de voir ce combat inégal; cette fille, plus âgée et si forte, robuste Provençale, vraie race des cailloux de la Crau, chaque jour lapider, assommer, écraser cette victime, jeune et presque enfant, déjà suppliciée par son mal, perdue d'amour et de honte, dans les crises de l'épilepsie...

Le volume du Flamand, avec l'addition de Michaëlis, en tout quatre cents pages, est un court extrait des invectives, injures et menaces que cette fille vomit cinq mois, et de ses sermons aussi, car elle prêchait sur toutes choses, sur les sacrements, sur la venue prochaine de l'Antéchrist, sur la fragilité des femmes, etc., etc. De là, au nom de ses Diables, elle revenait à la fureur, et deux fois par jour reprenait l'exécution de la petite, sans respirer, sans suspendre une minute l'affreux torrent, à moins que l'autre, éperdue, « un pied en enfer », dit-elle elle-même, ne tombât en convulsion, et ne frappât les dalles de ses genoux, de son corps, de sa tête évanouie.

Louise est bien au quart folle, il faut l'avouer; nulle fourberie n'eût suffi à tenir cette longue gageure. Mais sa jalousie lui donne, sur chaque endroit où elle peut crever le cœur à la patiente et y faire entrer l'aiguille, une horrible lucidité.

C'est le renversement de toute chose. Cette Louise, possédée du Diable, communie tant qu'elle veut. Elle gourmande les personnes de la plus haute autorité. La vénérable Catherine de France, la première des Ursulines, vient voir cette merveille, l'interroge, et tout d'abord la surprend en flagrant délit d'erreur, de sottise. L'autre, impudente, en est quitte pour dire, au nom de son Diable : « Le Diable est le père du mensonge. »

Un minime, homme de sens, qui est là, relève ce mot, et lui dit : « Alors tu mens. » Et aux exorcistes : « Que ne faites-vous taire cette femme ? » Il leur cite l'histoire d'une Marthe, une fausse possédée de Paris. — Pour réponse, on la fait communier devant lui. Le Diable communiant, le Diable recevant le corps de Dieu !... Le pauvre homme est stupéfait... Il s'humilie devant l'Inquisition. Il a trop forte partie, ne dit plus un mot.

Un des moyens de Louise, c'est de terrifier l'assistance, disant : « Je vois des magiciens... » Chacun tremble pour soi-même.

Victorieuse, de la Sainte-Baume, elle frappe jusqu'à Marseille. Son exorciste flamand, réduit à l'étrange rôle de secrétaire et confident du Diable, écrit sous sa dictée cinq lettres :

Aux Capucins de Marseille pour qu'ils somment Gauffridi de se convertir ; — aux mêmes Capucins pour qu'ils arrêtent Gauffridi, le garrottent avec une étole et le tiennent prisonnier dans telle maison qu'elle indique ; — plusieurs lettres aux modérés, à Catherine de France, aux Prêtres de la Doctrine, qui eux-mêmes se déclaraient contre elle. — Enfin, cette femme effrénée, débordée, insulte sa propre supérieure : « Vous m'avez dit au départ d'être humble et obéissante... Je vous rends votre conseil. »

Verrine, le Diable de Louise, démon de l'air et du vent, lui soufflait des paroles folles, légères et d'orgueil insensé, blessant amis et ennemis, l'Inquisition même. Un jour elle se mit à rire de Michaëlis, qui se morfondait à Aix à prêcher dans le désert tandis que tout le monde venait l'écouter à la Sainte-Baume. « Tu prêches, ô Michaëlis! tu dis vrai, mais avances peu... Et Louise, sans étudier, a atteint, compris le sommaire de la perfection. »

Cette joie sauvage lui venait surtout d'avoir brisé Madeleine. Un mot y avait fait plus que cent sermons. Mot barbare : « Tu seras brûlée! » (17 décembre). La petite fille, éperdue, dit dès lors tout ce qu'elle voulait et la soutint bassement.

Elle s'humilia devant tous, demanda pardon à sa mère, à son supérieur Romillion, à l'assistance, à Louise. Si nous en croyons celle-ci, la peureuse la prit à part, la pria d'avoir pitié d'elle, de ne pas trop la châtier.

L'autre, tendre comme un roc, clémente comme un écueil, sentit qu'elle était à elle, pour en faire ce qu'elle voudrait. Elle la prit, l'enveloppa, l'étourdit et lui ôta le peu qui lui restait d'âme. Second ensorcellement, mais à l'envers de Gauffridi, une *possession* par la terreur. La créature anéantie marchant sous la verge et le fouet, on la poussa jour par jour dans cette voie d'exquise douleur d'accuser, d'assassiner celui qu'elle aimait encore.

Si Madeleine avait résisté, Gauffridi eût échappé. Tout le monde était contre Louise.

Michaëlis même, à Aix, éclipsé par elle dans ses prédications, traité d'elle si légèrement, eût tout arrêté plutôt que d'en laisser l'honneur à cette fille.

Marseille défendait Gauffridi, étant effrayée de voir l'inquisition d'Avignon pousser jusqu'à elle, et chez elle prendre un Marseillais.

L'évêque surtout et le chapitre défendaient leur prêtre. Ils soutenaient qu'il n'y avait rien en tout cela qu'une jalousie de confesseurs, la haine ordinaire des moines contre les prêtres séculiers.

Les Doctrinaires auraient voulu tout finir. Ils étaient désolés du bruit. Plusieurs en eurent tant de chagrin, qu'ils étaient près de tout laisser et de quitter leur maison.

Les dames étaient indignées, surtout madame Libertat, la dame du chef des royalistes, qui avait rendu Marseille au roi. Toutes pleuraient pour Gauffridi et disaient que le démon seul pouvait attaquer cet agneau de Dieu.

Les Capucins, à qui Louise si impérieusement ordonnait de le prendre au corps, étaient (comme tous les ordres de Saint-François) ennemis des Dominicains. Ils furent jaloux du relief que ceux-ci tiraient de leur possédée. La vie errante d'ailleurs qui mettait les Capucins en rapport continuel avec les femmes leur faisait souvent des affaires de mœurs. Ils n'aimaient pas qu'on se mît à regarder de si près la vie des ecclésiastiques. Ils prirent parti pour Gauffridi. Les possédés n'étaient pas chose si rare qu'on ne pût s'en procurer; ils en eurent un à point nommé. Son Diable, sous l'influence du cordon de Saint-François, dit tout le contraire du Diable de Saint-Dominique, il dit, et ils écrivirent en son nom : « Que Gauffridi n'était nullement magicien, qu'on ne pouvait l'arrêter. »

On ne s'attendait pas à cela, à la Sainte-Baume. Louise parut interdite. Elle trouva à dire seulement qu'apparemment les Capucins n'avaient pas fait jurer à leur Diable de dire vrai. Pauvre réponse, qui fut pourtant appuyée par la tremblante Madeleine.

Celle-ci, comme un chien battu et qui craint de l'être encore, était capable de tout, même de mordre et de déchirer. C'est par elle qu'en cette crise Louise horriblement mordit.

Elle-même dit seulement que l'évêque, sans le savoir, offensait Dieu. Elle cria « contre les sorciers de Marseille », sans nommer personne. Mais le mot cruel et fatal, elle le fit dire par Madeleine. Une femme qui depuis deux ans avait perdu son enfant fut désignée par celle-ci comme l'ayant étranglé. La femme, craignant les tortures, s'enfuit ou se tint cachée. Son mari, son père, en larmes, vinrent à la Sainte-Baume, sans doute pour fléchir les inquisiteurs. Mais Madeleine n'eût jamais osé se dédire; elle répéta l'accusation.

Qui était en sûreté ? Personne. Du moment que le Diable était pris pour vengeur de Dieu, du moment qu'on écrivait sous sa dictée les noms de ceux qui pouvaient passer par les flammes, chacun eut de nuit et de jour le cauchemar affreux du bûcher.

Marseille, contre une telle audace de l'Inquisition papale, eût dû s'appuyer du Parlement d'Aix. Malheureusement elle savait qu'elle n'était pas aimée à Aix. Celle-ci, la petite ville officielle de magistrature et de noblesse, a toujours été jalouse de l'opulente splendeur de Marseille, cette reine du Midi. Ce fut tout au contraire l'adversaire de Marseille, l'inquisiteur papal, qui, pour prévenir l'appel de Gauffridi au Parlement, y eut recours le premier. C'était un corps très fanatique dont les grosses têtes étaient des nobles enrichis dans l'autre siècle au massacre des Vaudois. Comme juges laïques, d'ailleurs, ils furent ravis de voir un inquisiteur du pape créer un tel précédent, avouer que, dans l'affaire d'un prêtre, dans une affaire de sortilège, l'Inquisition ne pouvait procéder que pour l'instruction préparatoire. C'était comme une démission que donnaient les inquisiteurs de toutes leurs vieilles prétentions. Un côté flatteur aussi où mordirent ceux d'Aix, comme avaient fait ceux de Bordeaux, c'était qu'eux laïques, ils fussent érigés par l'Eglise elle-même en censeurs et réformateurs des mœurs ecclésiastiques.

Dans cette affaire, où tout devait être étrange et miraculeux, ce ne fut pas la moindre merveille de voir un démon si furieux devenir tout à coup flatteur pour le Parlement, politique et diplomate. Louise charma les gens du roi par un éloge du feu roi. Henri IV (qui l'aurait cru ?) fut canonisé par le Diable. Un matin, sans à-propos, il éclata en éloges « de ce pieux et saint roi qui venait de monter au ciel ».

Un tel accord des deux anciens ennemis, le Parlement et l'Inquisition, celle-ci désormais sûre du bras séculier, des soldats et du bourreau, une commission parlementaire envoyée à la Sainte-Baume pour examiner les possédées, écouter leurs dépositions, leurs accusations, et dresser des listes, c'était chose vraiment effrayante. Louise, sans ménagement, désigna les Capucins, défenseurs de Gauffridi, et annonça « qu'ils seraient punis *temporellement* » dans leur corps et dans leur chair.

Les pauvres Pères furent brisés. Leur Diable ne souffla plus mot. Ils allèrent trouver l'évêque et lui dirent qu'en effet on ne pouvait guère refuser de représenter Gauffridi à la Sainte-Baume, et de faire acte d'obéissance; mais qu'après cela l'évêque et le chapitre le réclameraient, le replaceraient sous la protection de la justice épiscopale.

On avait calculé aussi sans doute que la vue de cet homme aimé allait fort troubler les deux filles, que la terrible Louise elle-même serait ébranlée des réclamations de son cœur.

Ce cœur, en effet, s'éveilla à l'approche du coupable; la furieuse semble avoir eu un moment d'attendrissement. Je ne connais rien de plus brûlant que sa prière pour que Dieu sauve celui qu'elle a poussé à la mort : « Grand Dieu, je vous offre tous les sacrifices qui ont été offerts depuis l'origine du monde et le seront jusqu'à la fin... le tout pour Louis !... Je vous offre tous les pleurs des saints, toutes les extases des anges... le tout pour Louis ! Je voudrais qu'il y eût plus d'âmes encore pour que l'oblation fût plus grande... le tout pour Louis ! Pater de Cœlis Deus, miserere Ludovici Fili redemptor mundi Deus, miserere Ludovici!... », etc.

Vaine pitié! funeste d'ailleurs!... Ce qu'elle eût voulu, c'était que l'accusé *ne s'endurcît pas*, qu'il s'avouât coupable. Auquel cas il était sûr d'être brûlé, dans notre jurisprudence.

Elle-même, du reste, était finie, elle ne pouvait plus rien. L'inquisiteur Michaëlis, humilié de n'avoir vaincu que par elle, irrité contre son exorciste flamand, qui s'était tellement subordonné à elle, et avait laissé voir à tous les secrets ressorts de la tragédie, Michaëlis venait justement pour briser Louise, sauver Madeleine, et la lui substituer, s'il se pouvait, dans ce drame populaire. Ceci n'était pas maladroit et témoigne d'une certaine entente de la scène. L'hiver et l'Advent avaient été remplis par la terrible sibylle, la bacchante furieuse. Dans une saison plus douce, dans un printemps de Provence, au Carême, aurait figuré un personnage plus touchant, un démon tout féminin dans une enfant malade et dans une blonde timide. La petite demoiselle appartenant à une famille distinguée, la noblesse s'y intéressait, et le Parlement de Provence.

Michaëlis, loin d'écouter son Flamand, l'homme de Louise, lorsqu'il voulut entrer au petit conseil des parlementaires, lui ferma la porte. Un Capucin, venu aussi, au premier mot de Louise, cria : « Silence, Diable maudit! »

Gauffridi cependant était arrivé à la Sainte-Baume, où il faisait triste figure. Homme d'esprit, mais faible et coupable, il ne pressentait que trop la fin d'une pareille tragédie populaire, et, dans sa cruelle catastrophe, il se voyait abandonné, trahi de l'enfant qu'il aimait. Il s'abandonna lui-même, et, quand on le mit en face de Louise, elle apparut comme un juge, un de ces vieux juges d'Eglise, cruels et subtils scolastiques. Elle lui posa les questions de doctrine, et à tout il répondait *oui*, lui accordant même les choses les plus contestables, par exemple, « que le Diable peut être cru en justice sur sa parole et son serment ».

Cela ne dura que huit jours (du 1er au 8 janvier). Le clergé de Marseille le réclama. Ses amis, les Capucins, dirent avoir visité sa chambre et n'avoir rien trouvé de magique. Quatre chanoines de Marseille vinrent d'autorité le prendre et le ramenèrent chez lui.

Gauffridi était bien bas. Mais ses adversaires n'étaient

pas bien haut. Même les deux inquisiteurs, Michaëlis et le Flamand, étaient honteusement en discorde. La partialité du second pour Louise, du premier pour Madeleine, dépassa les paroles même, et l'on en vint aux voies de fait. Ce chaos d'accusations, de sermons, de révélations, que le Diable avait dictés par la bouche de Louise, le Flamand, qui l'avait écrit, soutenait que tout cela était parole de Dieu, et craignait qu'on n'y touchât. Il avouait une grande défiance de son chef Michaëlis, craignant que, dans l'intérêt de Madeleine, il n'altérât ces papiers de manière à perdre Louise. Il les défendit tant qu'il put, s'enferma dans sa chambre, et soutint un siège. Michaëlis, qui avait les parlementaires pour lui, ne put prendre le manuscrit qu'au nom du roi et en enfonçant la porte.

Louise, qui n'avait peur de rien, voulait au roi opposer le pape. Le Flamand porta appel contre son chef Michaëlis à Avignon, au légat. Mais la prudente cour papale fut effrayée du scandale de voir un inquisiteur accuser un inquisiteur. Elle n'appuya pas le Flamand, qui n'eut plus qu'à se soumettre. Michaëlis, pour le faire taire, lui restitua les papiers.

Ceux de Michaëlis, qui forment un second procès-verbal assez plat et nullement comparable à l'autre, ne sont remplis que de Madeleine. On lui fait de la musique pour essayer de la calmer. On note très soigneusement si elle mange ou ne mange pas. On s'occupe trop d'elle en vérité, et souvent de façon peu édifiante. On lui adresse des questions étranges sur le magicien, sur les places de son corps qui pouvaient avoir la marque du Diable. Elle-même fut examinée. Quoiqu'elle dût l'être à Aix par les médecins et chirurgiens du Parlement (p. 70), Michaëlis, par excès de zèle, la visita à la Sainte-Baume, et il spécifie ses observations (p. 69). Point de matrone appelée. Les juges, laïques et moines, ici réconciliés et n'ayant pas à craindre leur surveillance mutuelle, se passèrent apparemment ce mépris des formalités.

Ils avaient un juge en Louise. Cette fille hardie stigmatisa ces indécences au fer chaud : « Ceux qu'engloutit le Déluge n'avaient pas tant fait que ceux-ci !... Sodome, rien de pareil n'a jamais été dit de toi !... »

Elle dit aussi : « Madeleine est livrée à l'impureté ! » C'était en effet le plus triste. La pauvre folle, par une joie aveugle de vivre, de n'être pas brûlée, ou par un sentiment confus que c'était elle maintenant qui avait action sur les juges, chanta, dansa par moments, avec une liberté honteuse, impudique et provocante. Le prêtre de la Doctrine, le vieux Romillion, en rougit pour son Ursuline. Choqué de voir ces hommes admirer ses longs cheveux, il dit qu'il fallait les couper, lui ôter cette vanité.

Elle était obéissante et douce dans ses bons moments. Et on aurait bien voulu en faire une Louise. Mais ses Diables étaient vaniteux, amoureux, non éloquents et furieux comme ceux de l'autre. Quand on voulut les faire prêcher, ils ne dirent que des pauvretés. Michaëlis fut obligé de jouer la pièce tout seul. Comme inquisiteur en chef, tenant à dépasser de loin son subordonné Flamand, il assura avoir déjà tiré de ce petit corps une armée de six mille six cent soixante diables; il n'en restait qu'une centaine. Pour mieux convaincre le public, il lui fit rejeter le charme ou sortilège qu'elle avait avalé, disait-il, et le lui tira de la bouche dans une matière gluante. Qui eût refusé de se rendre à cela ? L'assistance demeura stupéfaite et convaincue.

Madeleine était en bonne voie de salut. L'obstacle était elle-même. Elle disait à chaque instant des choses imprudentes qui pouvaient irriter la jalousie de ses juges et leur faire perdre patience. Elle avouait que tout objet lui représentait Gauffridi, qu'elle le voyait toujours. Elle ne cachait pas ses songes érotiques. « Cette nuit, disait-elle, j'étais au sabbat. Les magiciens adoraient ma statue toute dorée. Chacun d'eux, pour l'honorer, lui offrait du sang, qu'ils tiraient de leurs mains avec des lancettes. *Lui*, il était là, à genoux, la corde au cou, me priant de revenir à lui et de ne pas le trahir... Je résistais... Alors il dit : « Y a-t-il quelqu'un ici qui veuille mourir pour elle ? — Moi, dit un jeune homme », et le magicien l'immola. »

Dans un autre moment, elle le voyait qui lui demandait seulement un seul de ses beaux cheveux blonds. « Et, comme je refusais, il dit : « La moitié au moins d'un cheveu. »

Elle assurait cependant qu'elle résistait toujours. Mais un jour, la porte se trouvant ouverte, voilà notre convertie qui courait à toutes jambes pour rejoindre Gauffridi.

On la reprit, au moins le corps. Mais l'âme ? Michaëlis ne savait comment la reprendre. Il avisa heureusement son anneau magique. Il le tira, le coupa, le détruisit, le brûla. Supposant aussi que l'obstination de cette personne si douce venait des sorciers invisibles qui s'introduisaient dans la chambre, il y mit un homme d'armes, bien solide, avec une épée, qui frappait de tous les côtés, et taillait les invisibles en pièces.

Mais la meilleure médecine pour convertir Madeleine, c'était la mort de Gauffridi. Le 5 février, l'inquisiteur alla prêcher le carême à Aix, vit les juges et les anima. Le Parlement, docile à son impulsion, envoya prendre à Marseille l'imprudent, qui, se voyant si bien appuyé de l'évêque, du chapitre, des Capucins, de tout le monde, avait cru qu'on n'oserait.

Madeleine d'un côté, Gauffridi de l'autre, arrivèrent à Aix. Elle était si agitée qu'on fut contraint de la lier. Son trouble était épouvantable, et l'on n'était plus sûr de rien. On avisa un moyen bien hardi avec cette enfant si malade, une de ces peurs qui jettent une femme dans les convulsions et parfois donnent la mort. Un vicaire général de l'archevêché dit qu'il y avait en ce palais un noir et étroit charnier, ce qu'on appelle en Espagne un *pourrissoir* (comme on en voit à l'Escurial). Anciennement on y avait mis se consommer d'anciens ossements de morts inconnus. Dans cet antre sépulcral, on introduisit la fille tremblante. On l'exorcisa en lui appliquant au visage ces froids ossements. Elle ne mourut pas d'horreur, mais elle fut dès lors à discrétion, et l'on eut ce qu'on voulait, la mort de la conscience, l'extermination de ce qui restait de sens moral et de volonté.

Elle devint un instrument souple, à faire tout ce qu'on voulait, flatteuse, cherchant à deviner ce qui plairait à ses maîtres. On lui montra des huguenots, et elle les injuria. On la mit devant Gauffridi, et elle lui dit par cœur les griefs d'accusation, mieux que n'eussent fait les gens du roi. Cela ne l'empêchait pas de japper en furieuse quand on la menait à l'église, d'ameuter le peuple contre Gauffridi, en faisant blasphémer son Diable au nom du magicien. Belzébuth disait par sa bouche : « Je renonce à Dieu, au nom de Gauffridi, je renonce à Dieu », etc. Et au moment de l'élévation : « Retombe sur moi le sang du Juste, de la part de Gauffridi. »

Horrible communauté! Ce Diable à deux damnait l'un par les paroles de l'autre; tout ce qu'il disait par Madeleine, on l'imputait à Gauffridi. Et la foule épouvantée avait hâte de voir brûler le blasphémateur muet dont l'impiété rugissait par la voix de cette fille.

Les exorcistes lui firent cette cruelle question, à laquelle ils eussent eux-même pu répondre bien mieux qu'elle : « Pourquoi, Belzébuth, parles-tu si mal de ton grand ami ? » — Elle répondit ces mots affreux : « S'il y a des traîtres entre les hommes, pourquoi pas entre les démons ? Quand je me sens avec Gauffridi, je suis à lui pour faire tout ce qu'il voudra. Et quand vous me contraignez, je le trahis et m'en moque. »

Elle ne soutint pas pourtant cette exécrable risée. Quoique le démon de la peur et de la servilité semblât l'avoir toute envahie, il y eut place encore pour le désespoir. Elle ne pouvait plus prendre le moindre aliment. Et ces gens qui depuis cinq mois l'exterminaient d'exorcismes et prétendaient l'avoir allégée de six mille ou sept mille diables, sont obligés de convenir qu'elle ne voulait plus que mourir et cherchait avidement tous les moyens de suicide. Le courage seul lui manquait. Une fois, elle se piqua avec une lancette, mais n'eut pas la force d'appuyer. Une fois, elle saisit un couteau, et, quand on le lui ôta, elle tâcha de s'étrangler. Elle s'enfonçait des aiguilles, enfin essaya follement de se faire entrer dans la tête une longue épingle par l'oreille.

Que devenait Gauffridi ? L'inquisiteur, si long sur les deux filles, n'en dit presque rien. Il passe comme sur le feu. Le peu qu'il dit est bien étrange. Il conte qu'on lui banda les yeux, pendant qu'avec des aiguilles on cherchait sur tout son corps la place insensible qui devait être la marque du Diable. Quand on lui ôta le bandeau, il apprit avec étonnement et horreur que, par trois fois, on avait enfoncé l'aiguille sans qu'il la sentît; donc il était trois fois marqué du signe d'Enfer. Et l'inquisiteur ajouta : « Si nous étions en Avignon, cet homme serait brûlé demain. »

Il se sentit perdu, et ne se défendit plus. Il regarda seulement si quelques ennemis des Dominicains ne pourraient lui sauver la vie. Il dit vouloir se confesser aux oratoriens. Mais ce nouvel ordre, qu'on aurait pu appeler le juste milieu du catholicisme, était trop froid et trop sage pour prendre en main une telle affaire, si avancée d'ailleurs et désespérée.

Alors il se retourna vers les moines Mendiants, se confessa aux Capucins, avoua tout et plus que la vérité, pour acheter la vie par la honte. En Espagne, il aurait été *relaxé* certainement, sauf une pénitence dans quelque couvent. Mais nos parlements étaient plus sévères; ils tenaient à constater la pureté supérieure de la juridiction laïque. Les Capucins, eux-mêmes peu rassurés sur l'article des mœurs, n'étaient pas gens à attirer la foudre sur eux. Ils enveloppaient Gauffridi, le gardaient, le consolaient jour et nuit, mais seulement pour qu'il s'avouât magicien, et que, la magie restant le grand chef d'accusation, on pût laisser au second plan la séduction d'un directeur, qui compromettait le clergé.

Donc ses amis, les Capucins, par obsession, caresses et tendresses, tirent de lui l'aveu mortel, qui, disaient-ils, sauvait son âme, mais qui bien certainement livrait son corps au bûcher.

L'homme étant perdu, fini, on en finit avec les filles, qu'on ne devait pas brûler. Ce fut une facétie. Dans une grande assemblée du clergé et du Parlement, on fit venir Madeleine, et, parlant à elle, on somma son Diable, Belzébuth, de vider les lieux, sinon de donner ses oppositions. Il n'eut garde de le faire et partit honteusement.

Puis on fit venir Louise, avec son Diable Verrine. Mais avant de chasser un esprit si ami de l'Eglise, les moines régalèrent les parlementaires, novices en ces choses, du savoir-faire de ce Diable, en lui faisant exécuter une curieuse pantomime. « Comment font les Séraphins, les Chérubins, les Trônes, devant Dieu ? — Chose difficile, dit Louise, ils n'ont pas de corps. » Mais, comme on répéta l'ordre, elle fit effort pour obéir, imitant le vol des uns, le brûlant désir des autres, et enfin l'adoration, en se courbant devant les juges et la tête en bas. On vit cette fameuse Louise, si fière et si indomptée, s'humilier, baiser le pavé; et, les bras étendus, s'y appliquer de tout son long.

Singulière exhibition, frivole, indécente, par laquelle on lui fit expier son terrible succès populaire. Elle gagna encore l'assemblée par un cruel coup de poignard qu'elle frappa sur Gauffridi, qui était là garrotté : « Maintenant, lui dit-on, où est Belzébuth, le Diable sorti de Madeleine! — Je le vois distinctement à l'oreille de Gauffridi. »

Est-ce assez de honte et d'horreurs ? Resterait à savoir ce que cet infortuné dit à la question. On lui donna l'ordinaire et l'extraordinaire. Tout ce qu'il y dut révéler éclairerait sans nul doute la curieuse histoire des couvents de femmes. Les parlementaires recueillaient avidement ces choses-là, comme armes qui pouvaient servir, mais ils les tenaient « sous le secret de la Cour ».

L'inquisiteur Michaëlis, fort attaqué dans le public pour tant d'animosité qui ressemblait fort à la jalousie, fut appelé par son ordre, qui s'assemblait à Paris, et ne vit pas le supplice de Gauffridi, brûlé vif à Aix quatre jours après (30 avril 1611).

La réputation des Dominicains, entamée par ce procès, ne fut pas fort relevée par une autre affaire de *possession* qu'ils arrangèrent à Beauvais (novembre) de manière à se donner tous les honneurs de la guerre, et qu'ils imprimèrent à Paris. Comme on avait reproché surtout au Diable de Louise de ne pas parler latin, la nouvelle possédée, Denise Lacaille, en jargonnait quelques mots. Ils en firent grand bruit, la montrèrent souvent en procession, la promenèrent même de Beauvais à Notre-Dame de Liesse. Mais l'affaire resta assez froide. Ce pèlerinage picard n'eut pas l'effet dramatique, les terreurs de la Sainte-Baume. Cette Lacaille, avec son latin, n'eut pas la brûlante éloquence de la Provençale, ni sa fougue, ni sa fureur. Le tout n'aboutit à rien qu'à amuser les huguenots.

Qu'advint-il des deux rivales, de Madeleine et de Louise ? La première, du moins son ombre, fut tenue en terre papale, de peur qu'on ne la fît parler sur cette funèbre affaire. On ne la montrait en public que comme exemple de pénitence. On la menait couper avec de pauvres femmes du bois qu'on vendait pour aumônes. Ses parents, humiliés d'elle, l'avaient répudiée et abandonnée.

Pour Louise, elle avait dit pendant le procès : « Je ne m'en glorifierai pas... Le procès fini, j'en mourrai ! » Mais cela n'arriva point. Elle ne mourut pas; elle tua encore. Le Diable meurtrier qui était en elle était plus furieux que jamais. Elle se mit à déclarer aux inquisiteurs par noms, prénoms et surnoms, tous ceux qu'elle imaginait affiliés à la magie, entre autres une pauvre fille, nommée Honorée, « aveugle des deux yeux », qui fut brûlée vive.

« Prions Dieu, dit en finissant le P. Michaëlis, que le tout soit à sa gloire et à celle de son Eglise. »

VII

LES POSSÉDÉES DE LOUDUN — URBAIN GRANDIER 1632-1634

Dans les *Mémoires d'Etat* qu'avait écrits la fameux père Joseph, qu'on ne connaît que par extraits, et que l'on a sans doute prudemment supprimés comme trop instructifs, ce bon père expliquait qu'en 1633 il avait eu le bonheur de découvrir une hérésie, une hérésie immense où trempaient un nombre infini de confesseurs et de directeurs.

Les capucins, légion admirable des gardiens de l'Eglise, bons chiens du saint troupeau, avaient flairé, surpris non pas dans les déserts, mais en pleine France, au centre, à Chartres, en Picardie, partout, un terrible gibier, les *alumbrados* de l'Espagne (illuminés ou quiétistes), qui, trop persécutés là-bas, s'étaient réfugiés chez nous et qui, dans le monde des femmes, surtout dans les couvents, glissaient le doux poison qu'on appela plus tard du nom de Molinos.

La merveille c'était qu'on n'eût pas su plus tôt la chose. Elle ne pouvait guère être cachée, étant si étendue. Les capucins juraient qu'en la Picardie seule (pays où les filles sont faibles et le sang plus chaud qu'au Midi) cette folie de l'amour mystique avait soixante mille professeurs. Tout le clergé en était-il ? tous les confesseurs, directeurs ? Il faut sans doute entendre qu'aux directeurs officiels nombre de laïques s'adjoignirent, brûlant du même zèle pour le salut des âmes féminines. Un de ceux-ci qui éclata plus tard avec talent, audace, est l'auteur des *Délices spirituelles*, Desmarets de Saint-Sorlin.

On ne peut comprendre la toute-puissance du directeur sur les religieuses, cent fois plus maître alors qu'il ne le fut dans les temps antérieurs si l'on ne se rappelle les circonstances nouvelles.

La réforme du concile de Trente pour la clôture des monastères, fort peu suivie sous Henri IV, où les religieuses recevaient le beau monde, donnaient des bals, dansaient, etc., cette réforme commença sérieusement sous Louis XIII. Le cardinal de La Rochefoucauld, ou plutôt les jésuites qui le menaient, exigèrent une grande décence extérieure. Est-ce à dire que l'on n'entrât plus aux couvents ? Un seul homme y entrait chaque jour, et non seulement dans la maison, mais à volonté dans chaque cellule (on le voit dans plusieurs affaires, surtout par David à Louviers). Cette réforme, cette clôture, ferma la porte au monde, aux rivaux incommodes, donna le tête-à-tête au directeur, et l'influence unique.

Qu'en résulterait-il ? Les spéculatifs en feront un problème, non les hommes pratiques, non les médecins. Dès le seizième siècle, le médecin Wyer nous l'explique par des histoires fort claires. Il cite dans son livre IV nombre de religieuses qui devinrent furieuses d'amour. Et, dans son livre III, il parle d'un prêtre espagnol estimé qui, à Rome, entré par hasard dans un couvent de nonnes, en sortit fou, disant qu'épouses de Jésus, elles étaient les siennes, celles du prêtre, vicaire de Jésus. Il faisait dire des messes pour que Dieu lui donnât la grâce d'épouser bientôt ce couvent [1].

Si cette visite passagère eut cet effet, on peut comprendre quel dut être l'état du directeur des monastères de femmes quand il fut seul chez elles, et profita de la clôture, put passer le jour avec elles, recevoir à chaque heure la dangereuse confidence de leurs langueurs, de leurs faiblesses.

Les sens ne sont pas tout dans l'état de ces filles. Il faut compter surtout l'ennui, le besoin absolu de varier l'existence, de sortir d'une vie monotone par quelque écart ou quelque rêve. Que de choses nouvelles à cette époque ! Les voyages, les Indes, la découverte de la terre ! l'imprimerie ! les romans surtout !... quand tout cela roule au-dehors, agite les esprits, comment croire qu'on supportera la pesante uniformité de la vie monastique, l'ennui des longs offices, sans assaisonnement que de quelque sermon nasillard ?

1. Wyer, liv. III, ch. VII.

Les laïques même, au milieu de tant de distractions, veulent, exigent de leurs confesseurs la variété du plaisir, l'absolution de l'inconstance.

Le prêtre est entraîné, forcé de proche en proche. Une littérature immense, variée, érudite, se fait de la casuistique, de l'art de tout permettre. Littérature très progressive, où l'indulgence de la veille paraîtrait sévérité le lendemain.

La casuistique fut pour le monde, la mystique pour les couvents.

L'anéantissement de la personne et la mort de la volonté, c'est le grand principe mystique. Desmarets nous en donne très bien la vraie portée morale. Les dévoués, dit-il, immolés en eux et anéantis, n'existent plus qu'en Dieu. *Dès lors ils ne peuvent mal faire.* La partie supérieure est tellement divine, qu'elle ne sait plus ce que fait l'autre [1].

On devait croire que le zélé Joseph, qui avait poussé si haut le cri d'alarme contre ces corrupteurs, ne s'en tiendrait pas là, qu'il y aurait une grande et lumineuse enquête; que ce peuple innombrable, qui, dans une seule province, comptait soixante mille docteurs, serait connu, examiné de près. Mais non, ils disparaissent, et l'on n'en a pas de nouvelles. Quelques-uns, dit-on, furent emprisonnés. Mais nul procès, un silence profond. Selon toute apparence, Richelieu se soucia peu d'approfondir la chose. Sa tendresse pour les capucins ne l'aveugla pas au point de les suivre dans une affaire qui eût mis dans leurs mains l'inquisition sur tous les confesseurs.

1. Doctrine très ancienne qui reparaît souvent dans le moyen âge. Au dix-septième siècle, elle est commune dans les couvents de France et d'Espagne, nulle part plus claire et plus naïve que dans les leçons d'un ange normand à une religieuse (affaire de Louviers). — L'ange enseigne à la nonne premièrement « le mépris du corps et l'indifférence à la chair. Jésus l'a tellement méprisée, qu'il l'a exposée nue à la flagellation, et laissé voir à tous... » Il lui enseigne « l'abandon de l'âme et de la volonté, la sainte, la docile, la toute passive obéissance. Exemple : la sainte Vierge, qui ne se défia pas de Gabriel, mais obéit, conçut ». — « Courait-elle au risque ? Non. Car un esprit ne peut causer aucune impureté! Tout au contraire, il purifie. » — A Louviers, cette belle doctrine fleurit dès 1623, professée par un directeur âgé, autorisé, David. Le fond de son enseignement était « de faire mourir le péché par le péché, pour mieux rentrer en innocence. Ainsi firent nos premiers parents. » Esprit de Bosroger (capucin), *la Piété affligée*, 1645; p. 167, 171, 173, 174, 181, 189, 190, 196.

En général, le moine jalousait, haïssait le clergé séculier. Maître absolu des femmes espagnoles, il était peu goûté de nos Françaises pour sa malpropreté; elles allaient plutôt au prêtre ou au jésuite, confesseur amphibie, demi-moine et demi-mondain. Si Richelieu avait lâché la meute des capucins, récollets, carmes, dominicains, etc., qui eût été en sûreté dans le clergé ? Personne. Quel directeur, quel prêtre, même honnête, n'avait usé et abusé du doux langage des quiétistes près de ses pénitentes ?

Richelieu se garda de troubler le clergé lorsque déjà il préparait l'assemblée générale où il demanda un don pour la guerre. Un procès fut permis aux moines, un seul, contre un curé, mais contre un curé magicien, ce qui permettait d'embrouiller les choses (comme en l'affaire de Gauffridi), de sorte qu'aucun confesseur, aucun directeur, ne s'y reconnût, et que chacun, en sécurité pleine, pût toujours dire : « Ce n'est pas moi. »

Grâce à ces soins tout prévoyants, une certaine obscurité reste en effet sur l'affaire de Grandier[1]. Son historien, le capucin Tranquille, prouve à merveille qu'il fut sorcier, bien plus un diable, et il est nommé dans le Procès (comme on aurait dit d'Astaroth) *Grandier des Dominations*. Tout au contraire, Ménage est près de le ranger parmi les grands hommes accusés de magie, dans les martyrs de la libre pensée.

Pour voir un peu plus clair, il ne faut pas prendre Grandier à part, mais lui garder sa place dans la trilogie diabolique du temps, dont il ne fut qu'un second acte, l'éclairer par le premier acte qu'on a vu en Provence dans l'affaire terrible de la Sainte-Baume où périt Gauffridi, l'éclairer par le troisième acte, par l'affaire de Louviers, qui copia Loudun (comme Loudun avait copié), et qui eut à son tour un Gauffridi et un Urbain Grandier.

Les trois affaires sont unes et identiques. Toujours le prêtre libertin, toujours le moine jaloux et la nonne

1. L'*Histoire des Diables de Loudun*, du protestant Aubin, est un livre sérieux, solide, et confirmé par les *Procès-verbaux* même de Laubardemont. Celui du capucin Tranquille est une pièce grotesque. La *Procédure* est à notre grande Bibliothèque de Paris. M. Figuier a donné de toute l'affaire un long et excellent récit (*Histoire du merveilleux*). — Je suis, comme on va voir, contre les brûleurs, mais nullement pour le brûlé. Il est ridicule d'en faire un martyr, en haine de Richelieu. C'était un fat, vaniteux, libertin, qui méritait, non le bûcher, mais la prison perpétuelle.

furieuse par qui on fait parler le Diable, et le prêtre brûlé à la fin.

Voilà ce qui fait la lumière dans ces affaires, et qui permet d'y mieux voir que dans la fange obscure des monastères d'Espagne et d'Italie. Les religieuses de ces pays de paresse méridionale étaient étonnamment passives, subissaient la vie de sérail, et pis encore[1].

Nos Françaises, au contraire, d'une personnalité forte, ardente, exigeante, furent terribles de jalousie et terribles de haine, vrais diables (et sans figure), partant indiscrètes, bruyantes, accusatrices. Leurs révélations furent très claires, et si claires vers la fin, que tout le monde en eut honte, et qu'en trente ans, en trois affaires, la chose, commencée par l'horreur, s'éteignit dans la platitude, sous les sifflets et le dégoût.

Ce n'était pas à Loudun, en plein Poitou, parmi les huguenots, sous leurs yeux et leurs railleries, dans la ville même où ils tenaient leurs grands synodes nationaux, qu'on eût attendu une affaire scandaleuse pour les catholiques. Mais justement ceux-ci, dans les vieilles villes protestantes, vivaient comme en pays conquis, avec une liberté très grande, pensant non sans raison que des gens souvent massacrés, tout récemment vaincus, ne diraient mot. La Loudun catholique (magistrats, prêtres, moines, un peu de noblesse et quelques artisans) vivait à part de l'autre, en vraie colonie conquérante. La colonie se divisa, comme on pouvait le deviner, par l'opposition du prêtre et du moine.

Le moine, nombreux et altier, comme missionnaire convertisseur, tenait le haut du pavé contre les protestants, et confessait les dames catholiques, lorsque de Bordeaux, arriva un jeune curé, élève des Jésuites, lettré et agréable, écrivant bien et parlant mieux. Il éclata en chaire, et bientôt dans le monde. Il était Manceau de naissance et disputeur, mais Méridional d'éducation, de facilité bordelaise, hâbleur, léger comme un Gascon. En peu de temps, il sut brouiller à fond toute la petite ville, ayant les femmes pour lui, les hommes contre (du moins presque tous). Il devint magnifique, insolent et insupportable, ne respectant plus rien. Il criblait de sarcasmes les carmes, déblatérait en chaire contre les moines en géné-

1. V. Del Rio, Llorente, Ricci, etc.

ral. On s'étouffait à ses sermons. Majestueux et fastueux, ce personnage apparaissait dans les rues de Loudun comme un père de l'Eglise, tandis que la nuit, moins bruyant, il glissait aux allées ou par les portes de derrière.

Toutes lui furent à discrétion. La femme de l'avocat du roi fut sensible pour lui, mais plus encore la fille du procureur royal, qui en eut un enfant. Ce n'était pas assez. Ce conquérant, maître des dames, poussant toujours son avantage, en venait aux religieuses.

Il y avait partout alors des Ursulines, sœurs vouées à l'éducation, missionnaires femelles en pays protestant, qui caressaient, charmaient les mères, attiraient les petites filles. Celles de Loudun étaient un petit couvent de demoiselles nobles et pauvres. Pauvre couvent lui-même; en les fondant, on ne leur donna guère que la maison, ancien collège huguenot. La supérieure, dame de bonne noblesse et bien apparentée, brûlait d'élever son couvent, de l'amplifier, de l'enrichir et de le faire connaître. Elle aurait pris Grandier peut-être, l'homme à la mode, si déjà elle n'eût eu pour directeur un prêtre qui avait de bien autres racines dans le pays, étant proche parent des deux principaux magistrats. Le chanoine Mignon, comme on l'appelait, tenait la supérieure. Elle et lui en confession (les dames supérieures confessaient les religieuses), tous deux apprirent avec fureur que les jeunes nonnes ne rêvaient que de ce Grandier dont on parlait tant.

Donc, le directeur menacé, le mari trompé, le père outragé (trois affronts en même famille) unirent leurs jalousies et jurèrent la perte de Grandier. Pour réussir, il suffisait de le laisser aller. Il se perdait assez lui-même. Une affaire éclata qui fit un bruit à faire presque écrouler la ville.

Les religieuses, en cette vieille maison huguenote où on les avait mises, n'étaient pas rassurées. Leurs pensionnaires, enfants de la ville, et peut-être aussi de jeunes nonnes, avaient trouvé plaisant d'épouvanter les autres en jouant aux revenants, aux fantômes, aux apparitions. Il n'y avait pas trop d'ordre en ce mélange de petites filles riches que l'on gâtait. Elles couraient la nuit les corridors. Si bien qu'elles s'épouvantèrent elles-mêmes. Quelques-unes en étaient malades, ou malades d'esprit. Mais ces peurs, ces illusions se mêlant aux scandales de ville dont on leur parlait trop le jour, le revenant des nuits, ce fut Grandier. Plusieurs dirent l'avoir vu, senti la nuit près d'elles, audacieux, vainqueur, et s'être réveillées trop tard. Etait-ce illusion ? Etaient-ce plaisanteries de novices ? Etait-ce réellement Grandier qui avait acheté la portière ou risqué l'escalade ? On n'a jamais pu l'éclaircir.

Les trois dès lors crurent le tenir. Ils suscitèrent d'abord dans les petites gens qu'ils protégeaient deux bonnes âmes qui déclarèrent ne pouvoir plus garder pour leur curé un débauché, un sorcier, un démon, un esprit fort, qui, à l'église, « pliait un genou et non deux »; enfin qui se moquait des règles, et donnait des dispenses contre les droits de l'évêque. — Accusation habile qui mettait contre lui l'évêque de Poitiers, défenseur naturel du prêtre, et livrait celui-ci à la rage des moines.

Tout cela monté avec génie, il faut l'avouer. En le faisant accuser par deux pauvres, on trouva très utile de le bâtonner par un noble. En ce temps de duel, l'homme, impunément bâtonné, perdait dans le public, il baissait chez les femmes. Grandier sentit la profondeur du coup. Comme en tout il aimait l'éclat, il alla au roi même, se jeta à ses genoux, demanda vengeance pour sa robe de prêtre. Il l'aurait eue d'un roi dévot; mais il se trouva là des gens qui dirent au roi que c'était affaire d'amour et fureur de maris trompés.

Au tribunal ecclésiastique de Poitiers, Grandier fut condamné à pénitence et à être banni de Loudun, donc déshonoré comme prêtre. Mais le tribunal civil reprit la chose et le trouva innocent. Il eut encore pour lui l'autorité ecclésiastique dont relevait Poitiers, l'archevêque de Bordeaux, Sourdis. Ce prélat belliqueux, amiral et brave marin, autant et plus que prêtre, ne fit que hausser les épaules au récit de ces peccadilles. Il innocenta le curé, mais en même temps lui conseilla sagement d'aller vivre partout, excepté à Loudun.

C'est ce que l'orgueilleux n'eut garde de faire. Il voulut jouir du triomphe sur le terrain de la bataille et parader devant les dames. Il rentra dans Loudun au grand jour, à grand bruit; toutes le regardaient des fenêtres; il marchait tenant un laurier.

Non content de cette folie, il menaçait, voulait réparation. Ses adversaires, ainsi poussés, à leur tour en péril, se rappelèrent l'affaire de Gauffridi, où le Diable, le père du mensonge, honorablement réhabilité, avait été accepté en justice comme un bon témoin véridique, croyable pour l'Eglise et croyable pour les gens du roi. Désespérés, ils invoquèrent un Diable et ils l'eurent à commandement. Il parut chez les Ursulines.

Chose hasardeuse. Mais que de gens intéressés au succès! La supérieure voyait son couvent, pauvre, obscur, attirer bientôt les yeux de la cour, des provinces, de toute la terre. Les moines y voyaient leur victoire sur leurs rivaux, les prêtres. Ils retrouvaient ces combats populaires livrés au Diable en l'autre siècle, souvent (comme à Soissons) devant la porte des églises, la terreur et la joie du peuple à voir triompher le bon Dieu, l'aveu tiré du Diable « que Dieu est dans le sacrement », l'humiliation des huguenots convaincus par le démon même.

Dans cette comédie tragique, l'exorciste représentait Dieu, ou tout au moins c'était l'archange terrassant le dragon. Il descendait des échafauds, épuisé, ruisselant de sueur, mais triomphant, porté dans les bras de la foule, béni des bonnes femmes qui en pleuraient de joie.

Voilà pourquoi il fallait toujours un peu de sorcellerie dans les procès. On ne s'intéressait qu'au Diable. On ne pouvait pas toujours le voir sortir du corps en crapaud noir (comme à Bordeaux en 1610). Mais on était du moins dédommagé par une grande, une superbe mise en scène. L'âpre désert de Madeleine, l'horreur de la Sainte-Baume, dans l'affaire de Provence, firent une bonne partie du succès. Loudun eut pour lui le tapage et la bacchanale furieuse d'une grande armée d'exorcistes divisés en plusieurs églises. Enfin Louviers, que nous verrons, pour raviver un peu ce genre usé, imagina des scènes de nuit où les diables en religieuses, à la lueur des torches, creusaient, tiraient des fosses les charmes qu'on y avait cachés.

L'affaire de Loudun commença par la supérieure et par une sœur converse à elle. Elles eurent des convulsions, jargonnèrent diaboliquement. D'autres nonnes les imitèrent, une surtout, hardie, reprit le rôle de la Louise de Marseille, le même diable Léviathan, le démon supérieur de chicane et d'accusation.

Toute la petite ville entre en branle. Les moines de toutes couleurs s'emparent des nonnes, les divisent, les exorcisent par trois, par quatre. Ils se partagent les églises. Les capucins à eux seuls en occupent deux. La foule y court, toutes les femmes, et, dans cet auditoire effrayé, palpitant, plus d'une crie qu'elle sent aussi des diables; six filles de la ville sont possédées. Et le simple récit de ces choses effroyables fait deux possédées à Chinon.

On en parla partout, à Paris, à la cour. Notre reine espagnole, imaginative et dévote, envoie son aumônier; bien plus, lord Montaigu, l'ancien papiste, son fidèle serviteur, qui vit tout et crut tout, rapporta tout au pape. Miracle constaté. Il avait vu les plaies d'une nonne, les stigmates, marquées par le Diable sur les mains de la supérieure.

Qu'en dit le roi de France ? Toute sa dévotion était tournée au Diable, à l'enfer, à la crainte. On dit que Richelieu fut charmé de l'y entretenir. J'en doute; les diables étaient essentiellement espagnols et du parti d'Espagne; s'ils parlaient politique, c'eût été contre Richelieu. Peut-être en eut-il peur. Il leur rendit hommage, et envoya sa nièce pour témoigner intérêt à la chose.

La cour croyait. Mais Loudun même ne croyait pas. Ses diables, pauvres imitateurs des démons de Marseille, répétaient le matin ce qu'on leur apprenait le soir d'après le manuel connu du père Michaëlis. Ils n'auraient su que dire si des exorcismes secrets, répétition soignée de la farce du jour, ne les eussent chaque nuit préparés et stylés à figurer devant le peuple.

Un ferme magistrat, le bailli de la ville, éclata, vint lui-même trouver les fourbes, les menaça, les dénonça. Ce fut aussi le jugement tacite de l'archevêque de Bordeaux auquel Grandier en appelait. Il envoya un règlement pour diriger du moins les exorcistes, finir leur arbitraire; de plus son chirurgien, qui visita les filles, ne les trouva point possédées, ni folles, ni *malades*. Qu'étaient-elles ? Fourbes à coup sûr.

Ainsi continue dans le siècle ce beau duel du médecin contre le Diable, de la science et de la lumière contre le ténébreux mensonge. Nous l'avons vu commencer par Agrippa, Wyer. Certain docteur Duncan continua bravement à Loudun, et sans crainte imprima que cette affaire n'était que ridicule.

Le Démon, qu'on dit si rebelle, eut peur, se tut, perdit la voix. Mais les passions étaient trop animées pour que la chose en restât là. Le flot remonta pour Grandier avec une telle force, que les assaillis devinrent assaillants. Un parent des accusateurs, un apothicaire, fut pris à partie par une riche demoiselle de la ville qu'il disait être maîtresse du curé. Comme calomniateur, il fut condamné à l'amende honorable.

La supérieure était perdue. On eût aisément constaté ce que vit plus tard un témoin, que ses stigmates étaient une peinture, rafraîchie tous les jours. Mais elle était parente d'un conseiller du roi, Laubardemont, qui la sauva. Il était justement chargé de raser les forts de Loudun. Il se fit donner une commission pour faire juger Grandier. On fit entendre au cardinal que l'accusé était curé et ami de la *Cordonnière de Loudun*, un des nombreux agents de Marie de Médicis; qu'il s'était fait le secrétaire de sa paroissienne, et, sous son nom, avait écrit un ignoble pamphlet.

Du reste, Richelieu eût voulu être magnanime et mépriser la chose, qu'il l'eût pu difficilement. Les capucins, le Père Joseph, spéculaient là-dessus. Richelieu lui aurait donné une belle prise contre lui près du roi s'il n'eût montré du zèle. Certain M. Quillet, qui avait observé sérieusement, alla voir Richelieu et l'avertit. Mais celui-ci craignit de l'écouter, et le regarda de si mauvais œil, que le donneur d'avis jugea prudent de se sauver en Italie.

Laubardemont arrive le 6 décembre 1633. Avec lui la terreur. Pouvoir illimité. C'est le roi en personne. Toute la force du royaume, une horrible massue, pour écraser une mouche.

Les magistrats furent indignés, le lieutenant civil avertit Grandier qu'il l'arrêterait le lendemain. Il n'en tint compte et se fit arrêter. Enlevé à l'instant, sans forme de procès, mis aux cachots d'Angers. Puis ramené, jeté où? Dans la maison et la chambre d'un de ses ennemis qui en fait murer les fenêtres pour qu'il étouffe. L'exécrable examen qu'on fait sur le corps du sorcier en lui enfonçant des aiguilles pour trouver la marque du Diable est fait par les mains mêmes de ses accusateurs, qui prennent sur lui d'avance leur vengeance préalable, l'avant-goût du supplice!

On le traîne aux églises en face de ces filles, à qui Laubardemont a rendu la parole. Il trouve des bacchantes que l'apothicaire condamné soûlait de ses breuvages, les jetant en de telles furies qu'un jour Grandier fut près de périr sous leurs ongles.

Ne pouvant imiter l'éloquence de la possédée de Marseille, elles suppléaient par le cynisme. Spectacle hideux! des filles, abusant des prétendus diables, pour lâcher devant le public la bonde à la furie des sens! C'est justement ce qui grossissait l'auditoire. On venait ouïr là, de la bouche des femmes, ce qu'aucune n'osa dire jamais.

Le ridicule, ainsi que l'odieux, allaient croissant. Le peu qu'on leur soufflait de latin, elles le disaient tout de travers. Le public trouvait que les diables n'avaient pas fait leur *quatrième*. Les capucins, sans se déconcerter, dirent que, si ces démons étaient faibles en latin, ils parlaient à merveille l'iroquois, le topinambour.

La farce ignoble, vue de soixante lieues, de Saint-Germain, du Louvre, apparaissait miraculeuse, effrayante et terrible. La cour admirait et tremblait. Richelieu (sans doute pour plaire) fit une chose lâche. Il fit payer les exorcistes, payer les religieuses.

Une si haute faveur exalta la cabale et la rendit tout à fait folle. Après les paroles insensées vinrent les actes honteux. Les exorcistes, sous prétexte de la fatigue des nonnes, les firent promener hors de la ville, les promenèrent eux-mêmes. Et l'une d'elles en revint enceinte. L'apparence du moins était telle. Au cinquième ou sixième mois, tout disparut, et le démon qui était en elle avoua la malice qu'il avait eue de calomnier la pauvre religieuse par cette illusion de grossesse. C'est l'historien de Louviers qui nous apprend cette histoire de Loudun [1].

On assure que le père Joseph vint secrètement, mais vit l'affaire perdue, et s'en tira sans bruit. Les Jésuites vinrent aussi, exorcisèrent, firent peu de chose, flairèrent l'opinion, se dérobèrent aussi.

Mais les moines, les capucins, étaient si engagés qu'il ne leur restait plus qu'à se sauver par la terreur. Ils tendirent des pièges perfides au courageux bailli, à la baillive, voulant les faire périr, éteindre la future réaction de la justice. Enfin ils pressèrent la commission d'expé-

1. Esprit de Bossuet, p. 135 [*lire :* Esprit de Bosroger].

dier Grandier. Les choses ne pouvaient plus aller. Les nonnes même leur échappaient. Après cette terrible orgie de fureurs sensuelles et de cris impudiques pour faire couler le sang humain, deux ou trois défaillirent, se prirent en dégoût, en horreur : elles se vomissaient elles-mêmes. Malgré le sort affreux qu'elles avaient à attendre si elles parlaient, malgré la certitude de finir dans une basse-fosse [1], elles dirent dans l'église qu'elles étaient damnées, qu'elles avaient joué le Diable, que Grandier était innocent.

Elles se perdirent, mais n'arrêtèrent rien. Une réclamation générale de la ville au roi n'arrêta rien. On condamna Grandier à être brûlé (18 août 1634). Telle était la rage de ses ennemis, qu'avant le bûcher ils exigèrent, pour la seconde fois, qu'on lui plantât partout l'aiguille pour chercher la marque du Diable. Un des juges eût voulu qu'on lui arrachât même les ongles, mais le chirurgien refusa.

On craignait l'échafaud, les dernières paroles du patient. Comme on avait trouvé dans ses papiers un écrit contre le célibat des prêtres, ceux qui le disaient sorcier le croyaient eux-mêmes esprit fort. On se souvenait des paroles hardies que les martyrs de la libre pensée avaient lancées contre leurs juges, on se rappelait le mot suprême de Jordano Bruno, la bravade de Vanini. On composa avec Grandier. On lui dit que, s'il était sage, on lui sauverait la flamme, qu'on l'étranglerait préalablement. Le faible prêtre, homme de chair, donna encore ceci à la chair, et promit de ne point parler. Il ne dit rien sur le chemin et rien sur l'échafaud. Quand on le vit bien lié au poteau, toute chose prête, et le feu disposé pour l'envelopper brusquement de flamme et de fumée, un moine, son propre confesseur, sans attendre le bourreau, mit le feu au bûcher. Le patient, engagé, n'eut que le temps de dire : « Ah! vous m'avez trompé! » Mais les tourbillons s'élevèrent et la fournaise de douleurs... On n'entendit plus que des cris.

Richelieu, dans ses *Mémoires*, parle peu de cette affaire et avec une honte visible. Il fait entendre qu'il suivit les rapports qui lui vinrent, la voix de l'opinion. Il n'en avait pas moins, en soudoyant les exorcistes, en

1. C'était l'usage encore; voir Mabillon.

lâchant la bride aux capucins, en les laissant triompher par la France, encouragé, tenté la fourberie. Gauffridi, renouvelé par Grandier, va reparaître encore plus sale, dans l'affaire de Louviers.

C'est justement en 1634 que les diables, chassés de Poitou, passent en Normandie, copiant, recopiant leurs sottises de la Sainte-Baume, sans invention et sans talent, sans imagination. Le furieux Léviathan de Provence, contrefait à Loudun, perd son aiguillon du Midi, et ne se tire d'affaire qu'en faisant parler couramment aux vierges les langues de Sodome. Hélas! tout à l'heure, à Louviers, il perd son audace même; il prend la pesanteur du Nord, et devient un pauvre d'esprit.

VIII

POSSÉDÉES DE LOUVIERS — MADELEINE BAVENT

1633-1647

Si Richelieu n'eût refusé l'enquête que demandait le P. Joseph contre les trente mille directeurs *illuminés*, on aurait d'étranges lumières sur l'intérieur des cloîtres, la vie des religieuses. Au défaut, l'histoire de Louviers, beaucoup plus instructive que celles d'Aix et de Loudun, nous montre que le directeur, quoi qu'il eût dans l'*illuminisme* un nouveau moyen de corruption, n'en employait pas moins les vieilles fraudes de sorcellerie, d'apparition diabolique, angélique, etc. [1]

Des trois directeurs successifs du couvent de Louviers, en trente ans, le premier, David, est *illuminé* et molinosiste (avant Molinos); le second, Picart, agit *par le diable* et comme sorcier; le troisième, Boullé, sous la figure d'ange.

Voici le livre capital sur cette affaire :

Histoire de Magdelaine Bavent, religieuse de Louviers, avec son interrogatoire, etc., 1652, in-4°, Rouen [2]. —

1. Il était trop facile de tromper celles qui désiraient l'être. Le célibat était alors plus difficile qu'au moyen âge, les jeûnes, les saignées monastiques ayant diminué. Beaucoup mouraient de cette vie cruellement inactive et de pléthore nerveuse. Elles ne cachaient guère leur martyre, le disaient à leurs sœurs, à leur confesseur, à la.Vierge. Chose touchante, bien plus que ridicule, et digne de pitié. On lit dans un registre d'une inquisition d'Italie cet aveu d'une religieuse; elle disait innocemment à la Madone : « De grâce, Sainte Vierge, donne-moi quelqu'un avec qui je puisse pécher. » (Dans Lasteyrie, *Confession*, p. 205.) Embarras réel pour le directeur, qui, quel que fût son âge, était en vrai péril. On sait l'histoire d'un certain couvent russe : un homme qui y entra n'en sortit pas vivant. Chez les nôtres, le directeur entrait et devait entrer tous les jours. Elles croyaient communément qu'un saint ne peut que sanctifier, et qu'un être pur purifie. Le peuple les appelait en riant les *sanctifiées* (Lestoile). Cette croyance était fort sérieuse dans les cloîtres. (V. le capucin Esprit de Bosroger, chap. XI, p. 156.)

2. Je ne connais aucun livre plus important, plus terrible, plus digne d'être réimprimé (*Bibliothèque Z, ancien* 1016). C'est l'histoire

La date de ce livre explique la parfaite liberté avec laquelle il fut écrit. Pendant la Fronde, un prêtre courageux, un oratorien, ayant trouvé aux prisons de Rouen cette religieuse, osa écrire sous sa dictée l'histoire de sa vie.

Madeleine, née à Rouen en 1607, fut orpheline à neuf ans. A douze, on la mit en apprentissage chez une lingère. Le confesseur de la maison, un franciscain, y était le maître absolu; cette lingère, faisant des vêtements de religieuses, dépendait de l'Eglise. Le moine faisait croire aux apprenties (enivrées sans doute par la belladone et autres breuvages de sorciers) qu'il les menait au Sabbat et les mariait au diable Dagon. Il en possédait trois, et Madeleine, à quatorze ans, fut la quatrième.

Elle était fort dévote, surtout à saint François. Un monastère de Saint-François venait d'être fondé à Louviers par une dame de Rouen, veuve du procureur Hennequin, pendu pour escroquerie. La dame voulait que cette œuvre aidât au salut de son mari. Elle consulta là-dessus un saint homme, le vieux prêtre David, qui dirigea la nouvelle fondation. Aux portes de la ville, dans les bois qui l'entourent, ce couvent, pauvre et sombre, né d'une si tragique origine, semblait un lieu d'austérité. David était connu par un livre bizarre et violent contre les abus qui salissaient les cloîtres, *le Fouet des paillards* [1]. Toutefois, cet homme si sévère avait des idées fort étranges de la pureté. Il était *adamite*, prêchait la nudité qu'Adam eut dans son innocence. Dociles à ses leçons, les religieuses du cloître de Louviers, pour dompter et humilier les novices, les rompre à l'obéissance, exigeaient (en été sans doute) que ces jeunes Eves revinssent à l'état de la mère commune. On les exerçait ainsi dans certains jardins réservés et à la chapelle même. Madeleine, qui, à seize ans, avait obtenu d'être reçue comme novice, était trop fière (trop pure alors peut-être) pour subir cette vie étrange. Elle déplut et fut grondée pour avoir, à la communion,

la plus forte en ce genre. — La *Piété affligée*, du capucin Esprit de Bosroger, est un livre immortel dans les annales de la bêtise humaine. J'en ai tiré, au chapitre précédent, des choses surprenantes qui pouvaient le faire brûler; mais je me suis gardé de copier les libertés amoureuses que l'ange Gabriel y prend avec la Vierge, ses baisers de colombe, etc. — Les deux admirables pamphlets du vaillant chirurgien Yvelin sont à la Bibliothèque de Sainte-Geneviève. L'*Examen* et l'*Apologie* se trouvent dans un volume relié et mal intitulé *Eloges de Richelieu* (Lettre X, 550). L'*Apologie* s'y trouve en double au volume Z, 899.

1. V. Floquet, *Parl. de Normandie*, t. V, p. 636.

essayé de cacher son sein avec la nappe de l'autel.

Elle ne dévoilait pas plus volontiers son âme, ne se confessait pas à la supérieure (p. 42), chose ordinaire dans les couvents et que les abbesses aimaient fort. Elle se confiait plutôt au vieux David, qui la sépara des autres. Lui-même se confiait à elle dans ses maladies. Il ne lui cacha point sa doctrine intérieure, celle du couvent, l'illuminisme : « Le corps ne peut souiller l'âme. Il faut, par le péché qui rend humble et guérit de l'orgueil, tuer le péché », etc. Les religieuses, imbues de ces doctrines, les pratiquant sans bruit entre elles, effrayèrent Madeleine de leur dépravation (p. 41 et *passim*). Elle s'en éloigna, resta à part, dehors, obtint de devenir tourière.

Elle avait dix-huit ans lorsque David mourut. Son grand âge ne lui avait guère permis d'aller loin avec Madeleine. Mais le curé Picart, son successeur, la poursuivit avec furie. A la confession, il ne lui parlait que d'amour. Il la fit sacristine, pour la voir seule à la chapelle. Il ne lui plaisait pas. Mais les religieuses lui défendaient tout autre confesseur, craignant qu'elle ne divulguât leurs petits mystères. Cela la livrait à Picart. Il l'attaqua malade, comme elle était presque mourante; et il l'attaqua par la peur, lui faisant croire que David lui avait transmis des formules diaboliques. Il l'attaqua enfin par la pitié, en faisant le malade lui-même, la priant de venir chez lui. Dès lors il en fut maître, et il paraît qu'il lui troubla l'esprit des breuvages du sabbat. Elle en eut les illusions, crut y être enlevée avec lui, être autel et victime. Ce qui n'était que trop vrai.

Mais Picart ne s'en tint pas aux plaisirs stériles du sabbat. Il brava le scandale et la rendit enceinte.

Les religieuses, dont il savait les mœurs, le redoutaient. Elles dépendaient aussi de lui par l'intérêt. Son crédit, son activité, les aumônes et les dons qu'il attirait de toutes parts, avaient enrichi leur couvent. Il leur bâtissait une grande église. On a vu par l'affaire de Loudun quelles étaient l'ambition, les rivalités de ces maisons, la jalousie avec laquelle elles voulaient se surpasser l'une l'autre. Picart, par la confiance des personnes riches, se trouvait élevé au rôle de bienfaiteur et second fondateur du couvent. « Mon cœur, disait-il à Madeleine, c'est moi qui bâtis cette superbe église. Après ma mort, tu verras des merveilles... N'y consens-tu pas ? »

Ce seigneur ne se gênait guère. Il paya pour elle une dot, et de sœur laie qu'elle était, il la fit religieuse, pour que, n'étant plus tourière, et vivant à l'intérieur, elle pût commodément accoucher ou avorter. Avec certaines drogues, certaines connaissances, les couvents étaient dispensés d'appeler les médecins. Madeleine (*Interrog.*, p. 13) dit qu'elle accoucha plusieurs fois. Elle ne dit point ce que devinrent les nouveau-nés.

Picart, déjà âgé, craignait la légèreté de Madeleine, qu'elle ne convolât un matin à quelque autre confesseur à qui elle dirait ses remords. Il prit un moyen exécrable pour se l'attacher sans retour. Il exigea d'elle un testament où elle promettait de *mourir quand il mourrait, et d'être où il serait*. Grande terreur pour ce pauvre esprit. Devait-il, avec lui, l'entraîner dans sa fosse ? Devait-il la mettre en enfer ? Elle se crut à jamais perdue. Devenue sa propriété, son âme damnée, il en usait et en abusait pour toutes choses. Il la prostituait dans un sabbat à quatre, avec son vicaire Boullé et une autre femme. Il se servait d'elle pour gagner les autres religieuses par un charme magique. Une hostie, trempée du sang de Madeleine, enterrée au jardin, devait leur troubler les sens et l'esprit.

C'était justement l'année où Urbain Grandier fut brûlé. On ne parlait par toute la France que des diables de Loudun. Le pénitencier d'Evreux, qui avait été un des acteurs de cette scène, en rapportait en Normandie les terribles récits. Madeleine se sentit possédée, battue des diables ; un chat aux yeux de feu la poursuivait d'amour. Peu à peu, d'autres religieuses, par un mouvement contagieux, éprouvèrent des agitations bizarres, surnaturelles. Madeleine avait demandé secours à un capucin, puis à l'évêque d'Evreux. La supérieure, qui ne put l'ignorer, ne le regrettait pas, voyant la gloire et la richesse qu'une semblable affaire avait données au couvent de Loudun. Mais, pendant six années, l'évêque fit la sourde oreille, craignant sans doute Richelieu, qui essayait alors une réforme des cloîtres.

Il voulait finir ces scandales. Ce ne fut guère qu'au moment de sa mort et de la mort de Louis XIII, dans la débâcle qui suivit, sous la reine et sous Mazarin, que les prêtres se remirent aux œuvres surnaturelles, reprirent la guerre avec le Diable. Picart était mort, et l'on craignait moins une affaire où cet homme dangereux eût pu en accuser bien d'autres. Pour combattre les visions de Madeleine, on chercha, on trouva une visionnaire. On fit entrer au couvent une certaine sœur Anne de la Nativité, sanguine et hystérique, au besoin furieuse et demi-folle, jusqu'à croire ses propres mensonges. Le duel fut organisé comme entre dogues. Elles se lardaient de calomnies. Anne voyait le diable tout nu à côté de Madeleine. Madeleine jurait qu'elle avait vu Anne au sabbat, avec la supérieure, la mère vicaire, et la mère des novices. Rien de nouveau, du reste. C'était un réchauffé des deux grands procès d'Aix et de Loudun. Elles avaient et suivaient les relations imprimées. Nul esprit, nulle invention.

L'accusatrice Anne et son diable Léviathan avaient l'appui du pénitencier d'Evreux, un des acteurs principaux de Loudun. Sur son avis, l'évêque d'Evreux ordonne de déterrer Picart, pour que son corps, éloigné du couvent, en éloigne les diables. Madeleine, condamnée sans être entendue, doit être dégradée, visitée, pour trouver sur elle la marque diabolique. On lui arrache le voile et la robe; la voilà nue, misérable jouet d'une indigne curiosité, qui eût voulu fouiller jusqu'à son sang pour pouvoir la brûler. Les religieuses ne se remirent à personne de cette cruelle visite qui était déjà un supplice. Ces vierges, converties en matrones, vérifièrent si elle était grosse, la rasèrent partout, et de leurs aiguilles piquées, plantées dans la chair palpitante, recherchèrent s'il y avait une place insensible, comme doit être le signe du diable. Partout elles trouvèrent la douleur; si elles n'eurent le bonheur de la prouver sorcière, du moins elles jouirent des larmes et des cris.

Mais la sœur Anne ne se tint pas contente; sur la déclaration de son diable, l'évêque condamna Madeleine, que la visite justifiait, à un éternel *in-pace*. Son départ, disait-on, calmerait le couvent. Il n'en fut pas ainsi. Le diable sévit encore plus; une vingtaine de religieuses criaient, prophétisaient, se débattaient.

Ce spectacle attirait la foule curieuse de Rouen, et de Paris même. Un jeune chirurgien de Paris, Yvelin, qui déjà avait vu la farce de Loudun, vint voir celle de Louviers. Il avait amené avec lui un magistrat fort clairvoyant, conseiller des aides à Rouen. Ils y mirent une attention persévérante, s'établirent à Louviers, étudièrent pendant dix-sept jours.

Du premier jour, ils virent le compérage. Une conversation qu'ils avaient eue avec le pénitencier d'Evreux, en entrant à la ville, leur fut redite (comme chose révélée) par le diable de la sœur Anne. Chaque fois, ils vinrent avec la foule au jardin du couvent. La mise en scène était fort saisissante. Les ombres de la nuit, les torches, les lumières vacillantes et fumeuses, produisaient des effets qu'on n'avait pas eus à Loudun. La méthode était simple, du reste ; une des possédées disait : « On trouvera un charme à tel point du jardin. » On creusait, et on le trouvait. Par malheur, l'ami d'Yvelin, le magistrat sceptique, ne bougeait des côtés de l'actrice principale, la sœur Anne. Au bord même d'un trou que l'on venait d'ouvrir, il serre sa main, et, la rouvrant, y trouve le charme (un petit fil noir) qu'elle allait jeter dans la terre.

Les exorcistes, pénitencier, prêtres et capucins, qui étaient là, furent couverts de confusion. L'intrépide Yvelin, de son autorité, commença une enquête et vit le fond du fond. Sur cinquante-deux religieuses, il y en avait, dit-il, six *possédées* qui eussent mérité correction. Dix-sept autres, les *charmées*, étaient des victimes, un troupeau de filles agitées du mal des cloîtres. Il le formule avec précision ; elles sont réglées, mais hystériques, gonflées d'orages à la matrice, lunatiques surtout, et dévoyées d'esprit. La contagion nerveuse les a perdues. La première chose à faire est de les séparer.

Il examine ensuite avec une verve voltairienne les signes auxquels les prêtres reconnaissaient le caractère surnaturel des possédées. *Elles prédisent*, d'accord, mais ce qui n'arrive pas. Elles traduisent, d'accord, mais ne comprennent pas (exemple : *ex parte Virginis*, veut dire le départ de la Vierge). Elles *savent le grec* devant le peuple de Louviers, mais ne le parlent plus devant les docteurs de Paris. *Elles font des sauts*, *des tours*, les plus faciles, montent à un gros tronc d'arbre où monterait un enfant de trois ans. Bref, ce qu'elles font de terrible et vraiment *contre la nature*, c'est de dire des choses sales, qu'un homme ne dirait jamais.

Le chirurgien rendait grand service à l'humanité en leur ôtant le masque. Car on poussait la chose ; on allait faire d'autres victimes. Outre les charmes, on trouvait des papiers qu'on attribuait à David ou à Picart, sur lesquels telle ou telle personne était nommée sorcière, désignée à la mort. Chacun tremblait d'être nommé. De proche en proche gagnait la terreur ecclésiastique.

C'était déjà le temps pourri de Mazarin, le début de la faible Anne d'Autriche. Plus d'ordre, plus de gouvernement. « Il n'y avait plus qu'un mot dans la langue : *La reine est si bonne.* » Cette bonté donnait au clergé une chance pour dominer. L'autorité laïque étant enterrée avec Richelieu, évêques, prêtres et moines allaient régner. L'audace impie du magistrat et d'Yvelin compromettait ce doux espoir. Des voix gémissantes vinrent à la bonne reine, non celles des victimes, mais celles des fripons pris en flagrant délit. On s'en alla pleurer à la cour pour la religion outragée.

Yvelin n'attendait pas ce coup; il se croyait solide en cour, ayant depuis dix ans un titre de chirurgien de la reine. Avant qu'il ne revînt de Louviers à Paris, on obtint de la faiblesse d'Anne d'Autriche d'autres experts, ceux qu'on voulait, un vieux sot en enfance, un Diafoirus de Rouen et son neveu, deux clients du clergé. Ils ne manquèrent pas de trouver que l'affaire de Louviers était surnaturelle, au-dessus de tout art humain.

Tout autre qu'Yvelin se fût découragé. Ceux de Rouen, qui étaient médecins, traitaient de haut en bas ce chirurgien, ce barbier, ce frater. La cour ne le soutenait pas. Il s'obstina dans une brochure qui restera. Il accepte ce grand duel de la science contre le clergé, déclare (comme Wyer au seizième siècle) « que le vrai juge en ces choses n'est pas le prêtre, mais l'homme de science ». A grand-peine, il trouva quelqu'un qui osât imprimer, mais personne qui voulût vendre. Alors ce jeune homme héroïque se fit en plein soleil distributeur du petit livre. Il se posta au lieu le plus passager de Paris, au pont Neuf, aux pieds d'Henri IV donna son factum aux passants. On trouvait à la fin le procès-verbal de la honteuse fraude, le magistrat prenant dans la main des diables femelles la pièce sans réplique qui constatait leur infamie.

Revenons à la misérable Madeleine. Le pénitencier d'Evreux, son ennemi, qui l'avait fait piquer (en marquant la place aux aiguilles! p. 67), l'emportait, comme sa proie, au fond de l'*in-pace* épiscopal de cette ville. Sous une galerie souterraine plongeait une cave, sous la cave une basse-fosse où la créature humaine fut mise dans les ténèbres humides. Ses terribles compagnes, comptant qu'elle allait crever là, n'avaient pas même eu la charité de lui donner un peu de linge pour panser son ulcère (p. 45). Elle en souffrait et de douleur et de malpropreté, couchée dans son ordure. La nuit perpétuelle était troublée d'un va-et-vient inquiétant de rats voraces, redoutés aux prisons, sujets à manger des nez, des oreilles.

Mais l'horreur de tout cela n'égalait pas encore celle que lui donnait son tyran, le pénitencier. Il venait chaque jour dans la cave au-dessus, parler au trou de l'*in-pace*, menacer, commander, et la confesser malgré elle, lui faire dire ceci et cela contre d'autres personnes. Elle ne mangeait plus. Il craignit qu'elle n'expirât, la tira un moment de l'*in-pace*, la mit dans la cave supérieure. Puis, furieux du factum d'Yvelin, il la remit dans son égout d'en bas.

La lumière entrevue, un peu d'espoir saisi, et perdu tout à coup, cela combla son désespoir. L'ulcère s'était fermé, et elle avait plus de force. Elle fut prise au cœur d'un furieux désir de la mort. Elle avalait des araignées, vomissait seulement, n'en mourait pas. Elle pila du verre, l'avala. En vain. Ayant trouvé un méchant fer coupant, elle travailla à se couper la gorge, ne put. Puis, prit un endroit mou, le ventre, et s'enfonça le fer dans les entrailles. Quatre heures durant, elle poussa, tourna, saigna. Rien ne lui réussit. Cette plaie même se ferma bientôt. Pour comble, la vie si odieuse lui revenait plus forte. La mort du cœur n'y faisait rien.

Elle redevint une femme, hélas! et désirable encore, une tentation pour ses geôliers, valets brutaux de l'évêché, qui, malgré l'horreur de ce lieu, l'infection et l'état de la malheureuse, venaient se jouer d'elle, se croyaient tout permis sur la sorcière. Un ange la secourut, dit-elle. Elle se défendit et des hommes et des rats. Mais elle ne se défendit pas d'elle-même. La prison déprave l'esprit. Elle rêvait le diable, l'appelait à la visiter, implorait le retour des joies honteuses, atroces, dont il la navrait à Louviers. Il ne daignait plus revenir. La puissance des songes était finie en elle, les sens dépravés, mais éteints. D'autant plus revint-elle au désir du suicide. Un geôlier lui avait donné une drogue pour détruire les rats du cachot. Elle allait l'avaler, un ange l'arrêta (un ange ou un démon ?) qui la réservait pour le crime.

Tombée dès lors à l'état le plus vil, à un indicible

néant de lâcheté, de servilité, elle signa des listes interminables de crimes qu'elle n'avait pas faits. Valait-elle la peine qu'on la brûlât ? Plusieurs y renonçaient. L'implacable pénitencier seul y pensait encore. Il offrit de l'argent à un sorcier d'Evreux qu'on tenait en prison s'il voulait témoigner pour faire mourir Madeleine (p. 68).

Mais on pouvait désormais se servir d'elle pour un bien autre usage, en faire un faux témoin, un instrument de calomnie. Toutes les fois qu'on voulait perdre un homme, on la traînait à Louviers, à Evreux. Ombre maudite d'une morte qui ne vivait plus que pour faire des morts. On l'amena ainsi pour tuer de sa langue un pauvre homme nommé Duval. Le pénitencier lui dicta, elle répéta docilement; il lui dit à quel signe elle reconnaîtrait Duval qu'elle n'avait jamais vu. Elle le reconnut et dit l'avoir vu au sabbat. Par elle, il fut brûlé!

Elle avoue cet horrible crime, et frémit de penser qu'elle en répondra devant Dieu. Elle tomba dans un tel mépris, qu'on ne daigna plus la garder. Les portes restaient grandes ouvertes; parfois elle en avait les clefs. Où aurait-elle été, devenue un objet d'horreur ? Le monde, dès lors, la repoussait, la vomissait; son seul monde était son cachot.

Sous l'anarchie de Mazarin et de sa bonne dame, les Parlements restaient la seule autorité. Celui de Rouen, jusque-là le plus favorable au clergé, s'indigna cependant de l'arrogance avec laquelle il procédait, régnait, brûlait. Une simple décision d'évêque avait fait déterrer Picart, jeter à la voirie. Maintenant on passait au vicaire Boullé, et on lui faisait son procès. Le parlement écouta la plainte des parents de Picart, et condamna l'évêque d'Evreux à le replacer à ses frais au tombeau de Louviers. Il fit venir Boullé, se chargea du procès, et à cette occasion tira enfin d'Evreux la misérable Madeleine, et la prit aussi à Rouen.

On craignait fort qu'il ne fît comparaître et le chirurgien Yvelin et le magistrat qui avait pris en flagrant délit la fraude des religieuses. On courut à Paris. Le fripon Mazarin protégea les fripons; toute l'affaire fut appelée au Conseil du roi, tribunal indulgent qui n'avait point d'yeux, point d'oreilles, et dont la charge était d'enterrer, d'étouffer, de faire la nuit en toute chose de justice.

En même temps, des prêtres doucereux, aux cachots de Rouen, consolèrent Madeleine, la confessèrent, lui enjoignirent pour pénitence de demander pardon à ses persécutrices, les religieuses de Louviers. Dès lors, quoi qu'il advînt, on ne put plus faire témoigner contre elles Madeleine ainsi liée. Triomphe du clergé. Le capucin Esprit de Bosroger, un des fourbes exorcistes, a chanté ce triomphe dans sa *Piété affligée*, burlesque monument de sottise où il accuse, sans s'en apercevoir, les gens qu'il croit défendre. On a vu un peu plus haut (dans une note) le beau texte du capucin où il donne pour leçons des anges les maximes honteuses qui eussent effrayé Molinos.

La Fronde fut, je l'ai dit, une révolution d'honnêteté. Les sots n'ont vu que la forme, le ridicule; le fond, très grave, fut une réaction morale. En août 1647, au premier souffle libre, le parlement passa outre, trancha le nœud. Il ordonna : 1° qu'on détruisît la Sodome de Louviers, que les filles dispersées fussent remises à leurs parents; 2° que désormais les évêques de la province envoyassent quatre fois par an des confesseurs extraordinaires aux maisons de religieuses pour rechercher si ces abus immondes ne se renouvelaient point.

Cependant il fallait une consolation au clergé. On lui donna les os de Picart à brûler, et le corps vivant de Boullé, qui, ayant fait amende honorable à la cathédrale, fut traîné sur la claie au Marché aux poissons, où il fut dévoré des flammes (21 août 1647). Madeleine, ou plutôt son cadavre, resta aux prisons de Rouen.

IX

SATAN TRIOMPHE AU XVIIe SIÈCLE

La Fronde est un Voltaire. L'esprit voltairien, aussi vieux que la France, mais longtemps contenu, éclate en politique et bientôt en religion. Le grand roi veut en vain imposer un sérieux solennel. Le rire continue en dessous.

Mais n'est-ce donc que rire et risée ? Point du tout, c'est l'avènement de la Raison. Par Keppler, Galilée, par Descartes et Newton, s'établit triomphalement le dogme raisonnable, la foi à l'*immutabilité des lois de la Nature.* Le miracle n'ose plus paraître, ou, quand il l'ose, il est sifflé.

Pour parler mieux encore, les fantasques miracles du caprice ayant disparu, apparaît le grand miracle universel et d'autant plus divin qu'il est plus régulier.

C'est la grande Révolte qui décidément a vaincu. Vous la reconnaissez dans les formes hardies de ces premières explosions, dans l'ironie de Galilée, dans le doute absolu dont part Descartes pour commencer sa construction. Le moyen âge eût dit : « C'est l'esprit du *Malin.* »

Victoire non négative pourtant, mais fort affirmative et de ferme fondation. L'*Esprit de la nature et les sciences de la nature*, ces proscrits du vieux temps, rentrent irrésistibles. C'est la Réalité, la Substance elle-même qui vient chasser les vaines ombres.

On avait follement dit : « Le grand Pan est mort. » Puis, voyant qu'il vivait, on l'avait fait un Dieu du mal; à travers le chaos, on pouvait s'y tromper. Mais le voici qui vit, et qui vit harmonique dans la sublime fixité des lois qui dirigent l'étoile et qui non moins dirigent le mystère profond de la vie.

On peut dire de ce temps deux choses qui ne sont

point contradictoires : l'esprit de Satan a vaincu, mais c'est fait de la sorcellerie.

Toute thaumaturgie, diabolique ou sacrée, est bien malade alors. Sorciers, théologiens, sont également impuissants. Ils sont à l'état d'empiriques, implorant en vain d'un hasard surnaturel et du caprice de la grâce, les merveilles que la science ne demande qu'à la Nature, à la Raison.

Les jansénistes, si zélés, n'obtiennent en tout un siècle qu'un tout petit miracle ridicule. Moins heureux encore les jésuites, si puissants et si riches, ne peuvent à aucun prix s'en procurer, et se contentent des visions d'une fille hystérique, sœur Marie Alacoque, énormément sanguine, qui ne voyait que sang. Devant une telle impuissance, la magie, la sorcellerie pourront se consoler.

Notez qu'en cette décadence de la foi au surnaturel, l'un suit l'autre. Ils étaient liés dans l'imagination, dans la terreur du moyen âge. Ils sont liés encore dans le rire et dans le dédain. Quand Molière se moqua du Diable et des « chaudières bouillantes », le clergé s'émut fort; il sentit que la foi au Paradis baissait d'autant.

Un gouvernement tout laïque, celui du grand Colbert (qui fut longtemps le vrai roi), ne cache pas son mépris de ces vieilles questions. Il vide les prisons des sorciers qu'y entassait encore le Parlement de Rouen, *défend aux tribunaux d'admettre l'accusation de sorcellerie (1672)*. Ce parlement réclame et fait très bien entendre qu'en niant la sorcellerie, on compromet bien d'autres choses. En doutant des mystères d'en bas, on ébranle dans beaucoup d'âmes la croyance aux mystères d'en haut.

Le sabbat disparaît. Et pourquoi ? C'est qu'il est partout. Il entre dans les mœurs. Ses pratiques sont la vie commune.

On disait du sabbat : « Jamais femme n'en revint enceinte. » On reprochait au diable, à la sorcière, d'être l'ennemi de la génération, de détester la vie, d'aimer la mort et le néant, etc. Et il se trouve justement qu'au pieux dix-septième siècle, où la sorcière expire [1], l'amour

1. Je ne prends pas la Voisin pour sorcière, ni pour sabbat la contrefaçon qu'elle en faisait pour amuser des grands seigneurs blasés, Luxembourg et Vendôme, son disciple, et les effrontées Mazarines

de la stérilité et la peur d'engendrer, sont la maladie générale.

Si Satan lit, il a sujet de rire, en lisant les casuistes, ses continuateurs. Y a-t-il pourtant quelque différence ? Oui. Satan, dans des temps effroyables fut prévoyant pour l'affamé; il eut pitié du pauvre. Mais ceux-ci ont pitié du riche. Le riche, avec ses vices, son luxe, sa vie de cour, est un nécessiteux, un misérable, un mendiant. Il vient en confession, humblement menaçant, extorquer du docteur une autorisation de pécher en conscience. Un jour quelqu'un fera (si on en a le courage) la surprenante histoire des lâchetés du casuiste qui veut garder son pénitent, des expédients honteux où il descend. De Navarro à Escobar, un marchandage étrange se fait aux dépens de l'épouse, et on dispute encore un peu. Mais ce n'est pas assez. Le casuiste est vaincu, lâche tout. De Zoccoli à Liguori (1670-1770), il ne défend plus la nature.

Le Diable, au sabbat, comme on sait, eut deux visages, l'un d'en haut, menaçant, et l'autre au dos, burlesque. Aujourd'hui, qu'il n'en a que faire, il donnera ce dernier généreusement au casuiste.

Ce qui doit amuser Satan, c'est que ses fidèles se trouvent alors chez les honnêtes gens, les ménages sérieux qui se gouvernent par l'Eglise [1]. La mondaine, qui relève sa maison par la grande ressource du temps, l'adultère lucratif, se rit de la prudence et suit la nature hardiment. La famille dévote ne suit que son jésuite. Pour conserver, concentrer la fortune, pour laisser un fils riche, elle entre aux voies obliques de la spiritualité nouvelle. Dans l'ombre et le secret, la plus fière, au prie-Dieu, s'ignore, s'oublie, s'absente, suit la leçon de Molinos : « Nous sommes ici-bas pour souffrir! Mais la pieuse

Des prêtres scélérats, associés à la Voisin, leur disaient secrètement la messe noire, et plus obscène certainement qu'elle n'avait pu être jadis devant tout un peuple. Dans une misérable victime, autel vivant, on piloriait la nature. Une femme livrée à la risée! horreur!... jouet bien moins des hommes encore que de la cruauté des femmes, d'une Bouillon, insolente, effrénée, ou de la noire Olympe, profonde en crimes et docteur en poisons (1681).

1. La stérilité va toujours croissant dans le dix-septième siècle, spécialement dans les familles rangées, réglées à la stricte mesure du confessionnal. Prenez même les jansénistes. Suivez les Arnauld; voici leur décroissance : d'abord vingt enfants, quinze enfants; puis cinq! et enfin plus d'enfant. Cette race énergique (et mêlée aux vaillants Colbert) finit-elle par énervation ? Non. Elle s'est resserrée peu à peu pour faire un aîné riche, un grand seigneur et un ministre. Elle y arrive et meurt de son ambitieuse prudence, certainement autorisée.

indifférence, à la longue, adoucit, endort. On obtient un néant. — La mort ? Pas tout à fait. On ressent quelque peu les affaires d'à côté. Sans se mêler, ni répondre de rien, on en a l'écho, vague et doux. C'est comme un hasard de la Grâce, suave et pénétrante, nulle part plus qu'aux abaissements où s'éclipse la volonté. »

Exquises profondeurs... Pauvre Satan! que tu es dépassé! Humilie-toi, admire, et reconnais tes fils.

Les médecins, qui bien plus encore sont ses fils légitimes, qui naquirent de l'empirisme populaire qu'on appelait sorcellerie, eux ses héritiers préférés à qui il a laissé son plus haut patrimoine, ne s'en souviennent pas assez. Ils sont ingrats pour la sorcière qui les a préparés.

Ils font plus. A ce roi déchu, à leur père et auteur, ils infligent certains coups de fouet... *Tu quoque, fili mi!...* Ils donnent contre lui des armes cruelles aux rieurs.

Déjà ceux du seizième siècle se moquaient de l'Esprit, qui de tout temps, des sibylles aux sorcières, agita et gonfla la femme. Ils soutenaient qu'il n'est ni Diable, ni Dieu, mais, comme disait le moyen âge : « le Prince de l'air. » Satan ne serait qu'une maladie!

La *possession* ne serait qu'un effet de la vie captive, assise, sèche et tendue, des cloîtres. Les 6.500 diables de la petite Madeleine de Gauffridi, les légions qui se battaient dans le corps des nonnes exaspérées de Loudun, de Louviers, ces docteurs les appellent des orages physiques. « Si Eole fait trembler la terre, dit Yvelin, pourquoi pas le corps d'une fille ? » Le chirurgien de la Cadière (qu'on va voir tout à l'heure), dit sèchement : « Rien autre chose qu'une suffocation de matrice. »

Etrange déchéance! L'effroi du moyen âge vaincu, mis en déroute devant les plus simples remèdes, les exorcismes à la Molière, fuirait et s'évanouirait ?

C'est trop réduire la question. Satan est autre chose. Les médecins n'en voient ni le haut, ni le bas, — ni sa haute Révolte dans la science, — ni les étranges compromis d'intrigue dévote et d'impureté qu'il fait vers 1700, unissant Priape et Tartufe.

On croit connaître le dix-huitième siècle, et l'on n'a jamais vu une chose essentielle qui le caractérise.

Plus sa surface, ses couches supérieures, furent civilisées, éclairées, inondées de lumière, plus hermétiquement se ferma au-dessous la vaste région du monde ecclésiastique, du couvent, des femmes crédules, maladives et prêtes à tout croire. En attendant Cagliostro, Mesmer et les magnétiseurs qui viendront vers la fin du siècle, nombre de prêtres exploitent la défunte sorcellerie. Ils ne parlent que d'ensorcellements, en répandent la peur, et se chargent de chasser les diables par des exorcismes indécents. Plusieurs font les sorciers, sachant bien qu'ils y risquent peu, qu'on ne brûlera plus désormais. Ils se sentent gardés par la douceur du temps, par la tolérance que prêchent leurs ennemis les philosophes, par la légèreté des grands rieurs, qui croient tout fini, si l'on rit. Or, c'est justement parce qu'on rit que ces ténébreux machinistes vont leur chemin et craignent peu. L'esprit nouveau, c'est celui du Régent, sceptique et débonnaire. Il éclate aux *Lettres persanes*, il éclate partout dans le tout-puissant journaliste qui remplit le siècle, Voltaire. Si le sang humain coule, tout son cœur se soulève. Pour tout le reste, il rit. Peu à peu la maxime du public mondain paraît être : « Ne rien punir, et rire de tout. »

La tolérance permet au cardinal Tencin d'être publiquement le mari de sa sœur. La tolérance assure les maîtres des couvents dans une possession paisible des religieuses, jusqu'à déclarer les grossesses, constater légalement les naissances [1]. La tolérance excuse le P. Apollinaire, pris dans un honteux exorcisme [2]. Cauvrigny, le galant jésuite idole des couvents de province, n'expie ses aventures que par un rappel à Paris, c'est-à-dire un avancement.

Autre ne fut la punition du fameux jésuite Girard; il mérita la corde et fut comblé d'honneur, mourut en odeur

1. Exemple. Le noble chapitre des chanoines de Pignan, qui avait l'honneur d'être représenté aux Etats de Provence, ne tenait pas moins fièrement à la possession publique des religieuses du pays. Ils étaient seize chanoines. La prévôté, en une seule année, reçut des nonnes seize déclarations de grossesse. (*Histoire manuscrite de Besse*, par M. Renoux, communiquée par M. Th.) Cette publicité avait cela de bon que le crime monastique, l'infanticide, dut être moins commun. Les religieuses, soumises à ce qu'elles considéraient comme une charge de leur état, au prix d'une petite honte, étaient humaines et bonnes mères. Elles sauvaient du moins leurs enfants. Celles de Pignan les mettaient en nourrice chez les paysans, qui les adoptaient, s'en servaient, les élevaient avec les leurs. Ainsi nombre d'agriculteurs sont connus aujourd'hui même pour enfants de la noblesse ecclésiastique de Provence.

2. Garinet, 344.

de sainteté. C'est l'affaire la plus curieuse du siècle. Elle fait toucher au doigt la méthode du temps, le mélange grossier des machines les plus opposées. Les suavités dangereuses du Cantique des Cantiques étaient, comme toujours, la préface. On continuait par Marie Alacoque, par le mariage des Cœurs sanglants, assaisonné des morbides douceurs de Molinos. Girard y ajouta le souffle diabolique et les terreurs de l'ensorcellement. Il fut le diable et il fut l'exorciste. Enfin, chose terrible, l'infortunée qu'il immola barbarement, loin d'obtenir justice, fut poursuivie à mort. Elle disparut, probablement enfermée par lettre de cachet, et plongée vivante au sépulcre.

X

LE P. GIRARD ET LA CADIÈRE — 1730

Les jésuites avaient du malheur. Etant si bien à Versailles, maîtres à la cour, ils n'avaient pas le moindre crédit du côté de Dieu. Pas le plus petit miracle. Les jansénistes abondaient du moins en touchantes légendes. Nombre infini de créatures malades, d'infirmes, de boiteux, de paralytiques, trouvaient au tombeau du diacre Pâris un moment de guérison. Ce malheureux peuple écrasé par une suite effroyable de fléaux (le grand Roi, premier fléau, puis la Régence, le Système qui firent tant de mendiants), ce peuple venait demander son salut à un pauvre homme de bien, un vertueux imbécile, un saint, malgré ses ridicules. Et pourquoi rire après tout ? Sa vie est bien plus touchante encore que risible. Il ne faut pas s'étonner si ces bonnes gens, émus, au tombeau de leur bienfaiteur, oubliaient tout à coup leurs maux. La guérison ne durait guère; n'importe, le miracle avait eu lieu, celui de la dévotion, du bon cœur, de la reconnaissance. Plus tard, la friponnerie se mêla à tout cela; mais alors (en 1728) ces étranges scènes populaires étaient très pures.

Les jésuites auraient tout donné pour avoir le moindre de ces miracles qu'ils niaient. Ils travaillaient depuis près de cinquante ans à orner de fables et de petits contes leur légende du Sacré-Cœur, l'histoire de Marie Alacoque. Depuis vingt-cinq ou trente ans, ils avaient tâché de faire croire que leur confrère, Jacques II, non content de guérir les écrouelles (en qualité de roi de France), après sa mort s'amusait à faire parler les muets, faire marcher droit les boiteux, redresser les louches. Les guéris louchaient encore plus. Quant aux muets, il se trouva, par malheur, que celle qui jouait ce rôle était une coquine avérée, prise en flagrant délit de vol. Elle courait les provinces, et, à toutes les chapelles de saints renommés, elle était guérie par miracle et recevait les aumônes; puis recommençait ailleurs.

Pour se procurer des miracles, le Midi vaut mieux. Il y a là des femmes nerveuses, de facile exaltation, propres à faire des somnambules, des miraculées, des stigmatisées, etc.

Les jésuites avaient à Marseille un évêque à eux, Belzunce, homme de cœur et de courage, illustre depuis la fameuse peste, mais crédule et fort borné, sous l'abri duquel on pouvait hasarder beaucoup. Ils avaient mis près de lui un jésuite franc-comtois, qui ne manquait pas d'esprit; qui, avec une apparence austère, n'en prêchait pas moins agréablement dans le genre fleuri, un peu mondain, qu'aiment les dames. Vrai jésuite qui pouvait réussir de deux manières, ou par l'intrigue féminine, ou par le *santissimo*. Girard n'avait pour lui ni l'âge, ni la figure; c'était un homme de quarante-sept ans, grand, sec, qui semblait exténué; il avait l'oreille un peu dure, l'air sale et crachait partout (p. 50, 69, 254)[1]. Il avait enseigné longtemps, jusqu'à l'âge de trente-sept ans, et gardait certains goûts de collège. Depuis dix ans, c'est-à-dire depuis la grande peste, il était confesseur de religieuses. Il y avait réussi et avait obtenu sur elles un assez grand ascendant en leur imposant ce qui semblait le plus contraire au tempérament de ces Provençales, les doctrines et les disciplines de la mort mystique, la passivité absolue, l'oubli parfait de soi-même. Le terrible événement avait aplati les courages, énervé les cœurs, amollis d'une certaine langueur morbide. Les Carmélites de Marseille, sous la conduite de Girard, allaient loin dans ce mysticisme, à leur tête, une certaine sœur Rémusat, qui passait pour sainte.

Les jésuites, malgré ce succès, ou peut-être pour ce succès même, éloignèrent Girard de Marseille; ils voulurent l'employer à relever leur maison de Toulon. Elle en avait grand besoin. Le magnifique établissement de Colbert, le *séminaire des aumôniers de la marine*, avait été confié aux jésuites pour décrasser ces jeunes aumôniers de la direction des Lazaristes, sous laquelle ils étaient presque partout. Mais les deux jésuites qu'on y avait mis

1. Dans une affaire si discutée, je cite constamment, et surtout un volume in-folio : *Procédure du P. Girard et de la Cadière*. Aix, 1733. Pour ne pas multiplier les notes, j'indique seulement dans mon texte la page de ce volume.

étaient peu capables. L'un était un sot, l'autre (le P. Sabbatier), un homme singulièrement emporté, malgré son âge. Il avait l'insolence de notre ancienne marine, ne daignait garder aucune mesure. On lui reprochait à Toulon, non d'avoir une maîtresse, ni même une femme mariée, mais de l'avoir insolemment, outrageusement, de manière à désespérer le mari. Il voulait que celui-ci, surtout, connût bien sa honte, sentît toutes les piqûres. Les choses furent poussées si loin que le pauvre homme en mourut [1].

Du reste, les rivaux des jésuites offraient encore plus de scandale. Les Observantins, qui dirigeaient les Clarisses (ou Clairistes) d'Ollioules, avaient publiquement des religieuses pour maîtresses, et cela ne suffisant pas, ils ne respectaient pas même les petites pensionnaires. Le père gardien, un Aubany, en avait violé une de treize ans; poursuivi par les parents, il s'était sauvé à Marseille.

Girard, nommé directeur du *séminaire des aumôniers*, allait, par son austérité apparente, par sa dextérité réelle, rendre l'ascendant aux jésuites sur des moines tellement compromis, sur des prêtres de paroisse peu instruits et fort vulgaires.

En ce pays où l'homme est brusque, souvent âpre d'accent, d'extérieur, les femmes apprécient fort la douce gravité des hommes du Nord; elles leur savent gré de parler la langue aristocratique, officielle, le français.

Girard, arrivant à Toulon, devait connaître parfaitement le terrain d'avance. Il avait là déjà à lui une certaine Guiol qui venait parfois à Marseille, où elle avait une fille Carmélite. Cette Guiol, femme d'un petit menuisier, se mit entièrement à sa disposition, autant et plus qu'il ne voulait; elle était fort mûre, de son âge (quarante-sept ans), extrêmement véhémente, corrompue et bonne à tout, prête à lui rendre des services de toute sorte, quoi qu'il fît, quoi qu'il fût, un scélérat ou un saint.

Cette Guiol, outre sa fille Carmélite de Marseille, en avait une qui était sœur converse aux Ursulines de Toulon. Les Ursulines, religieuses enseignantes, étaient partout comme un centre; leur parloir, fréquenté des mères, était un intermédiaire entre le cloître et le monde. Chez elles et par elles, sans doute, Girard vit les dames de la ville,

1. Bibliothèque de la ville de Toulon. *Pièces et chansons manuscrites.* 1 vol. in-folio, très curieux.

entre autres une de quarante ans, non mariée, Mlle Gravier, fille d'un ancien entrepreneur des travaux du roi à l'Arsenal. Cette dame avait comme une ombre qui ne la quittait pas, la Reboul, sa cousine, fille d'un patron de barque, qui était sa seule héritière, et qui, quoiqu'à peu près du même âge (trente-cinq ans), prétendait bien hériter. Près d'elles, se formait peu à peu un petit cénacle d'admiratrices de Girard qui devinrent ses pénitentes. Des jeunes filles y étaient parfois introduites, comme Mlle Cadière, fille d'un marchand, une couturière, la Laugier, la Batarelle, fille d'un batelier. On y faisait de pieuses lectures et parfois de petits goûters. Mais rien n'intéressait plus que certaines lettres où l'on contait les miracles et les extases de sœur Rémusat, encore vivante (elle mourut en février 1730). Quelle gloire pour le P. Girard qui l'avait menée si haut! On lisait cela, on pleurait, on criait d'admiration. Si l'on n'avait encore d'extases, on n'était pas loin d'en avoir. Et la Reboul, pour plaire à sa parente, se mettait déjà parfois dans un état singulier par le procédé connu de s'étouffer tout doucement et de se pincer le nez [1].

De ces femmes et filles, la moins légère certainement était Mlle Catherine Cadière, délicate et maladive personne de dix-sept ans, tout occupée de dévotion et de charité, d'un visage mortifié, qui semblait indiquer que, quoique bien jeune, elle avait plus qu'aucune autre ressenti les grands malheurs du temps, ceux de la Provence et de Toulon. Cela s'explique assez. Elle était née dans l'affreuse famine de 1709, et, au moment où une fille devient vraie fille, elle eut le terrible spectacle de la Grande Peste. Elle semblait marquée de ces deux événements, un peu hors de la vie, et déjà de l'autre côté.

La triste fleur était tout à fait de Toulon, de ce Toulon d'alors. Pour la comprendre, il faut bien se rappeler ce qu'est, ce qu'était cette ville.

Toulon est un passage, un lieu d'embarquement, l'entrée d'un port immense et d'un gigantesque arsenal. Voilà ce qui saisit le voyageur et l'empêche de voir Toulon même. Il y a pourtant là une ville, une vieille cité. Elle contient deux peuples différents, le fonctionnaire étranger, et le vrai Toulonnais, celui-ci peu ami de

1. V. le *Procès*, et Swift, *Mécanique de l'enthousiasme*.

l'autre, enviant l'employé et souvent révolté par les grands airs de la Marine. Tout cela concentré dans les rues ténébreuses d'une ville étranglée alors de l'étroite ceinture des fortifications. L'originalité de la petite ville noire c'est de se trouver justement entre deux océans de lumières, le merveilleux miroir de la rade et le majestueux amphithéâtre de ses montagnes chauves d'un gris éblouissant et qui vous aveuglent à midi. D'autant plus sombres paraissent les rues. Celles qui ne vont pas droit au port et n'en tirent pas quelque lumière, sont à toute heure profondément obscures. Des allées sales et de petits marchands, des boutiques mal garnies, invisibles à qui vient du jour, c'est l'aspect général. L'intérieur forme un labyrinthe de ruelles, où l'on trouve beaucoup d'églises, de vieux couvents, devenus casernes. De forts ruisseaux, chargés et salis des eaux ménagères, courent en torrents. L'air y circule peu, et l'on est étonné, sous un climat si sec, d'y trouver tant d'humidité.

En face du nouveau théâtre, une ruelle appelée la *rue de l'Hôpital* va de la rue Royale assez étroite, à l'étroite rue des Canonniers (S.-Sébastien). On dirait une impasse. Le soleil cependant y jette un regard à midi, mais il trouve le lieu si triste qu'à l'instant même il passe et rend à la ruelle son ombre obscure.

Entre ces noires maisons, la plus petite était celle du sieur Cadière, regrattier, ou revendeur. On n'entrait que par la boutique, et il y avait une chambre à chaque étage. Les Cadière étaient gens honnêtes, dévots, et Madame Cadière un miroir de perfection. Ces bonnes gens n'étaient pas absolument pauvres. Non seulement la petite maison était à eux, mais, comme la plupart des bourgeois de Toulon, ils avaient une *bastide*. C'est une masure, le plus souvent, un petit clos pierreux qui donne un peu de vin. Au temps de la grande marine, sous Colbert et son fils, le prodigieux mouvement du port profitait à la ville. L'argent de la France arrivait là. Tant de grands seigneurs qui passaient, traînaient après eux leurs maisons, leurs nombreux domestiques, un peuple gaspillard, qui derrière lui laissait beaucoup. Tout cela finit brusquement. Ce mouvement artificiel cessa; on ne pouvait plus même payer les ouvriers de l'Arsenal; les vaisseaux délabrés restaient non réparés, et l'on finit par en vendre le bois [1].

1. V. une très bonne dissertation manuscrite de M. Brun.

Toulon sentit bien fort le contrecoup de tout cela. Au siège de 1707, il semblait quasi mort. Mais que fut-ce dans la terrible année de 1709, le 93 de Louis XIV! quand tous les fléaux à la fois, cruel hiver, famine, épidémie, semblaient vouloir raser la France! — Les arbres de Provence, eux-mêmes, ne furent pas épargnés. Les communications cessèrent. Les routes se couvraient de mendiants, d'affamés! Toulon tremblait, entourée de brigands qui coupaient toutes les routes.

Madame Cadière, pour comble, en cette année cruelle, était enceinte. Elle avait trois garçons. L'aîné restait à la boutique, aidait son père. Le second était aux Prêcheurs et devait se faire moine dominicain (jacobin, comme on disait). Le troisième étudiait pour être prêtre au séminaire des Jésuites. Les époux voulaient une fille; madame demandait à Dieu une sainte. Elle passa ses neuf mois en prières, jeûnant ou ne mangeant que du pain de seigle. Elle eut une fille, Catherine. L'enfant était très délicate, et, comme ses frères, un peu malsaine. L'humidité de la maison sans air, la faible nourriture d'une mère si économe, et plus que sobre, y contribuaient. Les frères avaient des glandes qui s'ouvraient quelquefois; et la petite en eut dans les premières années. Sans être tout à fait malade, elle avait les grâces souffrantes des enfants maladifs. Elle grandit sans s'affermir. A l'âge où les autres ont la force, la joie de la vie ascendante, elle disait déjà : « J'ai peu à vivre. »

Elle eut la petite vérole, et en resta un peu marquée. On ne sait si elle fut belle. Ce qui est sûr, c'est qu'elle était gentille, ayant tous les charmants contrastes des jeunes Provençales et leur double nature. Vive et rêveuse, gaie et mélancolique, une bonne petite dévote, avec d'innocentes échappées. Entre les longs offices, si on la menait à la bastide avec les filles de son âge, elle ne faisait difficulté de faire comme elles, de chanter ou danser, en se passant au cou le tambourin. Mais ces jours étaient rares. Le plus souvent, son grand plaisir était de monter au plus haut de la maison (p. 24), de se trouver plus près du ciel, de voir un peu de jour, d'apercevoir peut-être un petit coin de mer, ou quelque pointe aiguë de la vaste thébaïde des montagnes. Elles étaient sérieuses dès lors, mais un peu moins sinistres, moins déboisées, moins chauves, avec une robe clairsemée d'arbousiers, de mélèzes.

Cette morte ville de Toulon, au moment de la peste,

comptait 26.000 habitants. Enorme masse resserrée sur un point. Et encore, de ce point, ôtez une ceinture de grands couvents adossés aux remparts, minimes, oratoriens, jésuites, capucins, récollets, ursulines, visitandines, bernardines, Refuge, Bon-Pasteur, et tout au centre, le couvent énorme des dominicains. Ajoutez les églises paroissiales, presbytères, évêché, etc. Le clergé occupait tout, le peuple rien pour ainsi dire [1].

On devine combien, sur un foyer si concentré, le fléau âprement mordit. Le bon cœur de Toulon lui fut fatal aussi. Elle reçut magnanimement des échappés de Marseille. Ils purent bien amener la peste, autant que des ballots de laine auxquels on attribue l'introduction du fléau. Les notables effrayés allaient fuir, se disperser dans les campagnes. Le premier des consuls, M. d'Antrechaus, cœur héroïque, les retint, leur dit sévèrement : « Et le peuple, que va-t-il devenir, messieurs, dans cette ville dénuée, si les riches emportent leurs bourses ? » Ils les retint et força tout le monde de rester. On attribuait les horreurs de Marseille aux communications entre habitants. D'Antrechaus essaya d'un système tout contraire. Ce fut d'isoler, d'enfermer les Toulonnais chez eux. Deux hôpitaux immenses furent créés et dans la rade et aux montagnes. Tout ce qui n'y allait pas, dut rester chez soi sous peine de mort. D'Antrechaus, pendant sept grands mois, soutint cette gageure qu'on eût cru impossible, de garder, de nourrir à domicile, une population de 26.000 âmes. Pour tout ce temps, Toulon fut un sépulcre. Nul mouvement que celui du matin, de la distribution du pain de porte en porte, puis de l'enlèvement des morts. Les médecins périrent la plupart, les magistrats périrent, sauf d'Antrechaus. Les enterreurs périrent. Des déserteurs condamnés les remplaçaient, mais avec une brutalité précipitée et furieuse. Les corps, du quatrième étage, étaient, la tête en bas, jetés au tombereau. Une mère venait de perdre sa fille, jeune enfant. Elle eut horreur de voir ce pauvre petit corps précipité ainsi, et, à force d'argent, elle obtint qu'on la descendît. Dans le trajet, l'enfant revient, se ranime. On la remonte; elle survit. Si bien qu'elle fut l'aïeule de notre savant M. Brun, auteur de l'excellente histoire du port.

La pauvre petite Cadière avait justement l'âge de cette

1. V. le livre de M. d'Antrechaus et l'excellente brochure de M. Gustave Lambert.

mort qui survécut, douze ans, l'âge si vulnérable pour ce sexe. La fermeture générale des églises, la suppression des fêtes (de Noël! si gai à Toulon), tout cela pour l'enfant était la fin du monde. Il semble qu'elle n'en soit jamais bien revenue. Toulon non plus ne se releva point. Elle garda l'aspect d'un désert. Tout était ruiné, en deuil, veuf, orphelin, beaucoup désespérés. Au milieu, une grande ombre, d'Antrechaus, qui avait vu tout mourir, ses fils, frères et collègues, et qui s'était glorieusement ruiné, à ce point qu'il lui fallut manger chez ses voisins; les pauvres se disputaient l'honneur de le nourrir.

La petite dit à sa mère qu'elle ne porterait jamais plus ce qu'elle avait de beaux habits, et il fallut les vendre. Elle ne voulait plus que servir les malades; elle entraînait toujours sa mère à l'hôpital qui était au bout de leur rue. Une petite voisine de quatorze ans, la Laugier, avait perdu son père, vivait avec sa mère fort misérablement. Catherine y allait sans cesse et y portait sa nourriture, des vêtements, tout ce qu'elle pouvait. Elle demanda à ses parents qu'on payât pour la Laugier les frais d'apprentissage chez une couturière, et tel était son ascendant qu'ils ne refusèrent pas cette grosse dépense. Sa piété, son charmant petit cœur la rendaient toute-puissante. Sa charité était passionnée; elle ne donnait pas seulement; elle aimait. Elle eût voulu que cette Laugier fût parfaite. Elle l'avait volontiers, près d'elle, la couchait souvent avec elle. Toutes deux avaient été reçues dans les *filles de Sainte-Thérèse*, un tiers-ordre que les Carmes avaient organisé. Mlle Cadière en était l'exemple, et, à treize ans, elle semblait une Carmélite accomplie. Elle avait emprunté d'une Visitandine des livres de mysticité qu'elle dévorait. La Laugier, à quinze ans, faisait un grand contraste; elle ne voulait rien faire, rien que manger et être belle. Elle l'était, et pour cela on l'avait fait sacristine de la chapelle de Sainte-Thérèse. Occasion de grandes privautés avec les prêtres; aussi, quand sa conduite lui mérita d'être chassée de la congrégation, une autre autorité, un vicaire général, s'emporta jusqu'à dire que, si elle l'était, on interdirait la chapelle (p. 36, 37).

Toutes deux elles avaient le tempérament du pays, l'extrême agitation nerveuse, et dès l'enfance, ce qu'on appelait des *vapeurs de mère* (de matrice). Mais le résultat était opposé; fort charnel chez la Laugier, gourmande, fainéante, violente; tout cérébral chez la pure et douce Catherine, qui par suite de ses maladies ou de sa vive imagination qui absorbait tout en elle, n'avait aucune idée du sexe. « A vingt ans, elle en avait sept. » Elle ne songeait à rien qu'à prier et donner, ne voulait point se marier. Au mot de mariage elle pleurait, comme si on lui eût proposé de quitter Dieu.

On lui avait prêté la vie de sa patronne, sainte Catherine de Gênes, et elle avait acheté le *Château de l'âme* de sainte Thérèse. Peu de confesseurs la suivaient dans cet essor mystique. Ceux qui parlaient gauchement de ces choses lui faisaient mal. Elle ne put garder ni le confesseur de sa mère, prêtre de la cathédrale, ni un Carme, ni le vieux jésuite Sabatier. A seize ans, elle avait un prêtre de Saint-Louis, de haute spiritualité. Elle passait des jours à l'église, tellement que sa mère, alors veuve, qui avait besoin d'elle, toute dévote qu'elle était, la punissait à son retour. Ce n'était pas sa faute. Elle s'oubliait dans ses extases. Les filles de son âge la tenaient tellement pour sainte, que parfois, à la messe, elles crurent voir l'hostie, attirée par la force d'amour qu'elle exerçait, voler à elle et d'elle-même se placer dans sa bouche.

Ses deux jeunes frères étaient disposés fort diversement pour Girard. L'aîné, chez les Prêcheurs, avait pour le jésuite l'antipathie naturelle de l'ordre de Saint-Dominique. L'autre, qui, pour être prêtre, étudiait chez les jésuites, regardait Girard comme un saint, un grand homme; il en avait fait son héros. Elle aimait ce jeune frère, comme elle, maladif. Ce qu'il disait sans cesse de Girard dut agir. Un jour, elle le rencontra dans la rue; elle le vit si grave, mais si bon et si doux qu'une voix intérieure lui dit *Ecce homo* (le voici, l'homme qui doit te conduire). Le samedi elle alla se confesser à lui, et il lui dit : « Mademoiselle, je vous attendais. » Elle fut surprise et émue, ne songea nullement que son frère eût pu l'avertir, mais pensa que la voix mystérieuse lui avait parlé aussi, et que tous deux partageaient cette communion céleste des avertissements d'en haut (p. 81, 383).

Six mois d'été se passèrent sans que Girard, qui la confessait le samedi, fît aucun pas vers elle. Le scandale du vieux Sabatier l'avertissait assez. Il eût été de sa prudence de s'en tenir au plus obscur attachement, à la Guiol, il est vrai, bien mûre, mais ardente et diable incarné.

C'est la Cadière qui s'avança vers lui innocemment. Son frère, l'étourdi Jacobin, s'était avisé de prêter à une dame et de faire courir dans la ville une satire intitulée la *Morale des Jésuites*. Ils en furent bientôt avertis. Sabatier jure qu'il va écrire en cour, obtenir une lettre de cachet pour enfermer le Jacobin. Sa sœur se trouble, s'effraye; elle va, les larmes aux yeux, implorer le P. Girard, le prier d'intervenir. Peu après, quand elle y retourne, il lui dit : « Rassurez-vous; votre frère n'a rien à craindre, j'ai arrangé son affaire. » Elle fut tout attendrie. Girard sentit son avantage. Un homme si puissant, ami du roi, ami de Dieu, et qui venait de se montrer si bon! Quoi de plus fort sur un jeune cœur ? Il s'aventura, et lui dit (toutefois dans sa langue équivoque) : « Remettez-vous à moi; abandonnez-vous tout entière. » Elle ne rougit point, et, avec sa pureté d'ange, elle dit : « Oui », n'entendant rien, sinon l'avoir pour directeur unique.

Quelles étaient ses idées sur elle ? En ferait-il une maîtresse ou un instrument de charlatanisme ? Girard flotta sans doute, mais je crois qu'il penchait vers la dernière idée. Il avait à choisir, pouvait trouver des plaisirs sans périls. Mais Mlle Cadière était sous une mère pieuse. Elle vivait avec sa famille, un frère marié, et les deux qui étaient d'église, dans une maison très étroite, dont la boutique de l'aîné était la seule entrée. Elle n'allait guère qu'à l'église. Quelle que fût sa simplicité, elle sentait d'instinct les choses impures, les maisons dangereuses. Les pénitentes des jésuites se réunissaient volontiers au haut d'une maison, faisaient des mangeries, des folies, criaient en provençal : « Vivent les *jésuitons!* » Une voisine que le bruit dérangeait, vint, les vit couchées sur le ventre (5 *b*), chantant et mangeant des beignets (le tout, dit-on, payé par l'argent des aumônes). La Cadière y fut invitée, mais elle en eut dégoût et n'y retourna point.

On ne pouvait l'attaquer que par l'âme. Girard semblait n'en vouloir qu'à l'âme seule. Qu'elle obéît, qu'elle acceptât les doctrines de passivité qu'il avait enseignées à Marseille, c'était, ce semble, son seul but. Il crut que les exemples y feraient plus que les préceptes. La Guiol, son âme damnée, fut chargée de conduire la jeune sainte dans cette ville, où la Cadière avait une amie d'enfance, une Carmélite, fille de la Guiol. La rusée, pour lui inspirer confiance, prétendait, elle aussi, avoir des extases. Elle la repaissait de contes ridicules. Elle lui disait, par exemple, qu'ayant trouvé à sa cave qu'un tonneau de vin s'était gâté, elle se mit en prières et qu'à l'instant le vin redevint bon. Une autre fois, elle s'était senti entrer une couronne d'épines, mais les anges pour la consoler avaient servi un bon dîner, qu'elle mangeait avec le père Girard.

La Cadière obtint de sa mère qu'elle pût aller à Marseille avec cette bonne Guiol et madame Cadière paya la dépense. C'était au mois le plus brûlant de la brûlante contrée, en août (1729), quand toute la campagne tarie n'offre à l'œil qu'un âpre miroir de rocs et de cailloux. Le faible cerveau désseché de la jeune malade, sous la fatigue du voyage reçut d'autant mieux la funeste impression de ces mortes de couvent. Le vrai type du genre était cette sœur Rémusat, déjà à l'état de cadavre (et qui réellement mourut). La Cadière admira une si haute perfection. Sa compagne perfide la tenta de l'idée orgueilleuse d'en faire autant, et de lui succéder.

Pendant ce court voyage, Girard, resté dans le brûlant étouffement de Toulon, avait fort tristement baissé. Il allait fréquemment chez cette petite Laugier qui croyait aussi avoir des extases, la *consolait* (si bien que tout à l'heure elle est enceinte!). Lorsque mademoiselle Cadière lui revint ailée, exaltée, lui, au contraire, charnel, tout livré au plaisir, lui « jeta un souffle d'amour » (p. 6, 383). Elle en fut embrasée, mais (on le voit) à sa manière, pure, sainte et généreuse, voulant l'empêcher de tomber, s'y dévouant jusqu'à mourir pour lui (septembre 1729).

Un de ses dons de sa sainteté, c'est qu'elle voyait au fond des cœurs. Il lui était arrivé parfois de connaître la vie secrète, les mœurs de ses confesseurs, de les avertir de leurs fautes, ce que plusieurs, étonnés, atterrés, avaient pris humblement. Un jour de cet été, voyant entrer chez elle la Guiol, elle lui dit tout à coup : « Ah! méchante, qu'avez-vous fait ? » — « Et elle avait raison, dit plus tard la Guiol elle-même. Je venais de faire une mauvaise action. » — Laquelle ? Probablement de livrer la Laugier. On est tenté de le croire, quand on la voit l'année suivante vouloir livrer la Batarelle.

La Laugier, qui souvent couchait chez la Cadière, pouvait fort bien lui avoir confié son bonheur et l'amour du saint, ses paternelles caresses. Dure épreuve pour la Cadière, et grande agitation d'esprit. D'une part elle savait à fond la maxime de Girard : qu'en un saint, tout acte est saint. Mais d'autre part, son honnêteté naturelle, toute son éducation antérieure, l'obligeaient à croire qu'une tendresse excessive pour la créature était toujours un péché mortel. Cette perplexité douloureuse entre deux doctrines acheva la pauvre fille, lui donna d'horribles tempêtes, et elle se crut *obsédée* du démon.

Là parut encore son bon cœur. Sans humilier Girard,

elle lui dit qu'elle avait la vision d'une âme tourmentée d'impureté et de péché mortel, qu'elle se sentait le besoin de sauver cette âme, d'offrir au diable victime pour victime, d'accepter l'*obsession* et de se livrer à sa place. Il ne le lui défendit pas, lui permit d'être *obsédée*, mais pour un an seulement (novembre 1729).

Elle savait, comme toute la ville, les scandaleuses amours du vieux P. Sabatier, insolent, furieux, nullement prudent comme Girard. Elle voyait le mépris où les jésuites (qu'elle croyait le soutien de l'Eglise) ne pouvaient manquer de tomber. Elle dit un jour à Girard : « J'ai eu une vision : une mer sombre, un vaisseau plein d'âmes, battu de l'orage des pensées impures, et sur le vaisseau deux jésuites. J'ai dit au Rédempteur que je voyais au ciel : « Seigneur ! sauvez-les, noyez-moi... Je prends sur moi tout le naufrage. » Et le bon Dieu me l'accorda. »

Jamais, dans le cours du procès et lorsque Girard, devenu son cruel ennemi, poursuivit sa mort, elle ne revint là-dessus. Jamais elle n'expliqua ces deux paraboles de sens si transparent. Elle eut cette noblesse de n'en pas dire un mot. Elle s'était dévouée. A quoi ? Sans doute à la damnation. Voudra-t-on dire que, par orgueil, se croyant impassible et morte, elle défiait l'impureté que le démon infligeait à l'homme de Dieu. Mais il est très certain qu'elle ne savait rien précisément des choses sensuelles ; qu'en ce mystère elle ne prévoyait rien que douleurs, tortures du démon. Girard était bien froid, et bien indigne de tout cela. Au lieu d'être attendri, il se joua de sa crédulité par une ignoble fraude. Il lui glissa dans sa cassette un papier, où Dieu lui disait que, pour elle, effectivement il sauverait le vaisseau. Mais il se garda d'y laisser cette pièce ridicule ; en la lisant et relisant, elle aurait pu s'apercevoir qu'elle était fabriquée. L'ange qui apporta le papier, un jour après le remporta.

Avec la même indélicatesse, Girard, la voyant agitée et incapable de prier, lui permit légèrement de communier tant qu'elle voudrait, tous les jours dans différentes églises. Elle n'en fut que plus mal. Déjà pleine du démon, elle logeait ensemble les deux ennemis. A force égale, ils se battaient en elle. Elle croyait éclater et crever. Elle tombait, s'évanouissait, et restait ainsi plusieurs heures. En décembre, elle ne sortit plus guère, même de son lit.

Girard eut un trop bon prétexte pour la voir. Il fut prudent, s'y faisant toujours conduire par le petit frère, du moins jusqu'à la porte. La chambre de la malade était au haut de la maison. La mère restait à la boutique discrètement. Il était seul, tant qu'il voulait, et, s'il voulait, tournait la clef. Elle était alors très malade. Il la traitait comme un enfant; il l'avançait un peu sur le devant du lit, lui tenait la tête, la baisait paternellement. Tout cela reçu avec respect, tendresse, reconnaissance.

Très pure, elle était très sensible. A tel contact léger qu'une autre n'eût pas remarqué, elle perdait connaissance; un frôlement près du sein suffisait. Girard en fit l'expérience, et cela lui donna de mauvaises pensées. Il la jetait à volonté dans ce sommeil, et elle ne songeait nullement à s'en défendre, ayant toute confiance en lui, inquiète seulement, un peu honteuse de prendre avec un tel homme tant de liberté et de lui faire perdre un temps si précieux. Il y restait longtemps. On pouvait prévoir ce qui arriva. La pauvre jeune fille, toute malade qu'elle fût, n'en porta pas moins à la tête de Girard un invincible enivrement. Une fois, en s'éveillant, elle se trouva dans une posture très ridiculement indécente; une autre, elle le surprit qui la caressait. Elle rougit, gémit, se plaignit. Mais il lui dit impudemment : « Je suis votre maître, votre Dieu... Vous devez tout souffrir au nom de l'obéissance. » Vers Noël, à la grande fête, il perdit la dernière réserve. Au réveil, elle s'écria : « Mon Dieu! que j'ai souffert! » — « Je le crois, pauvre enfant! » dit-il d'un ton compatissant. Depuis, elle se plaignit moins, mais ne s'expliquait pas ce qu'elle éprouvait dans le sommeil (p. 5, 12, etc.).

Girard comprenait mieux, mais non sans terreur, ce qu'il avait fait. En janvier, février, un signe trop certain l'avertit de la grossesse. Pour comble d'embarras, la Laugier aussi se trouva enceinte. Ces parties de dévotes, ces mangeries, arrosées indiscrètement du petit vin du pays, avaient eu pour premier effet l'exaltation naturelle chez une race si inflammable, l'extase contagieuse. Chez les rusées tout était contrefait. Mais chez cette jeune Laugier, sanguine et véhémente, l'extase fut réelle. Elle eut, dans sa chambrette, de vrais délires, des défaillances, surtout quand Girard y venait. Elle fut grosse un peu plus tard que la Cadière, sans doute aux fêtes des Rois (p. 37, 113).

Péril très grand. Elles n'étaient pas dans un désert, ni au fond d'un couvent, intéressé à étouffer la chose, mais, pour ainsi dire, en pleine rue. La Laugier au milieu des voisines curieuses, la Cadière dans sa famille. Son frère, le jacobin, commençait à trouver mauvais que Girard lui fît de si longues visites. Un jour, il osa rester près d'elle quand Girard y vint, comme pour la garder. Girard, hardiment, le mit hors de la chambre, et la mère, indignée, chassa son fils de la maison.

Cela tournait vers un éclat. Nul doute que ce jeune homme, si durement traité, chassé de chez lui, gonflé de colère, n'allât crier aux Prêcheurs, et que ceux-ci, saisissant une si belle occasion, ne courussent répéter la chose, et en dessous n'ameutassent toute la ville contre le jésuite. Il prit un étrange parti, de faire face par un coup hardi et de se sauver par le crime. Le libertin devint un scélérat.

Il connaissait bien sa victime. Il avait vu la trace des scrofules qu'elle avait eues enfant. Cela ne ferme pas nettement comme une blessure. La peau y reste rosée, mince et faible. Elle en avait eu aux pieds. Et elle en avait aussi dans un endroit délicat, dangereux, sous le sein. Il eut l'idée diabolique de lui renouveler ces plaies, de les donner pour des stigmates, tels qu'en ont obtenus du ciel saint François et d'autres saints, qui, cherchant l'*imitation* et la *conformité* complète avec le Crucifié, portaient et la marque des clous et le coup de lance au côté! Les jésuites étaient désolés de n'avoir rien à opposer aux miracles des jansénistes. Girard était sûr de les charmer par un miracle inattendu. Il ne pouvait manquer d'être soutenu par les siens, par leur maison de Toulon. L'un, le vieux Sabatier, était prêt à croire tout; il avait été jadis le confesseur de la Cadière, et la chose lui eût fait honneur. Un autre, le P. Grignet, était un béat imbécile, qui verrait tout ce qu'on voudrait. Si les carmes ou d'autres s'avisaient d'avoir des doutes, on les ferait avertir de si haut, qu'ils croiraient prudent de se taire. Même le jacobin Cadière, jusque-là ennemi et jaloux, trouverait son compte à revenir, à croire une chose qui ferait la famille si glorieuse et lui le frère d'une sainte.

« Mais, dira-t-on, la chose n'était-elle pas naturelle? on a des exemples innombrables, bien constatés de vraies stigmatisées [1]. »

Le contraire est probable. Quand elle s'aperçut de la chose, elle fut honteuse et désolée, craignant de déplaire à Girard par ce retour des petits maux d'enfance. Elle alla

1. Voyez surtout A. Maury, *Magie*.

vite chez une voisine, une madame Truc, une femme qui se mêlait de médecine, et lui acheta (comme pour son jeune frère) un onguent qui brûlait les plaies.

Pour faire ces plaies, comment le cruel s'y prit-il ? Enfonça-t-il les ongles ? usa-t-il d'un petit couteau, que toujours il portait sur lui ? Ou bien attira-t-il le sang la première fois, comme il le fit plus tard, par une forte succion ? Elle n'avait pas sa connaissance, mais bien sa sensibilité; nul doute qu'à travers le sommeil, elle n'ait senti la douleur.

Elle eût cru faire un grand péché, si elle n'eût tout dit à Girard. Quelque crainte qu'elle eût de déplaire et de dégoûter, elle dit la chose. Il vit, et il joua sa comédie, lui reprocha de vouloir guérir et de s'opposer à Dieu. Ce sont les célestes stigmates. Il se met à genoux, baise les plaies des pieds. Elle se signe, s'humilie, elle fait difficulté de croire. Girard insiste, la gronde, lui fait découvrir le côté, admire la plaie. « Et moi aussi, je l'ai, dit-il, mais intérieure. »

La voilà obligée de croire qu'elle est un miracle vivant. Ce qui aidait à lui faire accepter une chose si étonnante, c'est qu'à ce moment la sœur Rémusat venait de mourir. Elle l'avait vue dans la gloire, et son cœur porté par les anges. Qui lui succéderait sur la terre ? Qui hériterait des dons sublimes qu'elle avait eus, des faveurs célestes dont elle était comblée ? Girard lui offrit la succession et la corrompit par l'orgueil.

Dès lors, elle changea. Elle sanctifia vaniteusement tout ce qu'elle sentait des mouvements de nature. Les dégoûts, les tressaillements de la femme enceinte auxquels elle ne comprenait rien, elle les mit sur le compte des violences intérieures de l'Esprit. Au premier jour de carême, étant à table avec ses parents, elle voit tout à coup le Seigneur. « Je veux te conduire au désert, dit-il, t'associer aux excès d'amour de la sainte Quarantaine, t'associer à mes douleurs... » Elle frémit, elle a horreur de ce qu'il faudra souffrir. Mais seule elle peut se donner pour tout un monde de pécheurs. Elle a des visions sanglantes. Elle ne voit que du sang. Elle aperçoit Jésus comme un crible de sang. Elle-même crachait le sang, et elle en perdait encore d'autre façon. Mais en même temps sa nature semblait changée. A mesure qu'elle souffrait, elle devenait amoureuse. Le vingtième jour du Carême, elle voit son nom uni à celui de Girard. L'orgueil alors exalté, stimulé du sens nouveau qui lui venait, l'orgueil lui fait comprendre le *domaine spécial* que Marie (la femme) a sur Dieu. — Elle sent *combien l'ange est inférieur* au moindre saint, à la moindre sainte. — Elle voit le palais de la gloire, et se confond avec l'Agneau!... Pour comble d'illusion, elle se sent soulevée de terre, monter en l'air à plusieurs pieds. Elle peut à peine le croire, mais une personne respectée, Mlle Gravier, le lui assure. Chacun vient, admire, adore. Girard amène son collègue Grignet, qui s'agenouille et pleure de joie.

N'osant y aller tous les jours, Girard la faisait venir souvent à l'église des jésuites. Elle s'y traînait à une heure, après les offices, pendant le dîner. Personne alors dans l'église. Il s'y livrait devant l'autel, devant la croix, à des transports que le sacrilège rendait plus ardents. N'y avait-elle aucun scrupule ? pouvait-elle bien s'y tromper ? Il semble que sa conscience, au milieu d'une exaltation sincère encore et non jouée, s'étourdissait pourtant déjà, s'obscurcissait. Sous les stigmates sanglants, ces faveurs cruelles de l'Epoux céleste, elle commençait à sentir d'étranges dédommagements. Heureuse de ses défaillances, elle y trouvait, disait-elle, des peines d'infinie douceur et je ne sais quel flot de la Grâce « jusqu'au consentement parfait ». (P. 425, in-12.)

Elle fut d'abord étonnée et inquiète de ces choses nouvelles. Elle en parla à la Guiol, qui sourit, lui dit qu'elle était bien sotte, que ce n'était rien, et cyniquement elle ajouta qu'elle en éprouvait tout autant.

Ainsi ces perfides commères aidaient de leur mieux à corrompre une fille née très honnête, et chez qui les sens retardés ne s'éveillaient qu'à grand'peine, sous l'obsession odieuse d'une autorité sacrée.

Deux choses attendrissent dans ses rêveries : l'une, c'est le pur idéal qu'elle se faisait de l'union fidèle, croyant voir le nom de Girard et le sien unis à jamais au Livre de vie. L'autre chose touchante, c'est sa bonté qui éclate parmi les folies, son charmant cœur d'enfant. Au jour des Rameaux, en voyant la joyeuse table de famille, elle pleura trois heures de suite de songer « qu'au même jour personne n'invita Jésus à dîner ».

Pendant presque tout le Carême, elle ne put presque pas manger; elle rejetait le peu qu'elle prenait. Aux quinze derniers jours, elle jeûna entièrement, et arriva au dernier degré de faiblesse. Qui pourrait croire que Girard, sur cette mourante qui n'avait plus que le souffle, exerça de nouveaux sévices ? Il avait empêché ses plaies de se fermer. Il lui en vint une nouvelle au flanc droit. Et enfin au Vendredi Saint, pour l'achèvement de sa cruelle comédie, il lui fit porter une couronne de fil de fer, qui, lui entrant dans le front, lui faisait couler sur le visage des gouttes de sang. Tout cela sans trop de mystère. Il lui coupa d'abord ses longs cheveux, les emporta. Il commanda la couronne chez un certain Bitard, marchand du port, qui faisait des cages. Elle n'apparaissait pas aux visiteurs avec cette couronne; on n'en voyait que les effets, les gouttes de sang, la face sanglante. On y imprimait des serviettes, on en tirait des *Véroniques*, que Girard emportait pour les donner, sans doute à des personnes de piété. La mère se trouva malgré elle complice de la jonglerie. Mais elle redoutait Girard. Elle commençait à voir qu'il était capable de tout, et quelqu'un de bien confident (très probablement la Guiol) lui avait dit que, si elle disait un mot, sa fille ne vivrait pas vingt-quatre heures.

Pour la Cadière, elle ne mentit jamais là-dessus. Dans le récit qu'elle a dicté de ce carême, elle dit expressément que c'est une couronne à pointes qui, enfoncée dans sa tête, la faisait saigner. Elle ne cache pas non plus l'origine des petites croix qu'elle donnait à ses visiteurs. Sur un modèle fourni par Girard, elle les commanda à un de ses parents, charpentier de l'Arsenal.

Elle fut, le Vendredi Saint, vingt-quatre heures dans une défaillance qu'on appelait une extase, livrée aux soins de Girard, soins énervants, meurtriers. Elle avait trois mois de grossesse. Il voyait déjà la sainte, la martyre, la miraculée, la transfigurée, qui commençait à s'arrondir. Il désirait et redoutait la solution violente d'un avortement. Il le provoquait en lui donnant tous les jours de dangereux breuvages, des poudres rougeâtres. Il l'aurait mieux aimée morte; cela l'aurait tiré d'affaire. Du moins, il aurait voulu l'éloigner de chez sa mère, la cacher dans un couvent. Il connaissait ces maisons, et savait, comme Picart (*voir plus haut l'affaire de Louviers*), avec quelle adresse, quelle discrétion on y couvre ces sortes de choses. Il voulait l'envoyer ou aux chartreuses de Prémole, ou à Sainte-Claire d'Ollioules. Il en parla même le Vendredi Saint. Mais elle paraissait si faible, qu'on n'osait la tirer de son lit. Enfin, quatre jours après Pâques, Girard étant dans sa chambre, elle eut un besoin douloureux et perdit d'un coup une forte masse qui semblait du sang coagulé. Il prit le vase, regarda attentivement à la fenêtre. Mais elle, qui ne soupçonnait nul mal à cela, elle appela la servante, lui donna le vase à vider. « Quelle imprudence ! » Ce cri échappa à Girard, et sottement il le répéta (p. 54, 388, etc.).

On n'a pas autant de détail sur l'avortement de la Laugier. Elle s'était aperçue de sa grossesse dans le même Carême. Elle y avait eu d'étranges convulsions, des commencements de stigmates assez ridicules ; l'un était un coup de ciseau qu'elle s'était donné dans son travail de couturière, l'autre une dartre vive au côté (p. 38). Ses extases tout à coup tournèrent en désespoir impie. Elle crachait sur le crucifix. Elle criait contre Girard : « Où est-il, ce diable de Père, qui m'a mise dans cet état ?... Il n'était pas difficile d'abuser une fille de vingt-deux ans !... Où est-il ? Il me laisse là. Qu'il vienne ! » Les femmes qui l'entouraient étaient elles-mêmes des maîtresses de Girard. Elles allaient le chercher, et il n'osait pas venir affronter les emportements de la fille enceinte. Ces commères, intéressées à diminuer le bruit, purent, sans lui, trouver un moyen de tout finir sans éclat.

Girard était-il sorcier, comme on le soutint plus tard ? On aurait bien pu le croire en voyant combien aisément sans être ni jeune ni beau, il avait fasciné tant de femmes. Mais le plus étrange, ce fut, après s'être tellement compromis, de maîtriser l'opinion. Il parut un moment avoir ensorcelé la ville elle-même. En réalité, on savait les jésuites puissants ; personne ne voulait entrer en lutte avec eux. Même on ne croyait pas sûr d'en parler mal à voix basse. La masse ecclésiastique était surtout de petits moines d'ordres Mendiants sans relations puissantes ni hautes protections. Les Carmes même, fort jaloux, et blessés d'avoir perdu la Cadière, les Carmes se turent. Son frère, le jeune Jacobin, prêché par une mère tremblante, revint aux ménagements politiques, se rapprocha de Girard, enfin se donna à lui autant que le dernier frère, au point de lui prêter son aide dans une étrange manœuvre qui pouvait faire croire que Girard avait le don de prophétie.

S'il avait à craindre quelque faible opposition, c'était de la personne même qu'il semblait avoir le plus subjuguée. La Cadière, encore soumise, donnait pourtant de légers signes d'une indépendance prochaine qui devait se révéler. Le 30 avril, dans une partie de campagne que Girard organisa galamment, et où il envoya, avec la Guiol, son troupeau de jeunes dévotes, la Cadière tomba en grande rêverie. Ce beau moment du printemps, si charmant dans ce pays, éleva son cœur à Dieu. Elle dit, avec un sentiment de véritable piété : « Vous seul, Seigneur!... Je ne veux que vous seul!... Vos anges ne me suffisent pas. » Puis une d'elles, fille fort gaie, ayant, à la provençale, pendu à son cou un petit tambourin, la Cadière fit comme les autres, sauta, dansa, se mit un tapis en écharpe, fit la bohémienne, s'étourdit par cent folies.

Elle était fort agitée. En mai, elle obtint de sa mère de faire un voyage à la Sainte-Baume, à l'église de la Madeleine, la grande sainte des filles pénitentes. Girard ne la laissa aller que sous l'escorte de deux surveillantes fidèles, la Guiol et la Reboul. Mais en route, quoique par moments elle eût encore des extases, elle se montra lasse d'être l'instrument passif du violent Esprit (infernal ou divin) qui la troublait. Le terme annuel de l'*obsession* n'était pas éloigné. N'avait-elle pas gagné sa liberté ? Une fois sortie de la sombre et fascinante Toulon, replacée dans le grand air, dans la nature, sous le soleil, la captive reprit son âme, résista à l'âme étrangère, osa être elle-même, vouloir. Les deux espionnes de Girard en furent fort mal édifiées. Au retour de ce court voyage (du 17 au 22 mai), elles l'avertirent du changement. Il s'en convainquit par lui-même. Elle résista à l'extase, ne voulant plus, ce semblait, n'obéir qu'à la raison.

Il avait cru la tenir, et par la fascination, et par l'autorité sacrée, enfin par la possession et l'habitude charnelle. Il ne tenait rien. La jeune âme qui, après tout, avait été moins conquise que surprise (traîtreusement), revenait à sa nature. Il fut blessé. De son métier de pédant, de la tyrannie des enfants, châtiés à volonté, de celle des religieuses, non moins dépendantes, il lui restait un fond dur de domination jalouse. Il résolut de ressaisir la Cadière en punissant cette première petite révolte, si l'on peut nommer ainsi le timide essor de l'âme comprimée qui se relève.

Le 22 mai, lorsque, selon son usage, elle se confessa à lui, il refusa de l'absoudre, disant qu'elle était si coupable, qu'il devait lui infliger le lendemain une grande, très grande pénitence.

Quelle serait-elle ? Le jeûne ? Mais elle était déjà affaiblie et exténuée. Les longues prières, autre pénitence, n'étaient pas dans les habitudes du directeur quiétiste; il les défendait. Restait le châtiment corporel, la discipline. C'était la punition d'usage universel, prodiguée dans les couvents autant que dans les collèges. Moyen simple et abrégé de rapide exécution, qui, aux temps simples et rudes, s'appliquait dans l'église même. On voit, dans les fabliaux, naïves peintures des mœurs, que le prêtre, ayant confessé le mari et la femme, sans façon, sur la place même, derrière le confessionnal, leur donnait la discipline. Les écoliers, les moines, les religieuses, n'étaient pas punis autrement [1].

Girard savait que celle-ci, nullement habituée à la honte, très pudique, (n'ayant rien subi qu'à son insu dans le sommeil), souffrirait extrêmement d'un châtiment indécent, en serait brisée, perdrait tout ce qu'elle avait de ressort. Elle devait être humiliée plus encore peut-être qu'une autre, pâtir (s'il faut l'avouer) en sa vanité de femme. Elle avait tant souffert, tant jeûné! Puis était venu l'avortement. Son corps, délicat de lui-même, semblait n'être plus qu'une ombre. D'autant plus certainement elle craignait de rien laisser voir de sa pauvre personne, maigrie, détruite, endolorie [2].

Le récit choquant qu'on va lire est tiré textuellement de ses trois dépositions (si naïves, d'évidente véracité). Nous aurions voulu l'abréger, pour le rendre moins pénible. Mais alors il eût été de nulle importance et de nulle utilité. L'histoire, la justice commandent. Obéissons. Le voici :

Il fut sans pitié. Il dit : « Puisque vous avez refusé

1. Le grand dauphin était fouetté cruellement. Le jeune Boufflers (*de quinze ans*) mourut de douleur de l'avoir été (Saint-Simon). La prieure de l'Abbaye-aux-Bois, menacée par son supérieur « *de châtiment afflictif* », réclama auprès du roi; elle fut, pour l'honneur du couvent, dispensée de la honte publique, mais remise au supérieur, et sans doute la punition fut reçue à petit bruit. — De plus en plus on sentait ce qu'elle avait de dangereux, d'immoral. L'effroi, la honte, amenaient de tristes supplications et d'indignes traités. On ne l'avait que trop vu dans le grand procès qui, sous l'empereur Joseph, dévoila l'intérieur des collèges des jésuites, qui plus tard fut réimprimé sous Joseph II et de nos jours.

2. *Le passage qui va de* « Le récit choquant qu'on va lire... » *à* «... une douleur toute nouvelle qu'elle n'avait jamais éprouvée » *ne figure que dans l'édition originale Hachette. Michelet lui substitua dès l'édition Hetzel-Dentu les lignes suivantes :*

Elle avait les jambes enflées, et telle petite infirmité qui ne pouvait que l'humilier extrêmement.

Nous n'avons pas le courage de raconter ce qui suivit. On peut le lire dans ses trois dépositions si naïves, si manifestement sincères, où, déposant sans serment, elle se fait un devoir de déclarer même les choses que son intérêt lui commandait de cacher, même celles dont on put abuser contre elle le plus cruellement.

La première déposition faite à l'improviste devant le juge ecclésiastique d'être revêtue des dons de Dieu, il faut que vous soyez nue. Et vous mériteriez de l'être devant toute la terre, au lieu de l'être devant votre confesseur, qui n'en dira rien... — Mais jurez-moi le secret... Si vous en parliez, vous me perdriez... »

Sans la dépouiller entièrement encore, il la fit monter sur le lit, et dit : « Vous mériteriez, non ce lit, mais l'échafaud que vous avez vu à Aix. » Effrayée et frissonnante, elle ne disputa pas, s'humilia. Elle avait les jambes enflées, et une petite infirmité qui devait la désoler. Alors, d'une discipline, il lui donna quelques coups.

Elle avait été étonnée de voir qu'au milieu de tant de menaces, il lui avait pourtant mis un coussin sous chaque coude. Mais elle le fut bien plus quand ce juge, ce père irrité, la surprit d'un baiser étrange, impudique, inattendu.

Monstrueuse inconséquence. Folle adoration dont l'amour n'est point ici du tout l'excuse. Ce qui fait horreur, c'est qu'alors il l'aimait peu, ne la ménageait guère. On a vu ses cruels breuvages, et l'on va voir son abandon. Il lui en voulait de valoir mieux que ces femmes avilies. Il lui en voulait de l'avoir tenté (si innocemment), compromis. Mais surtout il ne lui pardonnait pas de gar-

qu'on envoya pour la surprendre; ce sont, on le sent partout, les mots sortis d'un jeune cœur qui parle comme devant Dieu.

La seconde devant le roi, je veux dire devant le magistrat qui le représentait, le lieutenant civil et criminel de Toulon.

La dernière enfin devant la grande chambre du Parlement d'Aix (Pages 5, 12, 384 du *Procès*, in folio).

Notez que toutes les trois, admirablement concordantes, sont imprimées à Aix sous les yeux de ses ennemis, dans un volume où l'on veut (je l'établirai plus tard) atténuer les torts de Girard, fixer l'attention du lecteur, sur tout ce qui peut être défavorable à la Cadière. Et cependant l'éditeur n'a pas pu se dispenser de donner ces dépositions accablantes pour celui qu'il favorise.

Inconséquence monstrueuse. Il effraya la pauvre fille, puis brusquement abusa indignement, barbarement de sa terreur.

L'amour n'est point du tout ici la circonstance atténuante. Loin de là. Il ne l'aimait plus. C'est ce qui fait le plus d'horreur. On a vu ses cruels breuvages, et l'on va voir son abandon. Il lui en voulait de valoir mieux que ces femmes avilies. Il lui en voulait de l'avoir tenté (si innocemment), compromis. Mais surtout il ne lui pardonnait pas de garder une âme. Il ne voulait que la dompter, mais accueillait avec espoir le mot qu'elle disait souvent : « Je le sens, je ne vivrai pas. » Libertinage scélérat! Il donnait de honteux baisers à ce pauvre corps brisé qu'il eût voulu voir mourir !

Il faut signaler que dans cette édition et les suivantes la note : « On a mis ceci en grec... devant le lieutenant-criminel de Toulon, p. 12, etc. » *que l'on trouvera plus loin a été mise au mot* « terreur ». (Ci-dessus, ligne 14 des notes).

der une âme. Il ne voulait que la dompter, mais accueillait avec espoir le mot qu'elle disait souvent : « Je le sens, je ne vivrai pas. » Libertinage scélérat! Il donnait de honteux baisers à ce pauvre corps brisé qu'il eût voulu voir mourir!

Elle était hors d'elle-même, ne savait plus que penser. Il lui dit : « Ce n'est pas tout. Le bon Dieu n'est pas satisfait. » Il la fit descendre du lit, mettre à genoux, lui signifia qu'il fallait qu'elle fût toute nue. A cela elle poussa un cri et demanda grâce... Mais c'était trop d'émotion, elle tomba dans ses défaillances et fut à sa discrétion. Tout hébétée qu'elle était, elle sentit au contact « certaine divine douceur », qui ne dura guère. Au moment où elle reprit connaissance, il l'étreignit et lui fit une douleur toute nouvelle qu'elle n'avait jamais éprouvée [1].

Comment lui expliqua-t-il ces contradictions choquantes de caresses et de cruauté ? Les donna-t-il pour des épreuves de patience et d'obéissance ? ou bien passa-t-il hardiment au vrai fonds de Molinos : « Que c'est à force de péchés qu'on fait mourir le péché. » Prit-elle cela au sérieux ? et ne comprit-elle pas que ces semblants de justice, d'expiation, de pénitence, n'étaient que libertinage ?

Elle ne voulait pas le savoir, dans l'étrange débâcle morale qu'elle eut après ce 23 mai, en juin, sous l'influence de la molle et chaude saison. Elle subissait son maître, ayant peur un peu de lui, et d'un étrange amour d'esclave, continuant cette comédie de recevoir chaque jour de petites pénitences. Girard la ménageait si peu qu'il ne lui cachait pas même ses rapports avec d'autres femmes. Il voulait la mettre au couvent. Elle était, en attendant, son jouet; elle le voyait, laissait faire. Faible et affaiblie encore par ces hontes énervantes, de plus en plus mélancolique, elle tenait peu à la vie, et répétait ces paroles (nullement tristes pour Girard) : « Je le sens, je mourrai bientôt. »

1. On a mis ceci en grec, en le falsifiant deux fois, à la p. 6, et à la p. 389, afin de diminuer le crime de Girard. La seule version exacte est celle de sa déposition devant le lieutenant-criminel de Toulon, p. 12, etc.

XI

LA CADIÈRE AU COUVENT — 1730

L'abbesse du couvent d'Ollioules était jeune pour une abbesse; elle n'avait que 38 ans. Elle ne manquait pas d'esprit. Elle était vive, soudaine à aimer ou haïr, emportée du cœur ou des sens, ayant fort peu le tact et la mesure que demande le gouvernement d'une telle maison.

Cette maison vivait de deux ressources. D'une part, elle avait de Toulon deux ou trois religieuses de familles consulaires qui, apportant de bonnes dots, faisaient ce qu'elles voulaient. Elles vivaient avec les moines Observantins qui dirigeaient le couvent. D'autre part, ces moines, qui avaient leur ordre répandu à Marseille et partout, procuraient de petites pensionnaires et des novices qui payaient; contact fâcheux, dangereux pour les enfants. On l'a vu par l'affaire d'Aubany.

Point de clôture sérieuse. Peu d'ordre intérieur. Dans les brûlantes nuits d'été de ce climat africain (plus pesant, plus exigeant aux gorges étouffées d'Ollioules), religieuses et novices allaient, venaient fort librement. Ce qu'on a vu à Loudun en 1630 existait à Ollioules, tout de même, en 1730. La masse des religieuses (douze à peu près sur les quinze que comptait la maison), un peu délaissées des moines qui préféraient les hautes dames, étaient de pauvres créatures ennuyées, déshéritées; elles n'avaient de consolations que les causeries, les enfantillages, certaines intimités entre elles et avec les novices.

L'abbesse craignait que la Cadière ne vît trop bien tout cela. Elle fit difficulté pour la recevoir. Puis, brusquement, elle prit son parti en sens tout contraire. Dans une lettre charmante, plus flatteuse que ne pouvait l'attendre une petite fille d'une telle dame, elle exprima l'espoir qu'elle quitterait la direction de Girard. Ce n'était pas pour la transmettre à ses Observantins, qui en étaient peu capables. Elle avait l'idée piquante, hardie, de la prendre elle-même, et de diriger la Cadière.

Elle était fort vaniteuse. Elle comptait s'approprier cette merveille, la conquérir aisément, se sentant plus agréable qu'un vieux directeur jésuite. Elle eût exploité la jeune sainte au profit de sa maison.

Elle lui fit l'honneur insigne de la recevoir au seuil, sur la porte de la rue. Elle la baisa, s'en empara, la mena chez elle dans sa belle chambre d'abbesse et lui dit qu'elle la partagerait avec elle. Elle fut enchantée de sa modestie, de sa grâce maladive, d'une certaine étrangeté, mystérieuse, attendrissante. Elle avait souffert extrêmement de ce court trajet. L'abbesse voulut la coucher et la mettre dans son propre lit. Elle lui dit qu'elle l'aimait tant qu'elle voulait le lui faire partager, coucher ensemble comme sœurs.

Pour son plan, c'était peut-être plus qu'il ne fallait, c'était trop. Il eût suffi que la sainte logeât chez elle. Par cette faiblesse singulière de la coucher avec elle, elle lui donnait trop l'air d'une petite favorite. Une telle privauté, fort à la mode entre les dames, était chose défendue dans les couvents, furtive, et dont une supérieure ne devait pas donner l'exemple.

La dame fut pourtant étonnée de l'hésitation de la jeune fille. Elle ne venait pas sans doute uniquement de sa pudeur ou de son humilité. Encore moins certainement de la personne de la dame, relativement plus jeune que la pauvre Cadière, dans une fleur de vie, de santé, qu'elle eût voulu communiquer à sa petite malade. Elle insista tendrement.

Pour faire oublier Girard, elle comptait beaucoup sur l'effet de cet enveloppement de toutes les heures. C'était la manie des abbesses, leur plus chère prétention, de confesser leurs religieuses (ce que permet sainte Thérèse). Cela se fût fait de soi-même dans ce doux arrangement. La jeune fille n'aurait dit aux confesseurs que le menu, eût gardé le fond de son cœur pour la personne unique. Le soir, la nuit, sur l'oreiller, caressée par la curieuse, elle aurait laissé échapper maints secrets, les siens, ceux des autres.

Elle ne put se dégager d'abord d'un si vif enlacement. Elle coucha avec l'abbesse. Celle-ci croyait bien la tenir. Et doublement par des moyens contraires, et comme sainte, et comme femme, j'entends comme fille nerveuse, sensible, et, par faiblesse, peut-être sensuelle. Elle faisait écrire sa légende, ses paroles, tout ce qui lui échappait. D'autre part, elle recueillait les plus humbles détails de sa vie physique, en envoyait le bulletin à Toulon. Elle en aurait fait son idole, sa mignonne poupée. Sur une pente si glissante, l'entraînement, sans doute, alla vite. La jeune fille eut scrupule et comme peur. Elle fit un grand effort, dont sa langueur l'eût fait croire incapable. Elle demanda humblement de quitter ce nid de colombes, ce trop doux lit, cette délicatesse, d'avoir la vie commune des novices ou pensionnaires.

Grande surprise. Mortification. L'abbesse se crut dédaignée, se dépita contre l'ingrate, et ne lui pardonna jamais.

La Cadière trouva dans les autres un excellent accueil. La maîtresse des novices, Mme de Lescot, une religieuse parisienne, fine et bonne, valait mieux que l'abbesse. Elle semble avoir compris ce qu'elle était, une pauvre victime du sort, un jeune cœur plein de Dieu, mais cruellement marqué de fatalités excentriques qui devaient la précipiter à la honte, à quelque fin sinistre. Elle ne fut occupée que de la garder, de la préserver de ses imprudences, d'interpréter, d'excuser ce qui pouvait être en elle de moins excusable.

Sauf les deux ou trois nobles dames qui vivaient avec les moines et goûtaient peu les hautes mysticités, toutes l'aimèrent et la prirent pour un ange du ciel. Leur sensibilité, peu occupée, se concentra sur elle et n'eut plus d'autre objet. Elles la trouvaient non seulement pieuse et surnaturellement dévote, mais bonne enfant, bon cœur, gentille et amusante. On ne s'ennuyait plus. Elle les occupait, les édifiait de ses songes, de contes vrais, je veux dire sincères, toujours mêlés de pure tendresse. Elle disait : « Je vais la nuit partout, jusqu'en Amérique. Je laisse partout des lettres pour dire qu'on se convertisse. Cette nuit, j'irai vous trouver, quand même vous vous enfermeriez. Nous irons ensemble dans le Sacré-Cœur. »

Miracle. Toutes à minuit, recevaient, disaient-elles, la charmante visite. Elles croyaient sentir la Cadière qui les embrassait, les faisait entrer dans le cœur de Jésus (p. 81, 89, 93). Elles avaient bien peur et étaient heureuses. La plus tendre et la plus crédule était une Marseillaise, la sœur Raimbaud, qui eut ce bonheur, quinze fois en trois mois, c'est-à-dire à peu près tous les six jours.

Pur effet d'imagination. Ce qui le prouve, c'est qu'au même moment, la Cadière était chez toutes à la fois. L'abbesse cependant fut blessée, d'abord étant jalouse et se croyant seule exceptée, ensuite sentant bien que, toute perdue qu'elle fût dans ses rêves, elle n'apprendrait que trop par tant d'amies intimes les scandales de la maison.

Ils n'étaient guère cachés. Mais, comme rien ne pouvait venir à la Cadière que par voie illuminative, elle crut les savoir par révélation. Sa bonté éclata. Elle eut grande compassion de Dieu qu'on outrageait ainsi. Et, cette fois encore, elle se figura qu'elle devait payer pour les autres, épargner aux pécheurs les châtiments mérités en épuisant elle-même ce que la fureur des démons peut infliger de plus cruel.

Tout cela fondit sur elle le 25 juin, jour de la Saint-Jean. Elle était le soir avec les sœurs au noviciat. Elle tomba à la renverse, se tordit, cria, perdit connaissance. Au réveil, les novices l'entouraient, attendaient, curieuses de ce qu'elle allait dire. Mais la maîtresse, Mme Lescot, devina ce qu'elle dirait, sentit qu'elle allait se perdre. Elle l'enleva, la mena tout droit à sa chambre, où elle se trouva tout écorchée et sa chemise sanglante.

Comment Girard lui manquait-il au milieu de ces combats intérieurs et extérieurs ? Elle ne pouvait le comprendre. Elle avait besoin de soutien. Et il ne venait pas, tout au plus au parloir, rarement et pour un moment.

Elle lui écrit le 28 juin (par ses frères, car elle lisait, mais elle savait à peine écrire). Elle l'appelle de la manière la plus vive, la plus pressante. Et il répond par un ajournement. Il doit prêcher à Hyères, il a mal à la gorge, etc.

Chose inattendue, ce fut l'abbesse même qui le fit venir. Sans doute elle était inquiète de ce que la Cadière avait découvert de l'intérieur du couvent. Sûre qu'elle en parlerait à Girard, elle voulut la prévenir. Elle écrivit au jésuite un billet le plus flatteur et le plus tendre (3 juillet, p. 327), le priant que, quand il viendrait, il la visitât d'abord, voulant être, en grand secret, son élève, son disciple, comme le fut de Jésus l'humble Nicodème. « Je pourrai à peu de bruit faire de grands progrès à la vertu, sous votre direction, à la faveur de *la sainte liberté que me procure mon poste. Le prétexte de notre prétendante* me servira de couvert et de moyen (p. 327). »

Démarche étonnante et légère, qui montre dans

l'abbesse une tête peu saine. N'ayant pas réussi à supplanter Girard auprès de la Cadière, elle entreprenait de supplanter la Cadière auprès de Girard. Elle s'avançait, sans préface et brusquement. Elle tranchait, en grande dame, agréable encore, et bien sûre d'être prise au mot, allant jusqu'à parler de la *liberté* qu'elle avait!

Elle était partie, dans cette fausse démarche, de l'idée juste que Girard ne se souciait plus guère de la Cadière. Mais elle aurait pu deviner qu'il avait à Toulon d'autres embarras. Il était inquiet d'une affaire où il ne s'agissait plus d'une petite fille, mais d'une dame mûre, aisée, bien posée, la plus sage de ses pénitentes, Mlle Gravier. Ses quarante ans ne la défendirent pas. Il ne voulut pas au bercail une brebis indépendante. Un matin, elle fut surprise, bien mortifiée, de se trouver enceinte, et se plaignit fort (juillet, p. 395).

Girard, préoccupé de cette nouvelle aventure, vit froidement les avances si inattendues de l'abbesse. Il craignit qu'elles ne fussent un piège des Observantins. Il résolut d'être prudent, vit l'abbesse, déjà embarrassée de sa démarche imprudente, vit ensuite la Cadière, mais seulement à la chapelle, où il la confessa.

Celle-ci fut blessée sans doute de ce peu d'empressement. Et en effet cette conduite était étrange, d'extrême inconséquence. Il la troublait par des lettres légères, galantes, de petites menaces badines qu'on aurait pu dire amoureuses (Dépos. Lescot, et p. 335). Et puis il ne daignait la voir autrement qu'en public.

Dans un billet du soir même, elle s'en venge assez finement, en lui disant qu'au moment où il lui a donné l'absolution, elle s'est sentie merveilleusement détachée et d'elle-même *et de toute créature.*

C'est ce qu'aurait voulu Girard. Ses trames étaient fort embrouillées, et la Cadière était de trop. Il fut ravi de sa lettre, bien loin d'en être piqué, lui prêcha *le détachement.* Il insinuait en même temps combien il avait besoin de prudence. Il avait reçu, disait-il, une lettre où on l'avertissait sévèrement de ses fautes. Cependant, comme il partait le jeudi 6 pour Marseille, il la verrait en passant (p. 329, 4 juillet 1730).

Elle attendit. Point de Girard. Son agitation fut extrême. Le flux monta; ce fut comme une mer, une tempête. Elle le dit à sa chère Raimbaud, qui ne voulut pas la quitter, coucha avec elle (p. 73) contre les règlements, sauf à dire qu'elle y était venue le matin. C'était la nuit du 6 juillet, de chaleur concentrée, pesante, en ce four étroit d'Ollioules. A quatre ou cinq heures, la voyant se débattre dans de vives souffrances, elle « crut qu'elle avait des coliques, chercha du feu à la cuisine ». Pendant son absence, la Cadière avait pris un moyen extrême qui sans doute ne pouvait manquer de faire arriver Girard à l'instant. Soit qu'elle ait rouvert de ses ongles les plaies de la tête, soit qu'elle ait pu s'enfoncer la couronne à pointes de fer, elle se mit tout en sang. Il lui coulait sur le visage en grosses gouttes. Sous cette douleur, elle était transfigurée et ses yeux étincelaient.

Cela ne dura pas moins de deux heures. Les religieuses accoururent pour la voir en cet état, admirèrent. Elles voulaient faire entrer leurs Observantins; la Cadière les en empêcha.

L'abbesse se serait bien gardée d'avertir Girard pour la voir dans cet état pathétique, où elle était trop touchante. La bonne Mme Lescot lui donna cette consolation, et fit avertir le Père. Il vint, mais au lieu de monter, en vrai jongleur, il eut lui-même une extase à la chapelle, y resta une heure prosterné à deux genoux devant le Saint-Sacrement (p. 95). Enfin il monte, trouve toutes les religieuses autour de la Cadière. On lui conte qu'elle avait paru un moment comme si elle était à la messe, qu'elle semblait remuer les lèvres pour recevoir l'hostie. « Qui peut le savoir mieux que moi ? dit le fourbe. Un ange m'avait averti. J'ai dit la messe et je l'ai communiée de Toulon. » Elles furent renversées du miracle, à ce point que l'une d'elles en resta deux jours malade. Girard s'adressant alors à la Cadière avec une indigne légèreté : « Ah! ah! petite gourmande, vous me volez donc moitié de ma part ? »

On se retire avec respect; on les laisse. Le voici en face de la victime sanglante, pâle, affaiblie, d'autant plus agitée. Tout homme aurait été ému. Quel aveu plus naïf, plus violent de sa dépendance, du besoin absolu qu'elle avait de le voir ? Cet aveu, exprimé par le sang, les blessures, plus qu'aucune parole, devait aller au cœur. C'était un abaissement. Mais qui n'en aurait eu pitié ? Elle avait donc un moment de nature, cette innocente personne ? Dans sa vie courte et malheureuse, la pauvre jeune sainte, si étrangère aux sens, avait donc une heure de faiblesse! Ce qu'il avait eu d'elle à son insu, qu'était-ce! Peu ou rien. Avec l'âme, la volonté, il allait avoir tout.

La Cadière est fort brève, comme on peut croire, sur tout cela. Dans sa déposition, elle dit pudiquement qu'elle perdit connaissance et ne sut trop ce qui se passa. Dans un aveu à son amie la dame Allemand (p. 178), sans se plaindre de rien, elle fait tout comprendre.

En retour d'un si grand élan de cœur, d'une si charmante impatience, que fit Girard ? Il la gronda. Cette flamme qui eût gagné tout autre, l'eût embrasé, le refroidit. Son âme de tyran ne voulait que des mortes, purs jouets de sa volonté. Et celle-ci, par cette forte initiative, l'avait forcé de venir. L'écolière entraînait le maître. L'irritable pédant traita cela comme il eût fait d'une révolte de collège. Ses sévérités libertines, sa froideur égoïste dans un plaisir cruel, flétrirent l'infortunée, qui n'en eut rien que le remords.

Chose non moins choquante. Le sang versé pour lui n'eut autre effet que de lui sembler bon à exploiter pour son intérêt propre. Dans cette entrevue, la dernière peut-être, il voulut s'assurer la pauvre créature au moins pour la discrétion, de sorte qu'abandonnée de lui, elle se crût encore à lui. Il demanda s'il serait moins favorisé que le couvent qui avait vu le miracle. Elle se fit saigner devant lui. L'eau dont il lava ce sang, il en but, et lui en fit boire [1], et il crut avoir lié son âme par cette odieuse communion.

Cela dura deux ou trois heures, et il était près de midi. L'abbesse était scandalisée. Elle prit le parti de venir elle-même avec le dîner, et de faire ouvrir la porte. Girard prit du thé; comme c'était vendredi, il faisait croire qu'il jeûnait, s'étant sans doute bien muni à Toulon. La Cadière demanda du café. La sœur converse, qui était à la cuisine, s'en étonnait dans un tel jour (p. 86). Mais, sans ce fortifiant, elle aurait défailli. Il la remit un peu, et elle retint Girard encore. Il resta avec elle (il est vrai, non plus enfermé) jusqu'à quatre heures, voulant effacer la triste impression de sa conduite du matin. A force de mensonges d'amitié, de paternité, il raffermit un peu la mobile créature, lui rendit la sérénité. Elle le conduisit au départ, et, marchant derrière, elle fit, en véritable enfant, deux ou trois sauts de joie. Il dit sèchement : « Petite folle! » (P. 89.)

1. C'était l'usage des reîtres, des soldats du Nord, de se faire frères par la communion du sang (v. mes *Origines du droit*).

Elle paya cruellement sa faiblesse. Le soir même, à neuf heures, elle eut une vision terrible, et on l'entendit crier : « O mon Dieu, éloignez-vous... Retirez-vous de moi ! » Le 8, au matin, à la messe, elle n'attendit pas la communion (s'en jugeant sans doute indigne), et se sauva dans sa chambre. Grand scandale. Mais elle était si aimée, qu'une religieuse qui courut après elle, par un compatissant mensonge, jura qu'elle avait vu Jésus qui la communiait de sa main.

Mme Lescot, finement, habilement, écrivit en légende, comme éjaculations mystiques, pieux soupirs, dévotes larmes, tout ce qui s'arrachait de ce cœur déchiré. Il y eut, chose bien rare, une conspiration de tendresse entre des femmes pour couvrir une femme. Rien ne parle plus en faveur de la pauvre Cadière et de ses dons charmants. En un mois, elle était déjà comme l'enfant de toutes. Quoi qu'elle fît, on la défendait. Innocente *quand même*, on n'y voyait qu'une victime des assauts du démon. Une bonne forte femme du peuple, fille du serrurier d'Ollioules et tourière du couvent, la Matherone, ayant vu certaines libertés indécentes de Girard, n'en disait pas moins : « Ça ne fait rien ; c'est une sainte. » Dans un moment où il parlait de la retirer du couvent, elle s'écria : « Nous ôter mademoiselle Cadière !... Mais je ferai faire une porte de fer pour l'empêcher de sortir ! » (P. 47, 48, 50.)

Ses frères qui venaient chaque jour, effrayés de la situation et du parti que l'abbesse et ses moines pouvaient en tirer, osèrent aller au-devant, et, dans une lettre ostensible, écrite à Girard au nom de la Cadière, rappelèrent la révélation qu'elle avait eue le 25 juin sur les mœurs des Observantins, lui disant « qu'il était temps d'accomplir sur cette affaire les desseins de Dieu » (p. 330), — sans doute de demander qu'on en fît une enquête, d'accuser les accusateurs.

Audace excessive, imprudente. La Cadière presque mourante était bien loin de ces idées. Ses amies imaginèrent que celui qui avait fait le trouble, ferait le calme peut-être. Elles prièrent Girard de venir la confesser. Ce fut une scène terrible. Elle fit au confessionnal des cris, des lamentations, qu'on entendait à trente pas. Les curieuses avaient beau jeu d'écouter, et n'y manquaient pas. Girard était au supplice. Il disait, répétait en vain : « Calmez-vous, mademoiselle ! » (P. 95.) — Il avait beau l'absoudre. Elle ne s'absolvait pas. Le 12, elle eut sous le cœur une douleur si aiguë qu'elle crut que ses côtes éclataient. Le 14, elle semblait à la mort, et on appela sa mère. Elle reçut le viatique. Le lendemain, « elle fit une amende honorable, la plus touchante, la plus expressive qui se soit jamais entendue. Nous fondions en larmes. » (P. 330-331.) Le 20, elle eut une sorte d'agonie, qui perçait le cœur. Puis, tout à coup, par un revirement heureux et qui la sauva, elle eut une vision très douce. Elle vit la pécheresse Madeleine pardonnée, ravie dans la gloire, tenant dans le ciel la place que Lucifer avait perdue (p. 332).

Cependant Girard ne pouvait assurer sa discrétion qu'en la corrompant davantage, étouffant ses remords. Parfois, il venait (au parloir), l'embrassait fort imprudemment. Mais plus souvent encore, il lui envoyait ses dévotes. La Guiol et autres venaient l'accabler de caresses et d'embrassades, et quand elle se confiait, pleurait, elles souriaient, disaient que tout cela c'étaient les libertés divines, qu'elles aussi en avaient leur part et qu'elles étaient de même. Elles lui vantaient les douceurs d'une telle union entre femmes. Girard ne désapprouvait pas qu'elles se confiassent entre elles et missent en commun les plus honteux secrets. Il était si habitué à cette dépravation, et la trouvait si naturelle qu'il parla à la Cadière de la grossesse de Mlle Gravier. Il voulait qu'elle l'invitât à venir à Ollioules, calmât son irritation, lui persuadât que cette grossesse pouvait être une illusion du diable qu'on saurait dissiper (p. 395).

Ces enseignements immondes ne gagnaient rien sur la Cadière. Ils devaient indigner ses frères qui ne les ignoraient pas. Les lettres qu'ils écrivent en son nom sont bien singulières. Enragés au fond, ulcérés, regardant Girard comme un scélérat, mais obligés de faire parler leur sœur avec une tendresse respectueuse, ils ont pourtant des échappées où on entrevoit leur fureur.

Pour les lettres de Girard, ce sont des morceaux travaillés, écrits visiblement pour le procès qui peut venir. Nous parlerons de la seule qu'il n'ait pas eue en main pour la falsifier. Elle est du 22 juillet. Elle est aigre-douce, galante, d'un homme imprudent, léger. En voici le sens :

« L'évêque est arrivé ce matin à Toulon et ira voir la Cadière... on concertera ce qu'on peut faire et dire. Si le grand vicaire et le *P. Sabatier* vont la voir et demandent à voir (ses plaies), elle dira qu'on lui a défendu d'agir, de parler.

« J'ai une grande faim de vous revoir, et de *tout voir*. Vous savez que je ne demande que *mon bien*. Et il y a longtemps que je n'ai rien *vu qu'à demi* (il veut dire à la grille du parloir). Je vous fatiguerai ? Eh! bien, ne me fatiguez-vous pas aussi ? » etc.

Lettre étrange en tous les sens. Il se défie à la fois et de l'évêque et du jésuite même, de son collègue, le vieux Sabatier. C'est au fond la lettre d'un coupable inquiet. Il sait bien qu'elle a en main ses lettres, ses papiers, enfin de quoi le perdre.

Les deux jeunes gens répondent au nom de leur sœur par une lettre vive, la seule qui ait un accent vrai. Ils répondent ligne par ligne, sans outrage, mais avec une âpreté souvent ironique où l'on sent l'indignation contenue. Leur sœur y promet de lui obéir, *de ne rien dire à l'évêque ni au jésuite*. Elle le félicite d'avoir « tant de courage pour exhorter les autres à souffrir ». Elle relève, lui renvoie sa choquante galanterie, mais d'une manière choquante (on sent là une main d'homme, la main des deux étourdis).

Le surlendemain, ils allèrent lui dire qu'elle voulait sur-le-champ sortir du couvent. Il en fut très effrayé. Il pensa que les papiers allaient échapper avec elle. Sa terreur fut si profonde qu'elle lui ôtait l'esprit. Il faiblit jusqu'à aller pleurer au parloir d'Ollioules, se mit à genoux devant elle, demanda si elle aurait le courage de le quitter (p. 7). Cela toucha la pauvre fille, qui lui dit *non*, s'avança et se laissa embrasser. Et le Judas ne voulait rien que la tromper, et gagner quelques jours, le temps de se faire appuyer d'en haut.

Le 29, tout est changé. La Cadière reste à Ollioules, lui demande excuse, lui promet soumission (p. 339). Il est trop visible que celui-ci a fait agir de puissantes influences, que dès le 29 on a reçu des menaces (peut-être d'Aix, et plus tard de Paris). Les gros bonnets des jésuites ont écrit, et de Versailles les protecteurs de cour.

Que feraient les frères dans cette lutte! ils consultèrent sans doute leurs chefs, qui durent les avertir de ne pas trop attaquer dans Girard le *confesseur* libertin; c'eût été déplaire à tout le clergé dont la confession est le cher trésor. Il fallait, au contraire, l'isoler du clergé en constatant sa doctrine singulière, montrer en lui *le quiétiste*. Avec cela seul, on pouvait le mener loin. En 1698, on avait brûlé pour quiétisme un curé des environs de Dijon. Ils imaginèrent de faire (en apparence sous la dictée de leur sœur, étrangère à ce projet), un mémoire où le quiétisme de Girard, exalté et glorifié, serait constaté, réellement dénoncé. Ce fut le récit des visions qu'elle avait eues dans le carême. Le nom de Girard y est déjà au ciel. Elle le voit, uni à son nom, au Livre de vie.

Ils n'osèrent porter ce mémoire à l'évêque. Mais ils se le firent voler par leur ami, son jeune aumônier, le petit Camerle. L'évêque lut, et dans la ville, il en courut des copies. Le 21 août, Girard se trouvant à l'évêché, le prélat lui dit en riant : « Eh! bien, mon père, voilà donc votre nom au Livre de vie. »

Il fut accablé, se crut perdu, écrivit à la Cadière des reproches amers. Il demanda de nouveau avec larmes ses papiers. La Cadière fut bien étonnée, lui jura que ce mémoire n'était jamais sorti des mains de ses frères. Mais, dès qu'elle sut que c'était faux, son désespoir n'eut point de bornes (p. 363). Les plus cruelles douleurs de l'âme et du corps l'assaillirent. Elle crut un moment se dissoudre. Elle devint quasi folle. « J'eus un tel désir de souffrance! Je saisis la discipline deux fois, et si violemment que j'en tirai du sang abondamment. » (p. 362). Dans ce terrible égarement qui montre et sa faible tête et la sensibilité infinie de sa conscience, la Guiol l'acheva en lui dépeignant Girard comme un homme à peu près mort. Elle porta au dernier degré sa compassion (P. 361.)

Elle allait lâcher les papiers. Il était pourtant trop visible que seuls, ils la défendaient, la gardaient, prouvaient son innocence et les artifices dont elle avait été victime. Les rendre, c'était risquer que l'on changeât les rôles, qu'on ne lui imputât d'avoir séduit un saint, qu'enfin tout l'odieux ne fût de son côté.

Mais, s'il fallait périr ou perdre Girard, elle aimait mieux de beaucoup le premier parti. Un démon (la Guiol sans doute), la tenta justement par là, par l'étrange sublimité de ce sacrifice. Elle lui écrivit que Dieu voulait d'elle un sacrifice sanglant (p. 28). Elle put lui citer les saints qui, accusés, ne se justifiaient pas, s'accusaient eux-mêmes, mouraient comme des agneaux. La Cadière suivit cet exemple. Quand on accusait Girard devant elle, elle le justifiait, disant : « Il dit vrai, et j'ai menti » (p. 32).

Elle eût pu rendre seulement les lettres de Girard, mais, dans cette grande échappée de cœur, elle ne marchanda pas; elle lui donna encore les minutes des siennes.

Il eut à la fois et ces minutes écrites par le jacobin et les copies que l'autre frère faisait et lui envoyait. Dès lors il ne craignait rien. Nul contrôle possible. Il put en ôter, en remettre, biffer, falsifier. Son travail de faussaire était parfaitement libre, et il a bien travaillé. De quatre-vingts lettres, il en reste seize, et encore elles semblent des pièces laborieuses, fabriquées après coup.

Girard, ayant tout en main, pouvait rire de ses ennemis. A eux désormais de craindre. L'évêque, homme du grand monde, savait trop bien son Versailles et le crédit des jésuites pour ne pas les ménager. Il crut même politique de lui faire une petite réparation pour son malicieux reproche relatif au *Livre de vie*, et lui dit gracieusement qu'il voulait tenir un enfant de sa famille sur les fonts de baptême.

Les évêques de Toulon avaient toujours été de grands seigneurs. Leur liste offre tous les premiers noms de Provence, Baux, Glandèves, Nicolaï, Forbin, Forbin d'Oppède, et de fameux noms d'Italie, Fiesque, Trivulce, La Rovère. De 1712 à 1737, sous la Régence et Fleury, l'évêque était un la Tour du Pin. Il était fort riche, ayant aussi en Languedoc les abbayes d'Aniane et de Saint-Guilhem du Désert. Il s'était bien conduit, dit-on, dans la peste de 1721. Du reste, il ne résidait guère, menait une vie toute mondaine, ne disait jamais la messe, passait pour plus que galant.

Il vint à Toulon en juillet, et, quoique Girard l'eût détourné d'aller à Ollioules, et de visiter la Cadière, il en eut pourtant la curiosité. Il la vit dans un de ses bons moments. Elle lui plut, lui sembla une bonne petite sainte, et il lui crut si bien des lumières supérieures, qu'il eut la légèreté de lui parler de ses affaires, d'intérêts, d'avenir, la consultant comme il eût fait d'une diseuse de bonne aventure.

Il hésitait cependant, malgré les prières des frères, pour la faire sortir d'Ollioules et pour l'ôter à Girard. On trouva moyen de le décider. On fit courir à Toulon le bruit que la jeune fille avait manifesté le désir de fuir au désert, comme son modèle sainte Thérèse l'avait entrepris à douze ans. C'était Girard, disait-on, qui lui mettait cela en tête pour l'enlever un matin, la mettre hors du diocèse dont elle faisait la gloire, faire cadeau de ce trésor à quelque couvent éloigné où les jésuites, en ayant le monopole exclusif, exploiteraient ses miracles, ses visions, sa gentillesse de jeune sainte populaire. L'évêque se sentit fort blessé. Il signifia à l'abbesse de ne remettre Mlle Cadière qu'à sa mère elle-même, qui devait bientôt la faire sortir du couvent, la mener dans une bastide qui était à la famille.

Pour ne pas choquer Girard, on fit écrire par la Cadière que, si ce changement le gênait, il pouvait s'adjoindre et lui donner un second confesseur. Il comprit et aima mieux désarmer la jalousie en abandonnant la Cadière. Il se désista (15 septembre) par un billet fort prudent, humble, piteux, où il tâchait de la laisser amie et douce pour lui. « Si j'ai fait des fautes à votre égard, vous vous souviendrez pourtant toujours que j'avais bonne volonté de vous aider... Je suis et je serai toujours tout à vous dans le Sacré-Cœur de Jésus. »

L'évêque cependant n'était pas rassuré. Il pensait que les trois jésuites Girard, Sabatier et Grignet voulaient l'endormir et un matin, avec quelque ordre de Paris, lui voler la petite fille. Il prit le parti décisif, 17 septembre, d'envoyer sa voiture (une voiture légère et mondaine, qu'on appelait *phaéton*), et de la faire mener tout près à la bastide de sa mère.

Pour la calmer, la garder, la mettre en bon chemin, il lui chercha un confesseur, et s'adressa d'abord à un carme qui l'avait confessée avant Girard. Mais celui-ci, homme âgé, n'accepta pas. D'autres aussi probablement reculèrent. L'évêque dut prendre un étranger, arrivé depuis trois mois du Comtat, le P. Nicolas, prieur des carmes déchaussés. C'était un homme de quarante ans, homme de tête et de courage, très ferme et même obstiné. Il se montra fort digne de cette confiance en la refusant. Ce n'était pas les jésuites qu'il craignait, mais la fille même. Il n'en augurait rien de bon, pensait que l'ange pouvait être un ange de ténèbres, et craignait que le Malin, sous une douce figure de fille, ne fît ses coups plus malignement.

Il ne put la voir sans se rassurer un peu. Elle lui parut toute simple, heureuse d'avoir enfin un homme sûr, solide, et qui pût l'appuyer. Elle avait beaucoup souffert d'être tenue par Girard dans une vacillation constante. Du premier jour, elle parla plus qu'elle n'avait fait depuis un mois, conta sa vie, ses souffrances, ses dévotions, ses visions. La nuit même ne l'arrêta pas, chaude nuit du milieu de septembre. Tout était ouvert dans la chambre, les trois portes, outre les fenêtres. Elle continua presque jusqu'à l'aube, près de ses frères qui dormaient. Elle reprit le lendemain sous la tonnelle de vigne, parlant à ravir de Dieu, des plus hauts mystères. Le carme était stupéfait, se demandait si le Diable pouvait si bien louer Dieu.

Son innocence était visible. Elle semblait bonne fille, obéissante, douce comme un agneau, folâtre comme un jeune chien. Elle voulut jouer aux boules (jeu ordinaire dans les bastides) et il ne refusa pas de jouer aussi.

Si un esprit était en elle, on ne pouvait dire du moins que ce fût un esprit de mensonge. En l'observant de près, longtemps, on n'en pouvait douter, ses plaies réellement saignaient par moments. Il se garda bien d'en faire, comme Girard, d'impudiques vérifications. Il se contenta de voir celle du pied. Il ne vit que trop ses extases. Une vive chaleur lui prenait tout à coup au cœur, circulait partout. Elle ne se connaissait plus, entrait dans des convulsions, disait des choses insensées.

Le carme comprit très bien qu'en elle il y avait deux personnes, la jeune fille et le démon. La première était honnête, et même très neuve de cœur, ignorante, quoi qu'on lui eût fait, comprenant peu les choses même qui l'avaient si fort troublée. Avant sa confession, quand elle parla des baisers de Girard, le carme lui dit rudement : « Ce sont de très grands péchés. — O mon Dieu ! dit-elle en pleurant, je suis donc perdue, car il m'a fait bien d'autres choses. »

L'évêque venait la voir. La bastide était pour lui un but de promenade. A ses interrogations, elle répondit naïvement, dit au moins le commencement. L'évêque fut bien en colère, mortifié, indigné. Sans doute il devina le reste. Il ne tint à rien qu'il ne fît un grand éclat contre Girard. Sans regarder au danger d'une lutte avec les jésuites, il entra tout à fait dans les idées du carme, admit qu'elle était ensorcelée, donc *que Girard était sorcier*. Il voulait à l'instant même l'interdire solennellement, le perdre, le déshonorer. La Cadière pria pour celui qui lui avait fait tant de tort, ne voulut pas être vengée. Elle se mit à genoux devant l'évêque, le conjura de l'épargner, de ne point parler de ces tristes choses. Avec une touchante humilité, elle dit : « Il me suffit d'être éclairée maintenant, de savoir que j'étais dans le péché » (p. 127). Son frère le jacobin se joignit à elle, prévoyant tous les dangers d'une telle guerre, et doutant que l'évêque y fût bien ferme.

Elle avait moins d'agitation. La saison avait changé.

L'été brûlant était fini. La nature enfin faisait grâce. C'était l'aimable mois d'octobre. L'évêque eut la vive jouissance qu'elle fut délivrée par lui. La jeune fille, n'étant plus dans l'étouffement d'Ollioules, sans rapport avec Girard, bien gardée par sa famille, par l'honnête et brave moine, enfin sous la protection de l'évêque, qui plaignait peu ses démarches et la couvrait de sa constante protection, elle devint tout à fait calme. Comme l'herbe qui en octobre revient par de petites pluies, elle se releva, refleurit.

Pendant sept semaines environ, elle paraissait fort sage. L'évêque en fut si ravi qu'il eût voulu que le carme, aidé de la Cadière, agît auprès des autres pénitentes de Girard, les ramenât à la raison. Elles durent venir à la bastide; on peut juger combien à contre-cœur et de mauvaise grâce. En réalité, il y avait une étrange inconvenance à faire comparaître ces femmes devant la protégée de l'évêque, si jeune et à peine remise de son délire extatique.

La situation se trouva aigrie, ridicule. Il y eut deux partis en présence, les femmes de Girard, celles de l'évêque. Du côté de celui-ci, la dame Allemand et sa fille, attachées à la Cadière. De l'autre côté, les rebelles, la Guiol en tête. L'évêque négocia avec celle-ci pour obtenir qu'elle entrât en rapport avec le carme et lui menât ses amies. Il lui envoya son greffier, puis un procureur, ancien amant de la Guiol. Tout cela n'opérant pas, l'évêque prit le dernier parti, ce fut de les convoquer toutes à l'évêché. Là, elles nièrent généralement ces extases, ces stigmates, dont elles s'étaient vantées. L'une, sans doute la Guiol, effrontée et malicieuse, l'étonna bien plus encore en lui offrant de montrer sur-le-champ qu'elles n'avaient rien sur tout le corps. On l'avait cru assez léger pour tomber dans ce piège. Mais il le démêla fort bien, refusa, remercia celles qui, aux dépens de leur pudeur, lui eussent fait imiter Girard, et fait rire toute la ville.

L'évêque n'avait pas de bonheur. D'une part ces audacieuses se moquaient de lui. Et, d'autre part, son succès auprès de la Cadière s'était démenti. A peine rentrée dans le sombre Toulon, dans son étroite ruelle de l'Hôpital, elle était retombée. Elle était précisément dans les milieux dangereux et sinistres où commença sa maladie, au champ même de la bataille que se livraient les deux partis. Les jésuites, à qui chacun voyait la Cour pour arrière-garde, avaient pour eux les politiques, les prudents, les *sages*. Le carme n'avait que l'évêque, n'était pas même soutenu de ses confrères, ni des curés. Il se ménagea une arme. Le 8 novembre, il tira de la Cadière une autorisation écrite de révéler au besoin sa confession.

Acte audacieux, intrépide, qui fit frémir Girard. Il n'avait pas grand courage, et il eût été perdu, si sa cause n'eût été celle des jésuites. Il se blottit au fond de leur maison. Mais son collègue Sabatier, vieillard sanguin, colérique, alla droit à l'évêché. Il entra chez le prélat, portant comme Popilius, dans sa robe, la paix ou la guerre. Il le mit au pied du mur, lui fit comprendre qu'un procès avec les jésuites, c'était pour le perdre à jamais lui-même, qu'il resterait évêque de Toulon à perpétuité, ne serait jamais archevêque. Bien plus, avec la liberté d'un apôtre fort à Versailles, il lui dit que si cette affaire révélait les mœurs d'un jésuite, elle n'éclairerait pas moins les mœurs d'un évêque. Une lettre, visiblement combinée par Girard (p. 334), ferait croire que les jésuites se tenaient prêts en dessous à lancer contre le prélat de terribles récriminations, déclarant sa vie, « non seulement indigne de l'épiscopat, mais *abominable*. » Le perfide et sournois Girard, le Sabatier apoplectique, gonflé de rage et de venin, auraient poussé la calomnie. Ils n'auraient pas manqué de dire que tout cela se faisait pour une fille, que si Girard l'avait soignée malade, l'évêque l'avait eue bien portante. Quel trouble qu'un tel scandale dans la vie si bien arrangée de ce grand seigneur mondain! C'eût été une chevalerie trop comique de faire la guerre pour venger la virginité d'une petite folle infirme, et de se brouiller pour elle avec tous les honnêtes gens! Le cardinal de Bonzi mourut de chagrin à Toulouse, mais au moins pour une belle dame, la noble marquise de Ganges. Ici l'évêque risquait de se perdre, d'être écrasé sous la honte et le ridicule, pour cette fille d'un revendeur de la rue de l'Hôpital!

Ces menaces de Sabatier firent d'autant plus d'impression que déjà l'évêque de lui-même tenait moins à la Cadière. Il ne lui savait pas bon gré d'être redevenue malade, d'avoir démenti son succès, de lui donner tort par sa rechute. Il lui en voulait de n'être pas guérie. Il se dit que Sabatier avait raison, qu'il serait bien bon de se compromettre. Le changement fut subit. Ce fut comme un coup de la Grâce. Il vit tout à coup la lumière, comme saint Paul au chemin de Damas, et se convertit aux jésuites.

Sabatier ne le lâcha pas. Il lui présenta du papier, et lui fit écrire, signer l'interdiction du carme, son agent près de la Cadière; plus, celle de son frère le Jacobin (10 novembre 1730).

XII

LE PROCÈS DE LA CADIÈRE — 1730-1731

On peut juger ce que fut ce coup épouvantable pour la famille Cadière. Les attaques de la malade devinrent fréquentes et terribles. Chose cruelle, ce fut comme une épidémie chez ses intimes amies. Sa voisine, la dame Allemand, qui avait aussi des extases, mais qui jusque-là les croyait de Dieu, tomba en effroi et sentit l'enfer. Cette bonne dame (de cinquante ans) se souvint qu'en effet elle avait eu souvent des pensées impures; elle se crut livrée au Diable, ne vit que diables chez elle, et quoique gardée par sa fille, elle se sauva du logis, demanda asile aux Cadière. La maison devint dès lors inhabitable, le commerce impossible. L'aîné Cadière furieux, invectivait contre Girard, criait : « Ce sera Gauffridi... Lui aussi, il sera brûlé! » Et le jacobin ajoutait : « Nous y mangerions plutôt tout le bien de la famille. »

Dans la nuit du 17 au 18 novembre, la Cadière hurla, étouffa. On crut qu'elle allait mourir. L'aîné Cadière, le marchand, qui perdait la tête, appela par les fenêtres, criant aux voisins : « Au secours! Le diable étrangle ma sœur! » Ils accouraient, presque en chemise. Les médecins et chirurgiens qualifiant son état *une suffocation de la matrice*, voulurent lui mettre des ventouses. Pendant qu'on les allait chercher, ils parvinrent à lui desserrer les dents et lui firent avaler une goutte d'eau-de-vie, ce qui la rappela à elle-même. Cependant les médecins de l'âme arrivaient aussi à la file, un vieux prêtre, confesseur de la mère Cadière, puis des curés de Toulon. Tant de bruit, de cris, l'arrivée de ces prêtres en grand costume, l'appareil de l'exorcisme, avait rempli la rue de monde; les arrivants demandaient : « Qu'y a-t-il! — C'est la Cadière, ensorcelée par Girard. » On peut juger de la pitié, de l'indignation du peuple.

Les jésuites, très effrayés, mais voulant renvoyer l'effroi, firent alors une chose barbare. Ils retournèrent chez l'évêque, ordonnèrent et exigèrent qu'on poursuivît la Cadière, qu'on l'attaquât le jour même, — que cette pauvre fille, sur le lit où elle râlait tout à l'heure, après cette horrible crise, reçût à l'improviste une descente de justice...

Sabatier ne lâcha pas l'évêque que celui-ci n'eût fait appeler son juge, son official, le vicaire général Larmedieu, et son promoteur (ou procureur épiscopal), Esprit Reybaud, et qu'il ne leut eût dit de procéder sur l'heure.

C'était impossible, illégal, en Droit canonique. *Il fallait un informé préalable* sur les faits, avant d'aller interroger. — Autre difficulté : le juge ecclésiastique n'avait droit de faire une telle descente *que pour un refus de sacrement*. Les deux légistes d'Eglise durent faire cette objection. Sabatier n'écouta rien. Si les choses traînaient ainsi dans la froide légalité, il manquait son coup de terreur.

Larmedieu, ou Larme-Dieu, sous ce nom touchant, était un juge complaisant, ami du clergé. Ce n'était pas un de ces rudes magistrats qui vont tout droit devant eux, comme d'aveugles sangliers, dans le grand chemin de la loi, sans voir, distinguer les personnes. Il avait eu de grands égards dans l'affaire d'Aubany, le gardien d'Ollioules. Il avait poursuivi assez lentement pour qu'Aubany se sauvât. Puis, quand il le sut à Marseille, comme si Marseille eût été loin de France, *ultima Thule* ou la *Terra incognita* des anciens géographes, il ne bougea plus. Ici, ce fut tout autre chose : ce juge paralytique pour l'affaire d'Aubany eut des ailes pour la Cadière, et les ailes de la foudre. Il était neuf heures du matin lorsque les habitants de la ruelle virent avec curiosité arriver chez les Cadière une fort belle procession, messire Larmedieu en tête, et le Promoteur de la Cour épiscopale, honorablement escortés de deux vicaires de la paroisse, docteurs en théologie. On envahit la maison. On interpella la malade. On lui fit faire serment de dire vrai contre elle-même, serment de se diffamer en disant à la justice ce qui était de conscience et de confession.

Elle pouvait se dispenser de répondre, nulle formalité n'ayant été observée. Mais elle ne disputa pas. Elle jura, ce qui était se désarmer, se livrer. Car, étant liée une fois par le serment, elle dit tout, même les choses honteuses et ridicules, dont l'aveu est si cruel pour une fille.

Le procès-verbal de Larmedieu et son premier interrogatoire indiquent un plan bien arrêté entre lui et les jésuites. C'était de montrer Girard comme la dupe et la victime des fourberies de la Cadière. Un homme de cinquante ans, docteur, professeur, directeur de religieuses, qui cependant est resté si innocent et si crédule, qu'il a suffi pour l'attraper d'une petite fille, d'un enfant! La rusée, la dévergondée, l'a trompé sur ses visions, mais non entraîné dans ses égarements. Furieuse, elle s'en est vengée en lui prêtant toute infamie que pouvait lui suggérer une imagination de Messaline.

Bien loin que l'interrogatoire confirme rien de tout cela, ce qu'il a de très touchant, c'est la douceur de la victime. Visiblement elle n'accuse que contrainte et forcée par le serment qu'elle a prêté. Elle est douce pour ses ennemis, même pour la perfide Guiol, qui (dit son frère) la livra, qui fit tout pour la corrompre, qui, en dernier lieu, la perdit en lui faisant rendre les papiers qui eussent fait sa sauvegarde.

Les Cadière furent épouvantés de la naïveté de leur sœur. Dans son respect pour le serment, elle s'était livrée sans réserve, hélas! avilie pour toujours, chansonnée dès lors et moquée des ennemis même des jésuites, et des sots rieurs libertins.

Puisque la chose était faite, ils voulurent du moins qu'elle fût exacte, que le procès-verbal des prêtres pût être contrôlé par un acte plus sérieux. D'accusée qu'elle semblait être, ils la firent accusatrice, prirent la position offensive, obtinrent du magistrat royal, le lieutenant civil et criminel, Marteli Chantard, qu'il vînt recevoir sa déposition. Dans cet acte, net et court, se trouve clairement établi le fait de *séduction;* plus, les *reproches* qu'elle faisait à Girard pour ses caresses lascives, dont il ne faisait que rire; plus, le conseil qu'il lui donne de se *laisser obséder du démon;* plus, la *succion* par laquelle le fourbe entretenait ses plaies, etc.

L'homme du roi, le lieutenant, devait retenir l'affaire à son tribunal. Car le juge ecclésiastique, dans sa précipitation, n'ayant pas rempli les formalités du droit ecclésiastique, avait fait un acte nul. Mais le magistrat laïque n'eut pas ce courage. Il se laissa atteler à l'information cléricale, subit Larmedieu pour associé, et même alla siéger, écouter les témoins au tribunal de l'évêché. Le greffier de l'évêché écrivait (et non le greffier du lieutenant du roi). Ecrivait-il exactement ? On aurait droit d'en douter quand on voit que ce greffier ecclésiastique menaçait les témoins, et chaque soir allait montrer leurs dépositions aux jésuites [1].

Les deux vicaires de la paroisse de la Cadière, que l'on entendit d'abord, déposèrent sèchement, sans faveur pour elle, mais nullement contre elle, nullement pour les jésuites (24 novembre). Ceux-ci virent que tout allait manquer. Ils perdirent toute pudeur, et, au risque d'indigner le peuple, résolurent de briser tout. Ils tirèrent ordre de l'évêque pour emprisonner la Cadière et les principaux témoins qu'elle voulait faire entendre. C'étaient les dames Allemand et la Batarelle. Celle-ci fut mise au *Refuge*, couvent-prison, ces dames dans une maison de force, le *Bon-Pasteur*, où l'on jetait les folles et les sales coureuses en correction. La Cadière (26 novembre), tirée de son lit, fut donnée aux ursulines, pénitentes de Girard, qui la couchèrent proprement sur de la paille pourrie.

Alors, la terreur établie, on put entendre les témoins, deux d'abord (28 novembre), deux respectables et choisis. L'un était cette Guiol, connue pour fournir des femmes à Girard; langue adroite et acérée, qui fut chargée de lancer le premier dard et d'ouvrir la plaie de la calomnie. L'autre était la Laugier, la petite couturière que la Cadière nourrissait et dont elle avait payé l'apprentissage. Etant enceinte de Girard, cette Laugier avait crié contre lui; elle lava ici cette faute en se moquant de la Cadière, salissant sa bienfaitrice, mais cela maladroitement, en dévergondée qu'elle était, lui prêtant des mots effrontés, très contraires à ses habitudes. Puis vinrent Mlle Gravier et sa cousine, la Reboul, enfin toutes les *girardines*, comme on les appelait dans Toulon.

Mais on ne pouvait si bien faire que, par moments, la lumière n'éclatât. La femme d'un procureur, dans la maison de laquelle s'assemblaient les *girardines*, dit brutalement qu'on ne pouvait y tenir, qu'elles troublaient toute la maison; elle conta leurs rires bruyants, leurs mangeries payées des collectes que l'on faisait pour les pauvres, etc. (p. 55).

On craignait extrêmement que les religieuses ne se déclarassent pour la Cadière. Le greffier de l'évêché alla leur dire (comme de la part de l'évêque) qu'on châtierait celles qui parleraient mal. Pour agir plus fortement encore, on fit revenir de Marseille leur galant P. Aubany,

1. P. 80 de l'in-folio, et t. I de l'in-12, p. 33.

qui avait ascendant sur elles. On arrangea son affaire du viol de la petite fille. On fit entendre aux parents que la justice ne ferait rien. On estima l'honneur de l'enfant à huit cents livres, qu'on paya pour Aubany. Donc il revint plein de zèle, tout jésuite, dans son troupeau d'Ollioules. Pauvre troupeau qui trembla quand ce bon P. Aubany se dit chargé de les avertir que, si elles n'étaient pas sages, « *elles auraient la question* ». (*Procès* in-12, t. II, p. 191.)

Avec tout cela, on ne tira pas ce qu'on voulait des quinze religieuses. Deux ou trois à peine étaient pour Girard, et toutes articulèrent des faits, surtout pour le 7 juillet, qui directement l'accablaient.

Les jésuites désespérés prirent un parti héroïque pour s'assurer des témoins. Ils s'établirent à poste fixe dans une salle de passage qui menait au tribunal. Là, ils les arrêtaient, les pratiquaient, les menaçaient, et, s'ils étaient contre Girard, ils les empêchaient d'entrer, et par force impudemment les mettaient à la porte (in-12, t. I, p. 44.)

Ainsi le juge d'Eglise et le lieutenant du roi n'étaient plus que des mannequins entre les mains des jésuites. Toute la ville le voyait, frémissait. En décembre, janvier, février, la famille des Cadière formula et répandit une plainte pour déni de justice et subornation de témoins. Les jésuites eux-mêmes sentirent que la place n'était plus tenable. Ils appelèrent le secours *d'en haut*. Le meilleur paraissait être un simple arrêt du Grand Conseil qui eût tout appelé à lui et tout étouffé (comme fit Mazarin pour l'affaire de Louviers). Mais le chancelier était d'Aguesseau; les jésuites ne désiraient pas que l'affaire allât à Paris. Ils la retinrent en Provence. Ils firent décider par le roi (16 janvier 1731) que le Parlement de Provence, où ils avaient beaucoup d'amis, jugeât sur l'information que deux de ses conseillers feraient à Toulon.

Un laïque, M. Faucon, et un conseiller d'Eglise, M. de Charleval, vinrent en effet, et tout droit descendirent chez les jésuites (p. 407). Ces commissaires impétueux cachèrent si peu leur violente et cruelle partialité qu'ils lancèrent à la Cadière un ajournement personnel, comme on faisait à l'accusé, tandis que Girard fut poliment appelé, laissé libre; il continuait de dire la messe et de confesser. Et la plaignante était sous les verrous, dans les mains de ses ennemis, chez les dévotes de Girard, à la merci de toute cruauté.

La réception des bonnes Ursulines avait été celle qu'elles eussent faite, si elles avaient été chargées de la faire mourir. Elles lui avaient donné pour chambre la loge d'une religieuse folle qui salissait tout. Elle coucha dans la paille de cette folle, dans cette odeur épouvantable. A grand'peine le lendemain ses parents purent-ils introduire une couverture et un matelas. On lui donna pour garde et garde-malade l'âme damnée de Girard, une converse, qui était fille de cette même Guiol qui l'avait livrée, fille très digne de sa mère, capable de choses sinistres, dangereuse à sa pudeur et peut-être à sa vie même. On la tint à la pénitence la plus cruelle pour elle, celle de ne pouvoir se confesser ni communier. Elle retombait malade dès qu'elle ne communiait pas. Son furieux ennemi, Sabatier le jésuite, vint dans cette loge, et, chose bizarre, nouvelle, il entreprit de la gagner, de *la tenter par l'hostie!* On marchanda. Donnant donnant : pour communier, il fallait qu'elle s'avouât calomniatrice, indigne de la communion. Elle l'aurait peut-être fait par excès d'humilité. Mais, en se perdant, elle aurait aussi perdu et le carme et ses frères.

Réduit aux arts pharisaïques, on interprétait ses paroles. Ce qu'elle disait au sens mystique, on feignait de le comprendre dans la réalité matérielle. Elle montrait, pour se démêler de tous ces pièges, ce qu'on eût le moins attendu, une grande présence d'esprit (voir surtout p. 391).

Le plus perfide, combiné pour lui ôter l'intérêt du public, mettre contre elle les rieurs, ce fut de lui faire un amant. On prétendit qu'elle avait proposé à un jeune drôle de partir avec elle, de courir le monde.

Les grands seigneurs d'alors, qui aimaient à se faire servir par des enfants, des petits pages, prenaient volontiers les plus gentils des fils de leurs paysans. Ainsi avait fait l'évêque du petit garçon d'un de ses fermiers. Il le débarbouilla. Puis, quand ce favori grandit, pour qu'il eût meilleure apparence, il le tonsura, lui donna figure d'abbé, titre d'aumônier, à vingt ans. Ce fut M. l'abbé Camerle. Elevé dans la valetaille et fait à tout faire, il fut, comme sont souvent les petits campagnards décrassés à demi, un rustre niais et finaud. Il vit bien que le prélat, dès son arrivée à Toulon, était curieux de la Cadière, peu favorable à Girard. Il pensa plaire et amuser, en se faisant, à Ollioules, espion de leurs rapports suspects. Mais dès que l'évêque changea, eut peur des jésuites, Camerle, avec le même zèle, servit activement Girard, et l'aida contre la Cadière.

Il vint, comme un autre Joseph, dire que Mlle Cadière (comme la femme de Putiphar) l'avait tenté, essayé d'ébranler sa vertu. Si cela avait été vrai, si elle lui eût fait tant d'honneur que de faiblir un peu pour lui, il n'en eût été que plus lâche de l'en punir, d'abuser d'un mot étourdi. Mais une telle éducation de page et de séminariste ne donne ni honneur ni l'amour des femmes.

Elle se démêla vivement et très bien, le couvrit de honte. Les deux indignes commissaires du Parlement la voyaient répondre d'une manière si victorieuse, qu'ils abrégèrent les confrontations, lui retranchèrent ses témoins. De soixante-huit qu'elle appelait, ils n'en firent venir que trente-huit (in-12, t. I, p. 62). N'observant ni les délais, ni les formes de justice, ils précipitèrent la confrontation. Avec tout cela, ils ne gagnaient rien. Le 25 et le 26 février encore, sans varier, elle répéta ses dépositions accablantes.

Ils étaient si furieux, qu'ils regrettaient de n'avoir pas à Toulon le bourreau et la question « pour la faire un peu chanter. » C'était l'*ultima ratio*. Les Parlements, dans tout ce siècle, en usèrent. J'ai sous les yeux un véhément éloge de la torture [1], écrit en 1780 par un savant parlementaire, devenu membre du Grand Conseil dédié au Roi (Louis XVI), et couronné d'une flatteuse approbation de Sa Sainteté, Pie VI.

Mais, au défaut de la torture qui l'eût fait chanter, on la fit parler par un moyen meilleur encore. Le 27 février, de bonne heure, la sœur converse qui lui servait de geôlière, la fille de la Guiol, lui apporte un verre de vin. Elle s'étonne; elle n'a pas soif; elle ne boit jamais de vin le matin, et encore moins de vin pur. La converse, rude et forte domestique, comme on en a dans les couvents pour dompter les indociles, les folles, ou punir les enfants, enveloppe de son insistance menaçante la faible malade. Elle ne veut boire, mais elle boit. Et on la force de tout boire, le fond même, qu'elle trouve désagréable et salé (p. 243-247).

Quel était ce choquant breuvage! On a vu, à l'époque de l'avortement, combien l'ancien directeur de religieuses était expert aux remèdes. Ici le vin pur eût suffi sur une

1. Muyart de Vouglans, à la suite de ses *Lois criminelles*, in-folio, 1780.

malade débile. Il eût suffi pour l'enivrer, pour en tirer le même jour quelques paroles bégayées, que le greffier eût rédigées en forme de démenti complet. Mais une drogue fut surajoutée (peut-être l'herbe aux sorcières, qui trouble plusieurs jours) pour prolonger cet état et pouvoir disposer d'elle par des actes qui l'empêcheraient de rétracter le démenti.

Nous avons la déposition qu'elle fit, le 27 février. Changement subit et complet! apologie de Girard! Les commissaires (chose étrange) ne remarquent pas une si brusque variation. Le spectacle singulier, honteux, d'une jeune fille ivre, ne les étonne pas, ne les met pas en garde. On lui fait dire que Girard ne l'a jamais touchée, qu'elle n'a jamais eu ni plaisir ni douleur, que tout ce qu'elle a senti tient à une infirmité. C'est le carme, ce sont ses frères qui lui ont fait raconter comme actes réels ce qui n'a été que songe. Non contente de blanchir Girard, elle noircit les siens, les accable et leur met la corde au cou.

Ce qui est merveilleux, c'est la clarté, la netteté de cette déposition. On y sent la main du greffier habile. Une chose étonne pourtant, c'est qu'étant en si beau chemin, on n'ait pas continué. On l'interroge un seul jour, le 27. Rien le 28. Rien du 1er au 6 mars.

Le 27 probablement, sous l'influence du vin, elle put parler encore, dire quelques mots qu'on arrangea. Mais, le 28, le poison ayant eu tout son effet, elle dut être en stupeur complète ou dans un indécent délire (comme celui du Sabbat), et il fut impossible de la montrer. Une fois d'ailleurs que sa tête fut absolument troublée, on put aisément lui donner d'autres breuvages sans qu'elle en eût ni conscience ni souvenir.

C'est ici, je n'en fais pas doute, dans les six jours, du 28 février au 5 ou 6 mars, que se place un fait singulier, qui ne peut avoir eu lieu ni avant, ni après. Fait tellement répugnant, si triste pour la pauvre Cadière qu'il est indiqué en trois lignes, sans que ni elle ni son frère aient le cœur d'en dire davantage (p. 249 de l'in-folio, lignes 10-13). Ils n'en auraient parlé jamais si les frères poursuivis eux-mêmes n'avaient vu qu'on en voulait à leur propre vie.

Girard alla voir la Cadière! prit sur elle encore d'insolentes, d'impudiques libertés!

Cela eut lieu, disent le frère et la sœur, *depuis que l'affaire est en justice*. Mais, du 26 novembre au 26 février,

Girard fut intimidé, humilié, toujours battu dans la guerre de témoins qu'il faisait à la Cadière. Encore moins osa-t-il la voir, depuis le 10 mars, le jour où elle revint à elle, et sortit du couvent où il la tenait. Il ne la vit qu'en ces cinq jours où il était encore maître d'elle, et où l'infortunée, sous l'influence du poison, n'était plus elle-même.

Si la mère Guiol avait jadis livré la Cadière, la fille Guiol put la livrer encore. Girard, qui avait alors gagné la partie par le démenti qu'elle se donnait à elle-même, osa venir dans sa prison, la voir dans l'état où il l'avait mise, hébétée, ou désespérée, abandonnée du ciel et de la terre, et s'il lui restait quelque lucidité, livrée à l'horrible douleur d'avoir, par sa déposition, assassiné les siens. Elle était perdue, et c'était fini. Mais l'autre procès commençait contre ses frères et le courageux carme. Le remords pouvait la tenter de fléchir Girard, d'obtenir qu'il ne les poursuivît pas, et surtout qu'on ne la mît pas à la question.

L'état de la prisonnière était déplorable et demandait grâce. De petites infirmités attachées à une vie toujours assise, la faisaient souffrir beaucoup. Par suite de ses convulsions, elle avait une descente, par moments fort douloureuse (p. 343). Ce qui prouve que Girard n'était pas fortuitement criminel, mais un pervers, un scélérat, c'est qu'il ne vit de tout cela que la facilité d'assurer son avantage. Il crut que, s'il en usait, avilie à ses propres yeux, elle ne se relèverait jamais, ne reprendrait pas le cœur et le courage pour démentir son démenti. Il la haïssait alors, et pourtant, avec un badinage libertin et odieux, il parla de cette descente, et il eut l'indignité, voyant la pauvre personne sans défense, d'y porter la main (p. 249). Son frère l'assure et l'affirme, mais brièvement, avec honte, sans pousser plus loin ce sujet. Elle-même attestée sur ce fait, elle dit en trois lettres : « oui. »

Hélas ! son âme était absente, et lui revenait lentement. C'est le 6 mars qu'elle devait être confrontée, confirmer tout, perdre ses frères sans retour. Elle ne pouvait parler, étouffait. Les charitables commissaires lui dirent que la torture était là, à côté, lui expliquèrent les coins qui lui serreraient les os, les chevalets, les pointes de fer. Elle était si faible de corps que le courage lui manqua. Elle endura d'être en face de son cruel maître, qui put rire et triompher, l'ayant avilie du corps, mais bien plus, de la conscience ! la faisant meurtrière des siens !

On ne perdit pas de temps pour profiter de sa faiblesse. A l'instant on s'adressa au Parlement d'Aix, et on en obtint que le carme et les deux frères seraient désormais inculpés, qu'ils auraient leur procès à part, de sorte qu'après que la Cadière serait condamnée, punie, on en viendrait à eux, et on les pousserait à outrance.

Le 10 mars, on la traîna des Ursulines de Toulon à Sainte-Claire-d'Ollioules. Girard n'était pas sûr d'elle. Il obtint qu'elle serait menée, comme on eût fait d'un redoutable brigand de cette route mal famée, entre les soldats de la maréchaussée. Il demanda qu'à Sainte-Claire, elle fût bien enfermée à clef. Les dames furent touchées jusqu'aux larmes de voir arriver entre les épées leur pauvre malade qui ne pouvait se traîner. Tout le monde en avait pitié. Il se trouva deux vaillants hommes, M. Aubin, procureur, et M. Claret, notaire, qui firent pour elle les actes où elle rétractait sa rétractation, pièces terribles où elle dit les menaces des commissaires et de la supérieure des Ursulines, surtout le fait du vin empoisonné qu'on la força de prendre (10-16 mars 1731, p. 243-248).

En même temps, ces hommes intrépides rédigèrent et adressèrent à Paris, à la chancellerie, ce qu'on nommait l'appel comme d'abus, dévoilant l'informe et coupable procédure, les violations obstinées de la loi, qu'avaient commises effrontément : 1° l'official et le lieutenant; 2° les commissaires. Le chancelier d'Aguesseau se montra très mou, très faible. Il laissa subsister cette immonde procédure, laissa aller l'affaire au Parlement d'Aix, tellement suspect! après le déshonneur dont ses deux membres venaient de se couvrir.

Donc, ils ressaisirent la victime, et, d'Ollioules, la firent traîner à Aix, toujours par la maréchaussée. On couchait alors à moitié chemin dans un cabaret. Et là, le brigadier expliqua qu'en vertu de ses ordres, il coucherait dans la chambre de la jeune fille. On avait fait semblant de croire que la malade qui ne pouvait marcher, fuirait, sauterait par la fenêtre. Infâme combinaison. La remettre à la chasteté de nos soldats des dragonnades! Quelle joie eût-ce été, quelle risée, si elle fût arrivée enceinte ? Heureusement, sa mère s'était présentée au départ, avait suivi, bon gré, mal gré, et on n'avait pas osé l'éloigner à coups de crosse. Elle resta dans la chambre, veilla (toutes deux debout), et elle protégea son enfant (in-12, t. I, p. 52).

Elle était adressée aux Ursulines d'Aix, qui devaient la garder et en avaient ordre du roi. La supérieure prétendit n'avoir pas encore reçu l'ordre. On vit là combien sont féroces les femmes, une fois passionnées, n'ayant plus nature de femmes. Elle la tint quatre heures à la porte, dans la rue, en exhibition (t. IV de l'in-12, p. 404). On eut le temps d'aller chercher *le peuple*, les gens des jésuites, *les bons ouvriers* du clergé, pour huer, siffler, les enfants au besoin pour lapider. C'étaient quatre heures de pilori. Cependant, tout ce qu'il y avait de passants désintéressés demandaient si les Ursulines avaient ordre de laisser tuer cette fille. On peut juger si ces bonnes sœurs furent de tendres geôlières pour la prisonnière malade.

Le terrain avait été admirablement préparé. Un vigoureux concert de magistrats jésuites et de dames intrigantes avait organisé l'intimidation. Nul avocat ne voulut se perdre en défendant une fille si diffamée. Nul ne voulut avaler les couleuvres que réservaient ses geôlières à celui qui chaque jour affronterait leur parloir, pour s'entendre avec la Cadière. La défense revenait, dans ce cas, au syndic du barreau d'Aix, M. Chaudon. Il ne déclina pas ce dur devoir. Cependant, assez inquiet, il eût voulu un arrangement. Les jésuites refusèrent. Alors il se montra ce qu'il était, un homme d'immuable honnêteté, d'admirable courage. Il exposa, en savant légiste, la monstruosité des procédures. C'était se brouiller pour jamais avec le Parlement, tout autant qu'avec les jésuites. Il posa nettement l'inceste spirituel du confesseur, mais, par pudeur, ne spécifia pas jusqu'où avait été le libertinage. Il s'interdit aussi de parler des *girardines*, des dévotes enceintes, chose connue parfaitement, mais dont personne n'eût voulu témoigner. Enfin, il fit à Girard la meilleure cause possible, en l'attaquant *comme sorcier*. On rit, on se moqua de l'avocat. Il entreprit de prouver l'existence du Démon par une suite de textes sacrés, à partir des Evangiles. Et l'on rit encore plus fort.

On avait fort adroitement défiguré l'affaire en faisant de l'honnête carme un amant de la Cadière, et le fabricateur d'un grand complot de calomnies contre Girard et les jésuites. Dès lors, la foule des oisifs, les mondains étourdis, rieurs ou philosophes, s'amusaient des uns et des autres, parfaitement impartiaux entre les carmes et les jésuites, ravis de voir les moines se faire la guerre entre eux. Ceux que bientôt on dira *voltairiens* sont même plus favorables aux jésuites, polis et gens du monde, qu'aux anciens ordres mendiants.

Ainsi l'affaire va s'embrouillant. Les plaisanteries pleuvent, mais encore plus sur la victime. Affaire de galanterie, dit-on. On n'y voit qu'un amusement. Pas un étudiant, un clerc, qui ne fasse sa chanson sur Girard et son écolière, qui ne réchauffe les vieilles plaisanteries provençales sur Madeleine (de l'affaire Gauffridi), ses six mille diablotins, la peur qu'ils ont du fouet, les miracles de la discipline qui fit fuir ceux de la Cadière (*Ms. de la Bibl. de Toulon*).

Sur ce point spécial, les amis de Girard le blanchissaient fort aisément. Il avait agi dans son droit de directeur et selon l'usage ordinaire. La verge est l'attribut de la paternité. Il avait agi pour sa pénitente, « pour le remède de son âme ». On battait les démoniaques, on battait les aliénés, d'autres malades encore. C'était le grand moyen de chasser l'ennemi, quel qu'il fût, démon ou maladie. Point de vue fort populaire. Un brave ouvrier de Toulon, témoin du triste état de la Cadière, avait dit que le seul remède, pour la pauvre malade, était le nerf de bœuf.

Girard, si bien soutenu, n'avait que faire d'avoir raison. Il n'en prend pas la peine. Sa défense est charmante de légèreté. Il ne daigne pas même s'accorder avec ses dépositions. Il dément ses propres témoins. Il semble plaisanter et dit du ton hardi d'un grand seigneur de la Régence, que, s'il s'est enfermé avec elle, comme on l'en accuse, « ce n'est arrivé que neuf fois ».

« Et pourquoi l'a-t-il fait, le bon père, disaient ses amis, sinon pour observer, juger, approfondir ce qu'il en fallait croire ? C'est le devoir d'un directeur en pareil cas. Lisez la vie de la grande sainte Catherine de Gênes. Le soir, son confesseur se cachait, restait dans sa chambre, pour voir les prodiges qu'elle faisait et la surprendre en miracle flagrant.

« Mais le malheur était ici, que l'enfer, qui ne dort jamais, avait tendu un piège à cet agneau de Dieu, avait vomi, lancé, ce drac femelle, ce monstre dévorant, maniaque et démoniaque, pour l'engloutir, le perdre au torrent de la calomnie. »

C'est un usage antique et excellent d'étouffer au berceau les monstres. Mais pourquoi pas plus tard aussi ? Le charitable avis des dames de Girard, c'était d'y employer au plus vite le fer et le feu. « Qu'elle périsse ! »

disaient les dévotes. Beaucoup de grandes dames voulaient aussi qu'elle fût châtiée, trouvant exorbitant que la créature eût osé porter plainte, mettre en cause un tel homme qui lui avait fait trop d'honneur.

Il y avait au Parlement quelques obstinés jansénistes, mais ennemis des jésuites plus que favorables à la fille. Et qu'ils devaient être abattus, découragés, voyant contre eux tout à la fois et la redoutable Société, et Versailles, la Cour, le Cardinal-Ministre, enfin les salons d'Aix. Seraient-ils plus vaillants que le chef de la justice, le chancelier d'Aguesseau qui avait tellement molli? Le procureur général n'hésita pas; lui, chargé d'accuser Girard, il se déclara son ami, lui donna ses conseils pour répondre à l'accusation.

Il ne s'agissait que d'une chose, de savoir par quelle réparation, quelle expiation solennelle, quel châtiment exemplaire la plaignante, devenue accusée, satisferait à Girard, à la Compagnie de Jésus. Les jésuites, quelle que fût leur débonnaireté, avouaient que, dans l'intérêt de la religion, un *exemple* serait utile pour avertir un peu et les convulsionnaires jansénistes, et les écrivailleurs philosophes qui commençaient à pulluler.

Par deux points, on pouvait accrocher la Cadière, lui jeter le harpon :

1° *Elle avait calomnié*. — Mais nulle loi ne punit la calomnie de mort. Pour aller jusque-là, il fallait chercher un peu loin, dire : « Le vieux texte romain *De ſumosis libellis* prononce la mort contre ceux qui ont fait des libelles injurieux aux Empereurs ou à *la religion* de l'Empire. Les jésuites sont la religion. Donc un mémoire contre un jésuite mérite le dernier supplice. »

2° On avait une prise meilleure encore. — Au début du procès, le juge épiscopal, le prudent Larmedieu, lui avait demandé si elle n'avait pas *deviné* les secrets de plusieurs personnes, et elle avait dit oui. Donc on pouvait lui imputer la qualité mentionnée au formulaire des procès de sorcellerie, *Devineresse et abuseresse*. Cela seul méritait le feu, en tout droit ecclésiastique. On pouvait même très bien la qualifier *sorcière*, d'après l'aveu des dames d'Ollioules; que la nuit, à la même heure, elle était dans plusieurs cellules à la fois, qu'elle pesait doucement sur elles, etc. Leur engouement, leur tendresse subite si surprenante, avaient bien l'air d'un ensorcellement.

Qui empêchait de la brûler ? On brûle encore partout au dix-huitième siècle. L'Espagne, sous un seul règne, celui de Philippe V, brûle 1.600 personnes, et elle brûle encore une sorcière en 1782. L'Allemagne, une, en 1751 ; la Suisse, une aussi, en 1781. Rome brûle toujours, il est vrai sournoisement, dans les fours et les caves de l'Inquisition[1].

« Mais la France, du moins, sans doute, est plus humaine ? » — Elle est inconséquente. En 1718, on brûle un sorcier à Bordeaux[2]. En 1724 et 1726, on allume le bûcher en grève, pour des délits qui, à Versailles, passaient pour des jeux d'écoliers. Les gardiens de l'enfant royal, M. le duc, Fleury, indulgents à la Cour, sont terribles à la Ville. Un ânier et un noble, un M. des Chauffours, sont brûlés vifs. L'avènement du Cardinal-Ministre ne peut être mieux célébré que par une réforme des mœurs, par l'exemple sévère qu'on fait des corrupteurs publics. — Rien de plus à propos que d'en faire un terrible et solennel, sur cette fille infernale, qui a tellement attenté à l'innocence de Girard.

Voilà ce qu'il fallait pour bien laver ce Père. Il fallait établir que (même eût-il méfait, imité des Chauffours) *il avait été le jouet d'un enchantement*. Les actes n'étaient que trop clairs. Aux termes du droit canonique, et d'après ces arrêts récents, quelqu'un devait être brûlé. Des cinq magistrats du parquet, deux seulement auraient brûlé Girard. Trois étaient contre la Cadière. On composa. Les trois qui avaient la majorité n'exigèrent pas la flamme, épargnèrent le spectacle long et terrible du bûcher, se contentèrent de la mort simple.

Au nom des cinq, il fut conclu et proposé au Parlement : « Que la Cadière, préalablement mise à la question ordinaire et extraordinaire, fût ensuite ramenée à Toulon, et, sur la place des Prêcheurs, *pendue et étranglée*. »

1. Ce détail nous est transmis par un consulteur du Saint-Office encore vivant.

2. Je ne parle pas des exécutions que le peuple faisait lui-même. Il y a un siècle, dans un village de Provence, une vieille, à qui un propriétaire refusait l'aumône, s'emporta et dit : « Tu mourras demain ! » Il fut frappé, mourut. Tout le village (non pas les pauvres seuls, mais les plus *honnêtes* gens), la foule saisit la vieille, la mit sur un tas de sarments. Elle y fut brûlée vive. Le Parlement fit semblant d'informer, mais ne punit pas. Aujourd'hui encore les gens de ce village sont appelés *brûle-femme* (brulo-fenno).

Ce fut un coup terrible. Il y eut un prodigieux revirement d'opinion. Les mondains, les rieurs, ne rirent plus; ils frémirent. Leur légèreté n'allait pas jusqu'à glisser sur une chose si épouvantable. Ils trouvaient fort bon qu'une fille eût été séduite, abusée, déshonorée, et qu'elle eût été un jouet, qu'elle mourût de douleur, de délire; à la bonne heure, ils ne s'en mêlaient pas. Mais, quand il s'agit d'un supplice, quand l'image leur vint de la triste victime, la corde au cou, étranglée au poteau! les cœurs se soulevèrent. De tous côtés monta ce cri : « On ne l'avait pas vu depuis l'origine du monde, ce renversement scélérat : la loi du rapt appliquée à l'envers, la fille condamnée pour avoir été subornée, le séducteur étranglant la victime! »

Chose imprévue en cette ville d'Aix (toute de juges, de prêtres, de beau monde), tout à coup il se trouve un peuple, un violent mouvement populaire. En masse, en corps serré, une foule d'hommes de toute classe, d'un élan, marche aux Ursulines. On fait paraître la Cadière et sa mère. On crie : « Rassurez-vous, mademoiselle. Nous sommes là... Ne craignez rien. »

Le grand dix-huitième siècle, que justement Hegel a nommé le *règne de l'esprit*, est bien plus grand encore comme *règne de l'humanité*. Des dames distinguées, comme la petite-fille de madame de Sévigné, la charmante madame de Simiane, s'emparèrent de la jeune fille et la réfugièrent dans leur sein. Chose plus belle encore (et si touchante), les dames jansénistes, de pureté sauvage, si difficiles entre elles, et d'excessive austérité, immolèrent la Loi à la Grâce dans cette grande circonstance, jetèrent les bras au cou de la pauvre enfant menacée, la purifièrent de leur baiser au front, la rebaptisèrent de leurs larmes.

Si la Provence est violente, elle est d'autant plus admirable en ces moments, violente de générosité et d'une véritable grandeur. On en vit quelque chose aux premiers triomphes de Mirabeau, quand il eut à Marseille autour de lui un million d'hommes. Ici, déjà, ce fut une grande scène révolutionnaire, un soulèvement immense contre le sot gouvernement d'alors, et les jésuites, protégés de Fleury. Soulèvement unanime pour l'humanité, la pitié, pour la défense d'une femme, d'une enfant, si barbarement immolée. Les jésuites imaginèrent bien d'organiser dans la canaille à eux, dans leurs clients, leurs mendiants, un je ne sais quel peuple qu'ils armaient de *clo-*

chettes et de bâtons pour faire reculer les *cadières*. On surnomma ainsi les deux partis. Le dernier, c'était tout le monde. Marseille se leva tout entière pour porter en triomphe le fils de l'avocat Chaudon. Toulon alla si loin pour sa pauvre compatriote, qu'on y voulait brûler la maison des jésuites.

Le plus touchant de tous les témoignages vint à la Cadière d'Ollioules. Une simple pensionnaire, mademoiselle Agnès, toute jeune et timide qu'elle fût, suivit l'élan de son cœur, se jeta dans cette mêlée de pamphlets, écrivit, imprima l'apologie de la Cadière.

Ce grand et profond mouvement agit dans le Parlement même. Les ennemis des jésuites en furent tout à coup relevés, raffermis, jusqu'à braver les menaces d'en haut, le crédit des jésuites, la foudre de Versailles que pouvait leur lancer Fleury [1].

Les amis mêmes de Girard, voyant leur nombre diminuer, leur phalange s'éclaircir, désiraient le jugement. Il eut lieu le 11 octobre 1731.

Personne n'osa reprendre, en présence du peuple, les conclusions féroces du parquet pour faire étrangler la Cadière. Douze conseillers immolèrent leur honneur, dirent Girard innocent. Des douze autres, quelques jansénistes le condamnaient au feu, comme sorcier; et trois ou quatre, plus raisonnables, le condamnaient à mort, comme scélérat. Douze étant contre douze, le président Lebret allait départager la Cour. Il jugea pour Girard. Acquitté de l'accusation de sorcellerie, et de ce qui eût entraîné la mort, on le renvoya, comme prêtre et confesseur, pour le procès ecclésiastique, à l'official de Toulon, à son intime ami, Larmedieu.

Le grand monde, les indifférents, furent satisfaits. Et l'on a fait si peu d'attention à cet arrêt, qu'aujourd'hui encore M. Fabre dit, M. Méry répète, « que tous les deux furent *acquittés* ». Chose extrêmement inexacte. La Cadière fut traitée comme calomniatrice, condamnée à

1. Une anecdote grotesque symbolise, exprime à merveille l'état du Parlement. Le rapporteur lisait son travail, ses appréciations du procès de sorcellerie, de la part que le diable pouvait avoir en cette affaire. Il se fait un grand bruit. Un homme noir tombe par la cheminée... Tous se sauvent, effrayés, moins le seul rapporteur, qui, embarrassé dans sa robe, ne peut bouger... L'homme s'excuse. C'est tout bonnement un ramoneur qui s'est trompé de cheminée. (Pappon, IV, 430.) — On peut dire qu'en effet une terreur, celle du peuple, du démon populaire, fixa le Parlement, comme ce juge engagé par sa robe.

voir ses mémoires et défenses lacérés et brûlés par la main du bourreau.

Et il y avait encore un terrible sous-entendu. La Cadière étant marquée ainsi, flétrie pour calomnie, les jésuites devaient pousser, continuer sous terre et suivre leur succès auprès du cardinal Fleury, appeler sur elle les punitions secrètes et arbitraires. La ville d'Aix le comprit ainsi. Elle sentit que le Parlement ne la renvoyait pas, mais la *livrait* plutôt. De là une terrible fureur contre le président Lebret, tellement menacé, qu'il demanda qu'on fît venir le régiment de Flandre.

Girard fuyait dans une chaise fermée. On le découvrit, et il eût été tué, s'il ne se fût sauvé dans l'église des jésuites, où le coquin se mit à dire la messe. Il échappa et retourna à Dole, honoré, glorifié de la Société. Il y mourut en 1733, *en odeur de sainteté*. Le courtisan Lebret mourut en 1735.

Le cardinal Fleury fit tout ce qui plut aux jésuites. A Aix, à Toulon, à Marseille, il exila, bannit, emprisonna. Toulon surtout était coupable d'avoir porté l'effigie de Girard aux portes de ses *girardines* et d'avoir promené le sacro-saint tricorne des jésuites.

La Cadière aurait dû, aux termes de l'arrêt, pouvoir y retourner, être remise à sa mère. Mais j'ose dire qu'on ne permit jamais qu'elle revînt sur ce brûlant théâtre de sa ville natale, si hautement déclarée pour elle. Qu'en fit-on ? Jusqu'ici personne n'a pu le savoir.

Si le seul crime de s'être intéressé à elle méritait la prison, on ne peut douter qu'elle n'ait été bientôt emprisonnée elle-même ; que les jésuites n'aient eu aisément de Versailles une lettre de cachet pour enfermer la pauvre fille, pour étouffer, ensevelir avec elle une affaire si triste pour eux. On aura attendu sans doute que le public fût distrait, pensât à autre chose. Puis la griffe l'aura ressaisie, plongée, perdue dans quelque couvent ignoré, éteinte dans un *in-pace*.

Elle n'avait que vingt et un ans au moment de l'arrêt, et elle avait toujours espéré de vivre peu. Que Dieu lui en ait fait la grâce [1].

1. La persécution a continué, et par la publication altérée des documents, et jusque dans les historiens d'aujourd'hui. Même le *Procès* (in-folio, 1733), notre principale source, est suivi d'une table habilement combinée contre la Cadière. A son article, on trouve indiqué de suite et au complet (comme faits prouvés) tout ce qui a été dit contre elle ; mais on n'indique pas sa rétractation de ce que le poison lui a fait

dire. Au mot *Girard*, presque rien; on vous renvoie, pour ses actes, à une foule d'articles qu'on n'aura pas la patience de chercher. — Dans la reliure de certains exemplaires, on a eu soin de placer devant le *Procès*, pour servir de contre-poison, des apologies de Girard, etc. — Voltaire est bien léger sur cette affaire; il se moque des uns et des autres, surtout des jansénistes. — Les historiens de nos jours, qui certainement n'ont pas lu le *Procès*, MM. Cabasse, Fabre, Méry, se croient *impartiaux*, et ils accablent la victime.

ÉPILOGUE

Une femme de génie, dans un fort bel élan de cœur, croit voir les deux Esprits dont la lutte fit le moyen âge, qui se reconnaissent enfin, se rapprochent, se réunissent. En se regardant de plus près, ils découvrent un peu tard qu'ils ont des traits de parenté. Que serait-ce si c'étaient des frères, et si ce vieux combat n'était rien qu'un malentendu ? Le cœur parle et ils s'attendrissent. Le fier proscrit, le doux persécuteur, oublient tout, ils s'élancent, se jettent dans les bras l'un de l'autre (*Consuelo*).

Aimable idée de femme. D'autres aussi ont eu le même rêve. Mon suave Montanelli en fit un beau poème. Eh! qui n'accueillerait la charmante espérance de voir le combat d'ici-bas s'apaiser et finir dans ce touchant embrassement ?

Qu'en pense le sage Merlin ? Au miroir de son lac dont lui seul sait la profondeur, qu'a-t-il vu ? Que dit-il dans la colossale épopée qu'il a donnée en 1860 ? Que Satan, s'il désarme, ne le fera qu'au jour du Jugement. Alors, pacifiés, côte à côte, tous deux dormiront dans la mort commune.

Il n'est pas difficile sans doute, en les faussant, d'arriver à un compromis. L'énervation des longues luttes, en affaiblissant tout, permet certains mélanges. On a vu au dernier chapitre deux ombres pactiser de bon accord dans le mensonge; l'ombre de Satan, l'ombre de Jésus, se rendant de petits services, le Diable ami de Loyola, l'obsession dévote et la possession diabolique allant de front, l'Enfer attendri dans le Sacré-Cœur.

Ce temps est doux, et l'on se hait bien moins. On ne

hait guère que ses amis. J'ai vu des méthodistes admirer les jésuites. J'ai vu ceux que l'Eglise dans tout le moyen âge appelle les fils de Satan, légistes ou médecins, pactiser prudemment avec le vieil esprit vaincu.

Mais laissons ces semblants. Ceux qui sérieusement proposent à Satan de s'arranger, de faire la paix, ont-ils bien réfléchi ?

L'obstacle n'est pas la rancune. Les morts sont morts. Ces millions de victimes, Albigeois, Vaudois, Protestants, Maures, Juifs, Indiens de l'Amérique, dorment en paix. L'universel martyr du moyen âge, la Sorcière ne dit rien. Sa cendre est au vent.

Mais savez-vous ce qui proteste, ce qui solidement sépare les deux esprits, les empêche de se rapprocher ? C'est une réalité énorme qui s'est faite depuis cinq cents ans. C'est l'œuvre gigantesque que l'Eglise a maudite, le prodigieux édifice des sciences et des institutions modernes, qu'elle excommunia pierre par pierre, mais que chaque anathème grandit, augmenta d'un étage. Nommez-moi une science qui n'ait été révolte.

Il n'est qu'un seul moyen de concilier les deux esprits et de mêler les deux Eglises. C'est de démolir la nouvelle, celle qui, dès son principe, fut déclarée coupable, condamnée. Détruisons, si nous le pouvons, toutes les sciences de la nature, l'Observatoire, le Muséum et le Jardin des Plantes, l'Ecole de Médecine, toute bibliothèque moderne. Brûlons nos lois, nos codes. Revenons au Droit canonique.

Ces nouveautés, toutes, ont été Satan. Nul progrès qui ne fût son crime.

C'est ce coupable logicien qui, sans respect pour le droit clérical, conserva et refit celui des philosophes et des juristes, fondé sur la croyance impie du Libre arbitre.

C'est ce dangereux Magicien qui, pendant qu'on discute sur le sexe des anges et autres sublimes questions, s'acharnait aux réalités, créait la chimie, la physique, les mathématiques. Oui, les mathématiques. Il fallut les reprendre; ce fut une révolte. Car on était brûlé pour dire que trois font trois.

La médecine, surtout, c'est le vrai satanisme, une révolte contre la maladie, le fléau mérité de Dieu. Manifeste péché d'arrêter l'âme en chemin vers le ciel, de la replonger dans la vie!

Comment expier tout cela ? Comment supprimer, faire

crouler cet entassement de révoltes, qui aujourd'hui fait toute la vie moderne ? Pour reprendre le chemin des anges, Satan détruira-t-il cette œuvre ? Elle pose sur trois pierres éternelles : la Raison, le Droit, la Nature.

L'esprit nouveau est tellement vainqueur, qu'il oublie ses combats, daigne à peine aujourd'hui se souvenir de sa victoire.

Il n'était pas inutile de lui rappeler la misère de ses premiers commencements, les formes humbles et grossières, barbares, cruellement comiques, qu'il eut sous la persécution, quand une femme, l'infortunée Sorcière, lui donna son essor populaire dans la science. Bien plus hardie que l'hérétique, le raisonneur demi-chrétien, le savant qui gardait un pied dans le cercle sacré, elle en échappa vivement, et sur le libre sol, de rudes pierres sauvages, tenta de se faire un autel.

Elle a péri, devait périr. Comment ? Surtout par le progrès des sciences mêmes qu'elle a commencées, par le médecin, par le naturaliste, pour qui elle avait travaillé.

La Sorcière a péri pour toujours, mais non pas la Fée. Elle reparaîtra sous cette forme qui est immortelle.

La femme, aux derniers siècles occupée d'affaires d'hommes, a perdu en revanche son vrai rôle : celui de la *médication*, de la *consolation*, celui de la Fée qui guérit.

C'est son vrai sacerdoce. Et il lui appartient, quoi qu'en ait dit l'Eglise.

Avec ses délicats organes, son amour du plus fin détail, un sens si tendre de la vie, elle est appelée, à en devenir la pénétrante confidente en toute science d'observation. Avec son cœur et sa pitié, sa divination de bonté, elle va d'elle-même à la médication. Entre les malades et l'enfant il est fort peu de différence. A tous les deux il faut la femme.

Elle rentrera dans les sciences et y rapportera la douceur et l'humanité, comme un sourire de la nature.

L'Anti-Nature pâlit, et le jour n'est pas loin où son heureuse éclipse fera pour le monde une aurore.

Les dieux passent, et non Dieu. Au contraire, plus ils passent, et plus il apparaît. Il est comme un phare à éclipse, mais qui à chaque fois revient plus lumineux.

C'est un grand signe de le voir en pleine discussion, et dans les journaux même. On commence à sentir que toutes les questions tiennent à la question fondamentale et souveraine (l'éducation, l'état, l'enfant, la femme). Tel est Dieu, tel le monde.

Cela dit que les temps sont mûrs.

Elle est si près, cette aube religieuse, qu'à chaque instant je croyais la voir poindre dans le désert où j'ai fini ce livre.

Qu'il était lumineux, âpre et beau mon désert! J'avais mon nid posé sur un roc de la grande rade de Toulon, dans une humble villa, entre les aloès et les cyprès, les cactus, les roses sauvages. Devant moi ce bassin immense de mer étincelante; derrière, le chauve amphithéâtre où s'assoiraient à l'aise les Etats généraux du monde.

Ce lieu, tout africain, a des éclairs d'acier, qui, le jour, éblouissent. Mais aux matins d'hiver, en décembre surtout, c'était plein d'un mystère divin. Je me levais juste à six heures, quand le coup de canon de l'Arsenal donne le signal du travail. De six à sept, j'avais un moment admirable. La scintillation vive (oserai-je dire acérée ?) des étoiles faisait honte à la lune, et résistait à l'aube. Avant qu'elle parût, puis pendant le combat des deux lumières, la transparence prodigieuse de l'air permettait de voir et d'entendre à des distances incroyables. Je distinguais tout à deux lieues. Les moindres accidents des montagnes lointaines, arbre, rocher, maison, pli de terrain, tout se révélait dans la plus fine précision. J'avais des sens de plus, je me trouvais un autre être, dégagé, ailé, affranchi. Moment limpide, austère, si pur!... Je me disais : « Mais quoi ? Est-ce que je serais homme encore ? »

Un bleuâtre indéfinissable (que l'aube rosée respectait, n'osait teinter), un éther sacré, un esprit, faisait toute nature esprit.

On sentait pourtant un progrès, de lents et de doux changements. Une grande merveille allait venir, éclater et éclipser tout. On la laissait venir, on ne la pressait pas. La transfiguration prochaine, les ravissements espérés de la lumière, n'ôtaient rien au charme profond d'être encore dans la *nuit divine*, d'être à demi caché, sans se bien démêler du prodigieux enchantement... Viens, Soleil! On t'adore d'avance, mais tout en profitant de ce dernier moment de rêve...

Il va poindre... Attendons dans l'espoir, le recueillement.

NOTES ET ECLAIRCISSEMENTS

[*Note* I. *Classification géographique de la Sorcellerie. — Mon ténébreux sujet est comme la mer. Celui qui y plonge souvent, apprend à y voir. Le besoin crée des sens. Témoin le singulier poisson dont parle Forbes* (Pertica astrolabus), *qui, vivant au plus bas et près du fond, s'est créé un œil admirable pour saisir, concentrer les lueurs qui descendent jusque-là. La sorcellerie, au premier regard, avait pour moi l'unité de la nuit. Peu à peu je l'ai vue multiple et très diverse. En France, de province à province, grandes sont déjà les différences. En Lorraine, près de l'Allemagne, elle semble plus lourde et plus sombre; elle n'aime que les bêtes noires. Au pays basque, Satan est vif, espiègle, prestidigitateur. Au centre de la France, il est bon compagnon; les oiseaux envolés qu'il lâche, semblent l'aimable augure et le vœu de la liberté. — Sortons de la France; entre les peuples et les races diverses, les variétés, les contrastes sont bien autrement forts.*

Personne, que je sache, n'avait bien vu cela. — Pourquoi? L'imagination, une vaine poésie puérile brouillait, confondait tout. On s'amusait *à ce sujet terrible qui n'est que larmes, et sang. Moi, je l'ai pris à cœur. J'ai laissé les mirages, les fumées fantastiques, les vagues brouillards où l'on se complaisait. Le vrai sens de la vie vibre aux diversités vivantes, les rend sensibles et les fait voir. Il distingue, il caractérise. Dès que ce ne sont plus des ombres et des contes, mais des êtres humains, vivants, souffrants, ils diffèrent, ils se classent.*

La science peu à peu creusera cela. En voici l'idée générale. Ecartons d'abord les extrêmes de l'équateur, du pôle, les nègres, les Lapons. — Ecartons les sauvages de l'Amérique, etc. L'Europe seule a eu l'idée nette du Diable, a cherché et voulu, adoré le mal absolu (ou du moins ce qu'on croyait tel).

1° *En Allemagne, le Diable est fort. Les mines et les forêts lui vont. Mais, en y regardant, on le voit mêlé, dominé, par les restes et les échos de la mythologie du Nord. Chez les tribus gothiques, par exemple, en opposition à la douce Holda, se crée la farouche Unbolda (J. Grimm,* 554); *le Diable est femme. Il a un énorme cortège d'esprits, de gnomes, etc. Il est industriel, travaille, est constructeur, maçon, métallurgiste, alchimiste, etc.*

2° *En Angleterre, le culte du Diable est secondaire, étant mêlé et dominé par certains esprits du foyer, certaines mauvaises bêtes domestiques par qui la femme aigre et colère fait des malices, des vengeances (Thomas Wright, I,* 177). *Chose curieuse chez ce peuple où* Goddam *est le jurement national (au quinzième siècle,* Procès de Jeanne d'Arc, *et sans doute plus anciennement), on veut bien être damné de Dieu, mais sans se vendre au Diable. L'âme anglaise se garde tant qu'elle peut. Il n'y a guère de* pacte *exprès, solennel. Point de grand Sabbat (Wright, I,* 281). « *La vermine des petits esprits* », *souvent en chiens ou chats, souvent invisibles et blottis dans les paquets de laine, dans certaine bouteille que la femme connaît seule, attendent l'occasion de mal faire. Leur maîtresse les appelle de noms baroques, tyffin, pyggin, batch, calicot, etc. Elle les cède, les vend quelquefois. Ces êtres équivoques, quoi qu'on puisse en penser, lui suffisent, retiennent sa méchanceté dans leur bassesse. Elle a peu affaire du Diable, s'élève moins à cet idéal.*

Autre raison qui empêche le Diable de progresser en Angleterre. C'est qu'on fait avec lui peu, très peu de façons. On pend la sorcière, on l'étrangle avant de la brûler. Ainsi expédiée, elle n'a pas l'horrible poésie que le bûcher, que l'exorcisme, que l'anathème des conciles, lui donnent sur le continent. Le Diable n'a pas là sa riche littérature de moines. Il ne prend pas l'essor. Pour grandir, il lui faut la culture ecclésiastique.

3° *C'est en France, selon moi, et au quatorzième siècle seulement, que s'est trouvée la pure adoration du Diable. M. Wright s'accorde avec moi pour le temps et le lieu. Seulement il dit :* « *En France et* en Italie. » *Je ne vois pas pourtant chez les Italiens (Barthole,* 1357; *Spina,* 1458; *Grillandus,* 1524, etc.), *je ne vois pas le Sabbat dans sa forme la plus terrible, la Messe noire, le défi solennel à Jésus. J'en doute même pour l'Espagne. Sur la frontière, au pays basque, on adorait impartialement Jésus le jour, Satan la nuit. Il y avait plus de liberté folle que de haine et de fureur.*

Les pays de lumière, l'Espagne et l'Italie, ont été vraisemblablement moins loin dans les religions de ténèbres, moins loin dans le désespoir. Le peuple y vit de peu, est fait à la misère. La nature du Midi aplanit bien des choses. L'imagination prime tout. En Espagne, le mirage singulier des plaines salées, la sauvage poésie du chevrier, du bouc, etc. En Italie tels désirs hystériques par exemple, des altérées, *qui passent sous la porte ou par la serrure pour boire le sang des petits enfants. Folie et fantasmagorie, tout comme aux rêves sombres du Harz et de la Forêt-Noire.*

Tout est plus clair, ce semble, en France. L'hérésie des sorcières, comme on disait, semble s'y produire normalement, après les grandes persécutions, comme hérésie suprême. Chaque secte persécutée qui tombe à l'état nocturne, *à la vie dangereuse de société secrète, gravite vers le culte du Diable, et peu à peu s'approche du terrible idéal (qui n'est atteint qu'en* 1300). *Déjà après l'an* 1000 *(voy.Guérard,* Cartul. de Chartres), *commence contre les hérétiques d'Orléans l'accusation qu'on renouvellera toujours sur l'orgie de nuit et le reste. Accusation mêlée de faux, de vrai, mais qui produit de plus en plus son effet, en réduisant les proscrits, les suspects aux assemblées de nuit. Même* les Purs *(Cathares ou Albigeois), après leur horrible ruine du treizième siècle, tombant au désespoir, passent en foule à la sorcellerie, adorent l'Anti-Jésus. Il en est ainsi des Vaudois. Chrétiens innocents au douzième siècle (comme le reconnaît Walter Mapes), ils finiront par devenir sorciers, à ce point qu'au quinzième* vaudoiserie *est synonyme de sorcellerie.*

En France, la sorcière ne me paraît pas être, autant qu'ailleurs, le fruit de l'imagination, de l'hystérie, etc. Une partie considérable, et la majorité peut-être, de cette classe infortunée est sortie de nos cruelles révolutions religieuses.

*L'histoire du culte diabolique et de la sorcellerie tirera de nouvelles lumières de celle de l'hérésie qui l'engendrait. J'attends impatiemment le grand livre des Albigeois qui va paraître. M. Peyrat a retrouvé ce monde perdu dans un dépôt sacré, fidèle et bien gardé, la tradition des familles. Découverte imprévue! Il est retrouvé l'*in-pace *où tout un peuple fut scellé, l'immense souterrain dont un homme du treizième siècle disait : « Ils ont fait tant de fosses, de caves, de cachots, d'oubliettes, qu'il n'y eut plus assez de pierres aux Pyrénées. »*[1]]

1. *Cette note ne figure ni dans l'édition originale ni dans l'édition Hetzel-Dentu. Elle est un ajout de l'édition Lacroix où la note suivante,*

Page x de l'Introduction[1] [Note 2][2]. *Registres originaux de l'Inquisition.* On n'en a publié intégralement que deux (V. Limburch), qui sont à Toulouse, et vont de 1307 à 1326[3]. Magi en a extrait deux autres (*Acad. de Toulouse,* 1790, in-4°, t. IV, p. 19). Lamothe-Langon a extrait ceux de Carcassonne (*Hist. de l'Inquis. en France,* t. III), Llorente ceux de l'Espagne. — Ces registres mystérieux étaient à Toulouse (et sans doute partout), enfermés dans des sacs pendus très haut aux murs, de plus cousus des deux côtés, de sorte qu'on ne pouvait rien lire sans découdre tout. Ils nous donnent un spécimen précieux, instructif pour toutes les inquisitions de l'Europe. Car la procédure était partout exactement la même. (*V. Directorium Eymerici,* 1358.) — Ce qui frappe dans ces registres, ce n'est pas seulement le grand nombre des suppliciés, c'est celui des *emmurés,* qu'on mettait dans une petite loge de pierre (*camerula*), ou dans une basse-fosse *in pace,* au pain et à l'eau. C'est aussi le nombre infini des *crozats,* qui portaient la croix rouge devant et derrière. C'étaient les mieux traités; on les laissait provisoirement chez eux. Seulement, ils devaient le dimanche, après la messe, aller se faire fouetter par leurs curés (Règlement de 1326, *Archives de Carcassonne,* dans L. Langon, III, 191). — Le plus cruel, pour les femmes surtout, c'est que le petit peuple, les enfants, s'en moquaient outrageusement. Ils pouvaient, sans cause nouvelle, être repris et *emmurés.* Leurs fils et petits-fils étaient suspects et très facilement *emmurés.*

Tout est hérésie au treizième siècle; tout est magie au quatorzième. Le passage est facile. Dans la grossière

Registres originaux de l'Inquisition, *qui est la première dans l'édition originale, prend le numéro 2.*

1. *P. 36 de la présente édition.*

2. *Les chiffres entre crochets indiquent la numérotation des notes dans l'édition Lacroix.*

3. *Dans l'édition Lacroix, Michelet a substitué aux lignes qu'on vient de lire les lignes suivantes :*

Registres originaux de l'Inquisition — J'avais l'espoir d'en trouver un à la Bibliothèque impériale. Le n° 5954 (lat.) est intitulé en effet *Inquisitio.* Mais ce n'est qu'une *enquête* faite par ordre de Saint Louis en 1261, lorsqu'il aperçut que l'horrible régime établi par sa mère et le légat dans sa minorité, faisait du Midi un désert. Il le regrette et dit : « *Licet in regni nostri primordiis ad terrorem durius scripserimus, etc.* » Nul adoucissement pour les hérétiques, mais seulement pour les veuves ou enfants de ceux qui sont *bien morts.* — On n'a encore publié que deux des vrais registres de l'Inquisition (à la suite de Limburch). Ce sont des registres de Toulouse qui vont de 1307 à 1326.

théorie du temps, l'hérésie diffère peu de la possession diabolique; toute croyance mauvaise, comme tout péché, est un démon qu'on chasse par la torture ou le fouet. Car les démons sont fort sensibles (*Michel Psellus*). On prescrit aux *crozats*, aux suspects d'hérésie de fuir tout sortilège *(D. Vaissette, Lang)*. — Ce passage de l'hérésie à la magie est un progrès dans la terreur, où le juge doit trouver son compte. Aux procès d'hérésie (procès d'hommes pour la plupart), il a des assistants. Mais pour ceux de magie, de sorcellerie, presque toujours procès de femmes, il a droit d'être seul, tête à tête avec l'accusée.

Notez que sous ce titre terrible de sorcellerie, on comprend peu à peu toutes les petites superstitions, vieille poésie du foyer et des champs, le follet, le lutin, la fée. Mais quelle femme sera innocente ? La plus dévote croyait à tout cela. En se couchant, avant sa prière à la Vierge, elle laissait du lait pour son follet. La fillette, la bonne femme donnait le soir aux fées un petit feu de joie, le jour à la sainte un bouquet.

Quoi ! pour cela elle est sorcière ! La voilà devant l'homme noir. Il lui pose les questions (*les mêmes, toujours les mêmes*, celles qu'on fit à toute société secrète, aux albigeois, aux templiers, n'importe). Qu'elle y songe, le bourreau est là; tout prêts, sous la voûte à côté, l'estrapade, le chevalet, les brodequins à vis, les coins de fer. Elle s'évanouit de peur, ne sait plus ce qu'elle dit : « Ce n'est pas moi... je ne le ferai plus... C'est ma mère, ma sœur, ma cousine qui m'a forcée, traînée... Que faire ? Je la craignais, j'allais malgré moi et tremblante (Trepidabat; sororia sua Guilelma trahebat, et metu faciebat multa). *(Reg. Tolos...*, 1307, p. 10, ap. Limburch.)

Peu résistaient. En 1329 une Jeanne périt pour avoir refusé de dénoncer son père *(Reg. de Carcassonne, L. Langon*, 3, 202*)*. Mais avec ces rebelles on essayait d'autres moyens. Une mère et ses trois filles avaient résisté aux tortures. L'inquisiteur s'empare de la seconde, lui fait l'amour, la rassure tellement qu'elle dit tout, trahit sa mère, ses sœurs (Limburch, Lamothe-Langon). Et toutes à la fois sont brûlées !

Ce qui brisait plus que la torture même, c'était l'horreur de l'*in pace*. Les femmes se mouraient de peur d'être scellées dans ce petit trou noir. A Paris, on put voir le spectacle public d'une loge à chien dans la cour des *Filles repenties*, où l'on tenait la dame d'Escoman, murée (sauf une fente par où on lui jetait du pain), et couchée dans ses excréments. Parfois on exploitait la peur jusqu'à l'épilepsie. Exemple : cette petite blonde, faible enfant de quinze ans, que Michaëlis dit lui-même avoir forcée de dénoncer, en la mettant dans un vieil ossuaire pour coucher sur les os des morts. En Espagne, le plus souvent l'*in pace*, loin d'être un lieu de paix, avait une porte par laquelle on venait tous les jours à heure fixe travailler la victime, pour le bien de son âme, en la flagellant. Un moine, condamné à l'*in pace*, prie et supplie qu'on lui donne plutôt la mort *(Llorente)*. Sur les auto-da-fés, voir dans Limburch ce qu'en disent les témoins oculaires. Voir surtout Dellon, qui lui-même porta le san-benito (*Inquisition de Goa*, 1688).

Dès le treizième, le quatorzième siècle, la terreur était si grande, qu'on voyait les personnes les plus haut placées quitter tout, rang, fortune, dès qu'elles étaient accusées, et s'enfuir. C'est ce que fit la dame Alice Kyteler, mère du sénéchal d'Irlande, poursuivie pour sorcellerie par un moine mendiant qu'on avait fait évêque (1324). Elle échappa. On brûla sa confidente. Le sénéchal fit amende honorable et resta dégradé (*T. Wright*, *Proceedings against dame Alice*, etc., in-4°, London, 1843).

Tout cela s'organise de 1200 à 1300. C'est en 1233 que la mère de saint Louis fonde la grande prison des *Immuratz* de Toulouse. Qu'arrive-t-il ? on se donne au Diable. La première mention du *Pacte* diabolique est de 1222. *(César Heisterbach.)* On ne reste pas hérétique, ou *demi*-chrétien. On devient satanique, *anti*-chrétien. La furieuse Ronde sabbatique apparaît en 1353 (*Procès de Toulouse*, dans L. Langon, 3, 360), la veille de la Jacquerie.

NOTE 2 [3] — Les deux premiers chapitres, résumés de mes cours sur le moyen âge, expliquent *par l'état général de la Société* pourquoi l'humanité désespéra, — et les chapitres 3, 4, 5 expliquent par l'*état moral de l'âme*, pourquoi la femme spécialement désespéra et fut amenée à se donner au Diable, et à devenir la Sorcière.

C'est seulement en 553 que l'Eglise a pris l'atroce résolution de damner les *esprits* ou *démons* (mots synonymes en grec), sans retour, sans repentir possible. Elle suivit en cela la violence africaine de saint Augustin, contre l'avis plus doux des Grecs, d'Origène et de l'antiquité (Haag, *Hist. des dogmes*, I, 80-83). — Dès lors on étudie, on fixe le tempérament, la physiologie des Esprits. Ils ont et ils n'ont pas de corps, s'évanouissent en fumée, mais aiment la chaleur, craignent les coups, etc. Tout est parfaitement connu, convenu, en 1050 (Michel Psellus, *Energie des esprits ou démons*). Ce byzantin en donne exactement la même idée que celle des légendes occidentales (V. les textes nombreux dans la *Mythologie* de Grimm, les *Fées* de Maury, etc., etc.) — Ce n'est qu'au quatorzième siècle qu'on dit nettement que tous ces esprits sont des diables. — Le *Trilby* de Nodier, et la plupart des contes analogues, sont manqués, parce qu'ils ne vont pas jusqu'au moment tragique où la petite femme voit dans le lutin l'infernal amant.

Dans les chapitres V-XII du premier livre, et dès la page 53, j'ai essayé de retrouver *comment la femme put devenir Sorcière*. — Recherche délicate. — Nul de mes prédécesseurs ne s'en est enquis. Ils ne s'informent pas des degrés successifs par lesquels on arrivait à cette chose horrible. Leur Sorcière surgit tout à coup, comme du fond de la terre. Telle n'est pas la nature humaine. Cette recherche m'imposait le travail le plus difficile. Les textes antiques sont rares, et ceux qu'on trouve épars dans les livres bâtards de 1500, 1600, sont difficiles à distinguer. Quand on a retrouvé ces textes, comment les dater, dire : « Ceci est du douzième, ceci du treizième, du quatorzième » ? Je ne m'y serais point hasardé, si je n'avais eu déjà pour moi une longue familiarité avec ces temps, mes études obstinées de Grimm, Ducange, etc., et mes *Origines du Droit* (1837). Rien ne m'a plus servi. Dans ces formules, ces *Usages* si peu variables, dans la *Coutume* qu'on dirait éternelle, on prend pourtant le sens du temps. Autres siècles, autres formes. On apprend à les reconnaître, à leur fixer des dates morales. On distingue à merveille la sombre gravité antique du pédantesque bavardage des temps relativement récents. Si l'archéologue décide sur la forme de telle ogive qu'un monument est de tel temps, avec bien plus de certitude la psychologie historique peut montrer que tel fait moral est de tel siècle, et non d'un autre, que telle idée, telle passion, impossible aux temps plus anciens, impossible aux âges récents, fut exactement de tel âge. Critique moins sujette à l'erreur. Car les archéologues se sont parfois trompés sur telle ogive refaite habilement. Dans la chronologie des arts, certaines formes peuvent bien se refaire. Mais dans la vie morale, cela est impossible. La cruelle histoire du passé que je raconte ici, ne reproduira pas ses dogmes monstrueux, ses effroyables rêves. En bronze, en fer, ils sont fixés à leur place éternelle dans la fatalité du temps.

Maintenant voici mon péché où m'attend la critique. Dans cette longue analyse historique et morale de la création de la Sorcière jusqu'en 1300, plutôt que de traîner dans les explications prolixes, j'ai pris souvent un petit fil biographique et dramatique, la vie d'une même femme pendant trois cents ans. — Et cela (notez bien) dans six ou sept chapitres seulement. — Dans cette partie même, si courte, on sentira aisément combien tout est historique et fondé. Par exemple, si j'ai donné le mot *Tolède* comme le nom sacré de la capitale des magiciens, j'avais pour moi non seulement l'opinion fort grave de M. Soldau, non seulement le long passage de Lancre, mais deux textes fort anciens. On voit dans César d'Heisterbach que les étudiants[1] de Bavière et de Souabe apprennent la nécromancie à *Tolède*. C'est un maître de *Tolède* qui propage les crimes de sorcellerie que poursuit Conrad de Marbourg.

Toutefois les superstitions sarrasines, venues d'Espagne ou d'Orient (comme le dit Jacques de Vitry), n'eurent qu'une influence secondaire, ainsi que le vieux culte romain d'Hécate ou Dianom. Le grand cri de fureur qui est le vrai sens du Sabbat, nous révèle bien autre chose. Il y a là non seulement les souffrances matérielles, l'accent des vieilles misères, mais un abîme de douleur. Le fond de la souffrance morale n'est trouvé que vers saint Louis, Philippe le Bel, spécialement en certaines classes qui, plus que l'ancien serf, sentaient, souffraient. Tels durent être surtout les *bons paysans*, notables, vilains, les *serfs maires* de villages, que j'ai vus déjà au douzième siècle, et qui, au quatorzième, sous la fiscalité nouvelle, responsables (comme les *curiales* antiques), sont doublement martyrs du roi et des barons, écrasés d'avanies, enfin l'enfer vivant. De là ces désespoirs qui précipitent vers l'Esprit des trésors cachés, le diable de l'argent. Ajoutez la risée, l'outrage, qui plus encore peut-être font la Fiancée de Satan.

Un procès de Toulouse, qui donne en 1353 la première mention de la Ronde du Sabbat, me mettait justement le doigt sur la date précise. Quoi de plus naturel ? La peste noire rase le globe et « tue le tiers du monde. » Le pape

1. *Variante de l'édition Lacroix :* « anciens. Gerbert, au onzième siècle, étudie la magie dans cette ville. Selon César d'Heisterbach, les étudiants »

est dégradé. Les seigneurs battus, prisonniers, tirent leur rançon du serf et lui prennent jusqu'à la chemise. La grande épilepsie du temps commence, puis la guerre servile, la Jacquerie... On est si furieux qu'on danse.

NOTE 3 [4], chapitres IX et X. — *Satan médecin, Philtres*, etc. En lisant les très beaux ouvrages qu'on a faits de nos jours sur l'histoire des sciences, je suis étonné d'une chose : on semble croire que tout a été trouvé par les docteurs, ces demi-scolastiques, qui à chaque instant étaient arrêtés par leur robe, leurs dogmes, les déplorables habitudes d'esprit que leur donnait l'Ecole. Et celles qui marchaient libres de ces chaînes, les sorcières n'auraient rien trouvé ? Cela serait invraisemblable. Paracelse dit le contraire. Dans le peu qu'on sait de leurs recettes, il y a un bon sens singulier. Aujourd'hui encore, les solanées, tant employées par elles, sont considérées comme le remède spécial de la grande maladie qui menaça le monde au quatorzième siècle. J'ai été surpris de voir dans M. Coste (*Hist. du Dével. des corps*, t. II, p. 55), que l'opinion de M. Paul Dubois, sur les effets de l'eau glacée à un certain moment était exactement conforme à la pratique des sorcières au sabbat. Voyez, au contraire, les sottes recettes des grands docteurs de ces temps-là, les effets merveilleux de l'urine de mule, etc. (*Agrippa, De occulta philosophia*, t. II, p. 24, éd. *Lugduni*, in-8°).

Quant à leur médecine d'amour, leurs philtres, etc., on n'a pas remarqué combien les *pactes entre amants* ressemblaient aux *pactes entre amis* et frères d'armes. Les seconds dans Grimm (*Rechts Alterthümer*) et dans mes *Origines*; les premiers dans Calcagnini, Sprenger, Grillandus et tant d'autres auteurs, ont tout à fait le même caractère. C'est toujours ou la nature attestée et prise à témoin, ou l'emploi plus ou moins impie des sacrements, des choses de l'Eglise, ou le banquet commun, tel breuvage, tel pain ou gâteau qu'on partage. Ajoutez certaines communions, par le sang, par telle ou telle excrétion.

Mais, quelque intimes et personnelles qu'elles puissent paraître, la souveraine communion d'amour est toujours une *confarreatio*, le partage d'un pain qui a pris la vertu magique. Il devient tel, tantôt par la messe qu'on dit dessus (Grillandus, 316), tantôt par le contact, les émanations de l'objet aimé. Au soir d'une noce, pour éveiller l'amour, on sert le *pâté de l'épousée* (Thiers, *Superstitions*, IV, 548), et pour le réveiller chez celui que l'on a *noué*, elle lui fait manger certaine *pâte* qu'elle a préparée, etc.

[*Note* 5. Rapports de Satan avec la Jacquerie. — *Le beau symbole des oiseaux envolés, délivrés par Satan, suffirait pour faire deviner que nos paysans de France y voyaient un esprit sauveur, libérateur. Mais tout cela fut étouffé de bonne heure dans des flots de sang. Sur le Rhin, la chose est plus claire. Là, les princes étant évêques, haïs à double titre, virent dans Satan un adversaire personnel. Malgré leur répugnance pour subir le joug de l'Inquisition romaine, ils l'acceptèrent dans l'imminent danger de la grande éruption de sorcellerie qui éclata à la fin du quinzième siècle. Au seizième, le mouvement change de forme et devient la* guerre des Paysans. *Une belle tradition, contée par Walter Scott, nous montre qu'en Ecosse la magie fut l'auxiliaire des résistances nationales. Une armée enchantée attend dans de vastes cavernes que sonne l'heure du combat. Un de ces gens de basses terres qui font commerce de chevaux, a vendu un cheval noir à un vieillard des montagnes. « Je te payerai, dit-il, mais à minuit sur le Lucken Have » (un pic de la chaîne d'Eildon). Il le paye, en effet, en monnaies fort anciennes; puis lui dit : « Viens voir ma demeure. » Grand est l'étonnement du marchand quand il aperçoit dans une profondeur infinie des files de chevaux immobiles, près de chacun un guerrier immobile également. Le vieillard lui dit à voix basse : « Tous ils s'éveilleront à la bataille de Sheriffmoor. » Dans la caverne étaient suspendus une épée et un cor. « Avec ce cor, dit le vieillard, tu peux rompre tout l'enchantement. » L'autre, troublé et hors de lui, saisit le cor, en tire des sons... A l'instant les chevaux hennissent, trépignent, secouent le harnais. Les guerriers se lèvent; tout retentit d'un bruit de fer, d'armures. Le marchand se meurt de peur, et le cor lui tombe des mains... Tout disparaît... Une voix terrible comme celle d'un géant, éclate criant : « Malheur au lâche qui ne tire pas l'épée, avant de donner du cor. » — Grand avis national, et de profonde expérience, fort bon pour ces tribus sauvages qui faisaient toujours grand bruit avant d'être prêtes à agir, avertissaient l'ennemi. — L'indigne marchand fut porté par une trombe hors de la caverne et quoi qu'il ait pu faire depuis, il n'en a jamais retrouvé l'entrée.*[1]]

1. *Cette note est, elle aussi, un ajout de l'édition Lacroix.*

NOTE 4 [6]. — *Du dernier acte du sabbat*. — Lorsqu'on reviendra tout à fait de ce prodigieux rêve de presque deux mille ans, et qu'on jugera froidement la société chrétienne du moyen âge, on y remarquera une chose énorme, unique dans l'histoire du monde : c'est que 1° *l'adultère y est à l'état d'institution*, régulière, reconnue, estimée, chantée, célébrée dans tous les monuments de la littérature noble et bourgeoise, tous les poèmes, tous les fabliaux, et que, 2° d'autre part l'*inceste* est l'état général des serfs, état parfaitement manifesté dans le sabbat, qui est leur unique liberté, leur vraie vie, où ils se montrent ce qu'ils sont.

J'ai douté que l'inceste fut solennel, étalé publiquement, comme le dit Lancre. Mais je ne doute pas de la chose même.

Inceste économique surtout, résultat de l'état misérable où l'on tenait les serfs. — Les femmes travaillant moins, étaient considérées comme des bouches inutiles. Une suffisait à la famille. La naissance d'une fille était pleurée comme un malheur (v. mes *Origines*). On ne la soignait guère. Il devait en survivre peu. L'aîné des frères se mariait seul, et couvrait ce communisme d'un masque chrétien. Entre eux, parfaite entente et conjuration de stérilité. Voilà le fond de ce triste mystère, attesté par tant de témoins qui ne le comprennent pas.

L'un des plus graves, pour moi, c'est Boguet, sérieux, probe, consciencieux, qui, dans son pays écarté du Jura, dans sa montagne de Saint-Claude, a dû trouver les usages antiques mieux conservés, suivis fidèlement avec la ténacité routinière du paysan. Lui aussi, il affirme les deux grandes choses : 1° l'inceste, même celui de la mère et du fils ; 2° le plaisir stérile et douloureux, la fécondité impossible.

Cela effraye, que des peuples entiers de femmes se soumissent à ce sacrilège. Je dis : des peuples. Ces sabbats étaient d'immenses assemblées (12.000 âmes dans un petit canton basque, v. *Lancre* ; 6.000 pour une bicoque La Mirandole, v. *Spina*).

Grande et terrible révélation du peu d'influence morale qu'avait l'Eglise. On a cru qu'avec son latin, sa métaphysique byzantine, à peine comprise d'elle-même, elle christianisait le peuple. Et, dans le seul moment où il soit libre, où il puisse montrer ce qu'il est, il apparaît plus que païen. L'intérêt, le calcul, la concentration de famille, y font plus que tous ces vains enseignements.

L'inceste du père et de la fille eût peu fait pour cela, et l'on en parle moins. Celui de la mère et du fils est spécialement recommandé par Satan. Pourquoi ? Parce que, dans ces races sauvages, le jeune travailleur, au premier éveil des sens, eût échappé à la famille, eût été perdu pour elle, au moment où il lui devenait précieux. On croyait l'y tenir, l'y fixer, au moins pour longtemps, par ce lien si fort : « Que sa mère se damnait pour lui. »

Mais comment consentait-elle à cela ? Jugeons-en par les cas rares heureusement qui se voient aujourd'hui. Cela ne se trouve guère que dans l'extrême misère. Chose dure à dire : l'excès du malheur déprave. L'âme brisée se défend peu, est faible et molle. Les pauvres sauvages, dans leur vie si dénuée, gâtent infiniment leurs enfants. Chez la veuve indigente, la femme abandonnée, l'enfant est maître de tout, et elle n'a pas la force, quand il grandit, de s'opposer à lui. Combien plus dans le moyen âge! La femme y est écrasée de trois côtés.

L'Eglise la tient au plus bas (elle est Eve et le péché même). A la maison, elle est battue; au sabbat, immolée; on sait comment. Au fond, elle n'est ni de Satan, ni de Jésus. Elle n'est rien, n'a rien. Elle mourrait dans son enfant. Mais il faut prendre garde de faire une créature si malheureuse; car, sous cette grêle de douleurs, ce qui n'est pas douleur, ce qui est douceur et tendresse, peut en revanche tourner en frénésie. Voilà l'horreur du moyen âge. Avec son air tout spirituel il soulève des bas-fonds des choses incroyables qui y seraient restées; il va draguant, creusant les fangeux souterrains de l'âme.

Du reste, la pauvre créature étoufferait tout cela. Bien différente de la haute dame, elle ne peut pécher que par obéissance. Son mari le veut, et Satan le veut. Elle a peur, elle en pleure; on ne la consulte guère. Mais, si peu libre qu'elle soit, l'effet n'en est pas moins terrible pour la perversion des sens et de l'esprit. C'est l'enfer ici-bas. Elle reste effarée, demi-folle de remords et de passion. Le fils, si l'on a réussi, voit dans son père un ennemi. Un souffle parricide plane sur cette maison. On est épouvanté de ce que pouvait être une telle société, où la famille, tellement impure et déchirée, marchait morne et muette, avec un lourd masque de plomb, sous la verge d'une autorité imbécile qui ne voyait rien, se croyait maîtresse. Quel troupeau! Quelles brebis! Quels pasteurs idiots! Ils avaient sous les yeux un monstre de malheur, de douleur, de péché. Spectacle inouï avant et après. Mais ils regardaient dans leurs livres, apprenaient, répétaient des mots. Des mots ! des mots ! C'est toute leur histoire. Ils furent au total *une langue*. Verbe et verbalité, c'est tout. Un nom leur restera : *Parole*.

NOTE 5 [7] : *Littérature de sorcellerie*. — C'est vers 1400 qu'elle commence. Ses livres sont de deux classes et de deux époques : 1° ceux des moines inquisiteurs du quinzième siècle; 2° ceux des juges laïques du temps d'Henri IV et de Louis XIII.

La grosse compilation de Lyon qu'on a faite et dédiée à l'inquisiteur Nitard, reproduit une foule de ces traités de moines. Je les ai comparés entre eux, et parfois aux anciennes éditions. Au fond, il y a très peu de chose. Ils se répètent fastidieusement. Le premier en date (d'environ 1440) est le pire des sots, un bel esprit allemand, le dominicain Nider. Dans son *Formicarius*, chaque chapitre commence par poser une ressemblance entre les fourmis et les hérétiques ou sorciers, les péchés capitaux, etc. Cela touche à l'idiotisme. Il explique parfaitement qu'on devait brûler Jeanne d'Arc. — Ce livre parut si joli que la plupart le copièrent; Sprenger surtout, le grand Sprenger, dont j'ai fait valoir les mérites. Mais qui pourrait tout dire ? Quelle fécondité d'âneries ! « *Fe-mina* vient de *fe* et de *minus*. La femme a moins de foi que l'homme. » Et à deux pas de là : « Elle est en effet légère et crédule; elle incline toujours à croire. » — Salomon eut raison de dire : « La femme belle et folle est un anneau d'or au grouin d'un porc. Sa langue est douce comme l'huile, mais par en bas, ce n'est qu'absinthe. » Au reste, comment s'étonner de tout cela ? N'a-t-elle pas été faite d'une côte recourbée, c'est-à-dire d'une côte qui est tortue, dirigée contre l'homme ? »

Le *Marteau* de Sprenger est l'ouvrage capital, le type, que suivent généralement les autres manuels, les *Marteaux*, *Fouets*, *Fustigations*, que donnent ensuite les Spina, les Jacquier, les Castro, les Grillandus, etc. Celui-ci, Florentin, inquisiteur à Arezzo (1520), a des choses curieuses, sur les philtres, quelques histoires intéressantes. On y voit parfaitement qu'il y avait, outre le Sabbat réel, un Sabbat imaginaire où beaucoup de personnes effrayées croyaient assister, surtout des femmes somnambules qui se levaient la nuit, couraient les champs. Un jeune homme traversant la campagne à la première lueur de l'aube, et suivant un ruisseau, s'entend appeler d'une voix très douce, mais craintive et tremblante. Et il voit là un objet de pitié, une blanche figure de femme à peu près nue, sauf un petit caleçon. Honteuse, frissonnante, elle était blottie dans les ronces. Il reconnaît une voisine; elle le prie de la tirer de là. « Qu'y faisiez-vous ? » « Je cherchais mon âne. » — Il n'en croit rien, et alors elle fond en larmes. La pauvre femme, qui bien probablement dans son somnambulisme sortait du lit de son mari, se met à s'accuser. Le diable l'a menée au Sabbat; en la ramenant, il a entendu une cloche, et l'a laissée tomber. Elle tâcha d'assurer sa discrétion en lui donnant un bonnet, des bottes et trois fromages. Malheureusement le sot ne put tenir sa langue; il se vanta de ce qu'il avait vu. Elle fut saisie. Grillandus, alors absent, ne put faire son procès, mais elle n'en fut pas moins brûlée. Il en parle avec complaisance et dit (le sensuel boucher) : « Elle était belle et assez grasse » (pulchra et satis pinguis).

De moine en moine, la boule de neige va toujours grossissant. Vers 1600, les compilateurs étant eux-mêmes compilés, augmentés par les derniers venus, on arrive à un livre énorme, les *Disquisitiones magicae*, de l'Espagnol Del Rio. Dans son *Auto-da-fé de Logroño* (réimprimé par Lancre), il donne un Sabbat détaillé, curieux, mais l'un des plus fous qu'on puisse lire. Au banquet, pour premier service, on mange des enfants en hachis. Au second, de la chair d'un sorcier déterré. Satan, qui sait son monde, reconduit les convives, tenant en guise de flambeau le bras d'un enfant mort sans baptême, etc.

Est-ce assez de sottises ? Non. Le prix et la couronne appartient au dominicain Michaëlis (affaire Gauffridi, 1610). Son Sabbat est certainement de tous le plus invraisemblable. D'abord on se rassemble « au son du cor » (un bon moyen de se faire prendre). Le sabbat a lieu « tous les jours ». Chaque jour a son crime spécial, et aussi chaque classe de la hiérarchie. Ceux de la dernière classe, novices et pauvres diables, se font la main pour commencer, en tuant des petits enfants. Ceux de la haute classe, les gentilshommes magiciens, ont pour fonction de blasphémer, défier et injurier Dieu. Ils ne prennent pas la fatigue des maléfices et ensorcellements; ils les font par leurs valets et femmes de chambre, qui forment la classe intermédiaire entre les sorciers comme il faut et les sorciers manants, etc.

Dans d'autres descriptions du même temps, Satan observe les us des Universités et fait subir aux aspirants des examens sévères, s'assure de leur capacité, les inscrit sur ses registres, donne diplôme et patente. Parfois il exige une longue initiation préalable, un noviciat quasi monastique. Ou bien encore, conformément aux règles du compagnonnage, et des corporations de métiers, il impose l'apprentissage, la présentation du *chef-d'œuvre*.

NOTE 6 [8]. *Décadence*, etc. — Une chose bien digne d'attention, c'est que l'Eglise, l'ennemie de Satan, loin de le vaincre, fait deux fois sa victoire. Après l'extermination des Albigeois au treizième siècle, *a-t-elle triomphé ? Au contraire.* Satan règne au quatorzième. — Après la Saint-Barthélemy et pendant les massacres de la guerre de Trente ans, l'Eglise *triomphe-t-elle ? Au contraire.* Satan règne sous Louis XIII.

Tout l'objet de mon livre était de donner, non une histoire de la sorcellerie, mais une formule simple et forte de la vie de la sorcière, que mes savants devanciers obscurcissent par la science même et l'excès des détails. Ma force est de partir, *non du diable, d'une creuse entité, mais d'une réalité vivante*, la Sorcière, réalité chaude et féconde. L'Eglise n'avait que les démons. Elle n'arrivait pas à Satan. C'est le rêve de la Sorcière.

J'ai essayé de résumer sa biographie de mille ans, ses âges successifs, sa chronologie. J'ai dit : 1° *comment elle se fait* par l'excès des misères; comment la simple femme, servie par l'Esprit familier, transforme cet Esprit dans le progrès du désespoir, est obsédée, possédée, endiablée, l'enfante incessamment, se l'incorpore, enfin est une avec Satan. J'ai dit : 2° *comment la sorcière* règne, mais *se défait*, se détruit elle-même. La sorcière furieuse d'orgueil, de haine, devient, dans le succès, la sorcière fangeuse et maligne, qui guérit, mais salit, de plus en plus industrielle, factotum empirique, agent d'amour, d'avortement. 3° Elle disparaît de la scène, mais subsiste dans les campagnes. Ce qui reste en lumière par des procès célèbres, ce n'est plus la sorcière, mais l'*ensorcelée*. (Aix, Loudun, Louviers, affaire de la Cadière, etc.).

Cette chronologie n'était pas encore bien arrêtée pour moi, quand j'essayai, dans mon Histoire, de restituer le sabbat, en ses actes. Je me trompai sur le cinquième. La vraie sorcière originaire est un être isolé, une religieuse du diable, qui n'a ni amour ni famille. Même celles de la décadence n'aiment pas les hommes. Elles subissent le libertinage stérile, et en portent la trace (*Lancre*), mais elles n'ont de goûts personnels que ceux des religieuses et des prisonnières. Elles attirent des femmes faibles, crédules qui se laissent mener à leurs petits repas secrets (*Wyer*, ch. 27). Les maris de ces femmes en sont jaloux, troublent ce beau mystère, battent les sorcières et leur infligent la punition qu'elles craignent le plus, qui est de devenir enceintes. — La sorcière ne conçoit guère que malgré elle, de l'outrage et de la risée. Mais si elle a un fils, c'est un point essentiel, dit-on, de la religion satanique qu'il devienne son mari. De là (dans les derniers temps) de hideuses familles et des générations de petits sorciers et sorcières, tous malins et méchants, sujets à battre ou dénoncer leur mère. Il y a dans Boguet une scène horrible de ce genre.

Ce qui est moins connu, mais bien infâme, c'est que les grands qui employaient ces races perverses pour leurs crimes personnels, les tenant toujours dépendantes, par la peur d'être livrées aux prêtres, en tiraient de gros revenus (*Sprenger*, p. 174, éd. de Lyon).

Pour la décadence de la sorcellerie et les dernières persécutions dont elle fut l'objet, je renvoie à deux livres excellents qu'on devrait traduire, ceux de MM. Soldan et Wright. — Pour ses rapports avec le magnétisme, le spiritisme, les tables tournantes, etc., on trouvera de riches détails dans la curieuse *Histoire du merveilleux*, par M. Figuier.

NOTE 7 [9]. — J'ai parlé deux fois de Toulon. Jamais assez. Il m'a porté bonheur. Ce fut beaucoup pour moi d'achever cette sombre histoire dans le pays de la lumière. Nos travaux se ressentent de la contrée où ils furent accomplis. La nature travaille avec nous. C'est un devoir de rendre grâce à ce mystérieux compagnon, de remercier le *Genius loci*.

Au pied du fort Lamalgue qui domine invisible, j'occupais sur une pente assez âpre de lande et de roc une petite maison fort recueillie. Celui qui se bâtit cet ermitage, un médecin, y a écrit un livre original, *l'Agonie et la Mort*. Lui-même y est mort récemment. Tête ardente et cœur volcanique, il venait chaque jour de Toulon verser là ses troubles pensées. Elles y sont fortement marquées. Dans l'enclos, assez grand, de vignes et d'oliviers, pour se fermer, s'isoler doublement, il a inscrit un jardin fort étroit, serré de murs, à l'Africaine, avec un tout petit bassin. Il reste là présent par les plantes étrangères qu'il aimait, les marbres blancs chargés de caractères arabes qu'il sauva des tombeaux démolis à Alger. Ses cyprès de trente ans sont devenus géants, ses aloès, ses cactus énormes et redoutables. Le tout fort solitaire, point mou, mais très charmant. En hiver, partout l'églantier en fleur, partout le thym et les parfums amers.

Cette rade, on le sait, est la merveille du monde. Il y en a de plus grandes encore, mais aucune si belle, aucune si fièrement dessinée. Elle s'ouvre à la mer par une bouche de deux lieues, la resserrant par deux presqu'iles recourbées en pattes de crabe. Tout l'intérieur varié, accidenté de caps, de pics rocheux, de promontoires aigus, landes, vignes, bouquets de pins. Un charme, une noblesse, une sévérité singulières.

Je ne découvrais pas le fond même de la rade, mais ses deux bras immenses : à droite, Tamaris (désormais immortel); à gauche, l'horizon fantastique de Giens, des *Iles d'or*, où le grand Rabelais aurait voulu mourir.

Derrière, sous le haut cirque des monts chauves, la gaieté et l'éclat du port, de ses eaux bleues, de ses vaisseaux qui vont, viennent, ce mouvement éternel fait un piquant contraste. Les pavillons flottants, les banderoles, les rapides chaloupes, qui emmènent, ramènent les officiers, les amiraux, tout anime, intéresse. Chaque jour, à midi, allant à la ville, je montais de la mer au plus haut de mon fort, d'où l'immense panorama se développe, les montagnes depuis Hyères, la mer, la rade, et au milieu la ville qui de là est charmante. Quelqu'un qui vit cela la première fois, disait : « La jolie femme que Toulon! »

Quel aimable accueil j'y trouvai! Quels amis empressés! Les établissements publics, les trois bibliothèques, les cours qu'on fait sur les sciences, offrent des ressources nombreuses que ne soupçonne point le voyageur rapide, le passant qui vient s'embarquer. Pour moi, établi pour longtemps et devenu vrai Toulonnais, ce qui m'était d'un intérêt constant, c'était de comparer l'ancien et le nouveau Toulon. Heureux progrès des temps que nulle part je n'ai senti mieux. La triste affaire de la Cadière dont le savant bibliothécaire de la ville me communiqua les monuments, mettait pour moi ce contraste en vive saillie.

Un bâtiment surtout, chaque jour, arrêtait mes regards, l'*Hôpital de la marine*, ancien séminaire des Jésuites, fondé par Colbert pour les aumôniers de vaisseaux, et qui, dans la décadence de la marine, occupa de façon si odieuse l'attention publique.

On a bien fait de conserver un monument si instructif sur l'opposition des deux âges. Ce temps-là, d'ennui et de vide, d'immonde hypocrisie. Ce temps-ci, lumineux de vérité, ardent de travail, de recherche, de science, et de science ici toute charitable tournée tout entière vers le soulagement, la consolation de la vie humaine!

Entrons-y maintenant : nous trouverons que la maison est quelque peu changée. Si les adversaires du présent disent que ses progrès sont du Diable, ils avoueront qu'apparemment le Diable a changé de moyens.

Son grimoire aujourd'hui est, au premier étage, une belle et respectable bibliothèque médicale, que ces jeunes chirurgiens, de leur argent et aux dépens de leurs plaisirs, augmentent incessamment. Moins de bals et moins de maîtresses. Plus de science, de fraternité.

Destructeur autrefois, créateur aujourd'hui, au laboratoire de chimie, le Diable travaille et prépare ce qui doit relever demain, guérir le pauvre matelot. Si le fer devient nécessaire, l'insensibilité que cherchaient les Sorcières, et dont leurs narcotiques furent le premier essai, est donnée par la diablerie que Jackson a trouvée (1847).

Ces temps rêvèrent, voulurent. Celui-ci réalise. Son démon est un Prométhée. Au grand arsenal satanique, je veux dire au riche cabinet de physique qu'offre cet hôpital, je trouve effectués les songes, les vœux du moyen âge, ses délires les plus chimériques. — Pour traverser l'espace, il dit : « Je veux la force... » Et voici la vapeur, qui tantôt est une aile, et tantôt le bras des Titans. — Je veux la foudre... » On la met dans ta main, la docile, maniable. On la met en bouteille; on l'augmente, on la diminue; on lui soutire des étincelles; on l'appelle, on la renvoie. — On ne chevauche plus, il est vrai, par les airs, au moyen d'un balai; le démon Montgolfier a créé le ballon. — Enfin, le vœu sublime, le souverain désir de communiquer à distance, d'unir d'un pôle à l'autre les pensées et les cœurs, ce miracle se fait. Et plus encore, l'unité de la terre par un grand réseau électrique. L'humanité entière a, pour la première fois, de minute en minute, la conscience d'elle-même, une communion d'âme!... O divine magie!... Si Satan fait cela, il faut lui rendre hommage, dire qu'il pourrait bien être un des aspects de Dieu.

SOURCES PRINCIPALES

Graesse, *Bibliotheca Magide*. Lipsiae, 1843.
Magie antique (textes réunis par Soldan, A. Maury, etc.).
Calcagnini, *Miscell.*, *Magia amatoria antiqua*, 1544.
J. Grimm, *Mythologie allemande.*
Acta sanctorum. — Acta SS. Ordinis S. Benedicti.
Michel Psellus, *Energie des démons* (1050).
César d'Heisterbach, *Illustria miracula* (1220).
Registres de l'Inquisition (1307-1326) dans Limburch, et les extraits de Magi, Llorente, Lamothe-Langon, etc.
Directorium Eymerici, 1358.
Llorente, *Inquisition d'Espagne.*
Lamothe-Langon, *Inquisition de France.*
Manuels des moines inquisiteurs du quinzième et du seizième siècle : Nider, *Formicarius;* Sprenger, *Malleus;* C. Bernardus, *Lucerna;* Spina, Grillandus, etc.
H. Corn. Agrippae *opera*, in-8, 2 vol. Lugduni.
Paracelsi *opera.*
Wyer, *de Prestigiis daemonum*, 1569.
Bodin, *Démonomanie*, 1580.
Remigius, *Demonolatria*, 1596.
Del Rio, *Disquisitiones magicae*, 1599.
Boguet, *Discours des sorciers*, 1605, Lyon.
Leloyer, *Histoire des spectres*, 1605, Paris.
Lancre, *Inconstance*, 1612. *Incrédulité*, 1622.
Michaëlis, *Histoire d'une pénitente*, etc., 1613.
Tranquille, *Relation de Loudun*, 1634.
Histoire des diables de Loudun (par Aubin), 1716.
Histoire de Madeleine Bavent, de Louviers, 1652.
Examen de Louviers. Apologie de l'examen (par Yvelin), 1643.
Procès du P. Girard et de la Cadière. Aix, in-folio, 1833.
Pièces relatives à ce procès. 5 vol. in-12, Aix, 1833.

Factum, chansons, etc., *relatifs*. Ms. de la Bibl. de Toulon.
Eug. Salverte, *Sciences occultes*, avec introduction de Littré.
A. Maury, *les Fées*, 1843. *Magie*, 1860.
Soldan, *Histoire des procès de sorcellerie*, 1843.
Th. Wright, *The Sorcery*, 1854 [1].
Figuier, *Histoire du merveilleux*, 4 vol.
Ferdinand Denis, *Sciences occultes. Monde enchanté.*
Histoire des sciences au moyen âge, par Sprengel, Pouchet, Cuvier, Hœfer, etc.

1. *Variante de l'édition Lacroix :* Narratives of Sorcery, 1851.

AVIS

DE LA SECONDE ÉDITION[1]

Des livres que j'ai publiés, celui-ci me paraît le plus inattaquable. Il ne doit rien à la chronique légère ou passionnée. Il est sorti généralement des *actes judiciaires*.

Je dis ceci non seulement pour nos grands procès (de Gauffridi, de la Cadière, etc.); mais pour une foule de faits que nos savants prédécesseurs ont pris dans les archives allemandes, anglaises, etc., et que nous avons reproduits.

Les *manuels d'inquisiteurs* ont aussi contribué. Il faut bien les croire dans tant de choses où ils s'accusent eux-mêmes.

Quant aux commencements, aux temps qu'on peut appeler l'âge légendaire de la sorcellerie, les textes innombrables qu'ont réunis Grimm, Soldan, Wright, Maury, etc., m'ont fourni une base excellente.

Pour ce qui suit, de 1400 à 1600 et au-delà, mon livre a ses assises bien plus solides encore dans les nombreux procès jugés et publiés.

J. MICHELET.

1er décembre 1862.

1. Ed. Lacroix.

TABLE DES MATIÈRES

LA SORCIÈRE

LIVRE PREMIER

LIVRE DEUXIÈME

TITRES RÉCEMMENT PARUS

AMADO (JORGE)
Mar morto (388)

ARIOSTE
Roland furieux. Textes choisis et présentés par Italo CALVINO (380)

BALZAC
La Maison du chat-qui-pelote (414). Peines de cœur d'une chatte anglaise (445)

BECKFORD
Vathek (075)

BRONTË (EMILY)
Hurlevent-des-Monts (Wuthering Heights) (411)

CARROLL (LEWIS)
Tout Alice (312)

CAZOTTE
Le Diable amoureux (361)

CARRINGTON
Le Cornet acoustique (397)

***
Code civil (Le). Textes antérieurs et version actuelle. Éd. J. Veil (318)

COLETTE
La Fin de Cheri (390)

CRÉBILLON
Les Égarements du cœur et de l'esprit (393)

CROS
Le Coffret de Santal. Le Collier de griffes (329)

DAUDET
Contes du Lundi (308)

DESCARTES
Méditations métaphysiques (328)

DIDEROT
Le Neveu de Rameau (143)

DICKENS
David Copperfield 1 (310) - 2 (311)

DOSTOIEVSKI
Récits de la maison des morts (337). L'Idiot 1 (398) - 2 (399)

DUMAS fils
La Dame aux camélias. (Roman, théâtre, opéra. *La Traviata*) (381)

**
Farces du Moyen Âge (412)

FLAUBERT
L'Éducation sentimentale (432). Trois Contes (452)

FORT (PAUL)
Ballades du beau hasard (402)

GAUTIER
Voyage en Espagne (367). Récits fantastiques (383)

GOLDONI
La Manie de la villégiature. Baroufe à Chiogga et autres pièces (322)

HAMSUN
Victoria (422)

HAWTHORNE
La Lettre écarlate (382)

HOBBES
Le Citoyen (De Cive) (385)

HOFFMANN
Contes fantastiques 1 (330) - 2 (358) - 3 (378)

HÖLDERLIN
Hymnes-Élégies (352)

HUGO
Les Burgraves (437). L'Art d'être grand-père (438)

HUME
Enquête sur l'entendement humain (343)

JAMES
Les Deux Visages (442)

KADARÉ
Le Pont aux trois arches (425)

KAFKA
Le Procès (400). Le Château (428)

LABÉ (LOUISE)
Œuvres complètes : Sonnets. Élégies. Débat de Folie et d'Amour

LA BOÉTIE
Discours de la servitude volontaire (394)

LAGERKVIST
Âmes masquées. La Noce (424)

***
Lettres portugaises. Lettres d'une Péruvienne et autres romans d'amour par lettres (379)

***
Lettres édifiantes et curieuses de Chine (315)

LOCKE
Traité du gouvernement civil (408)

MACHIAVEL
Le Prince (317)

***
Le Mahabharata 1 (433). 2 (434)

MARGUERITE DE NAVARRE
L'Heptameron (355)

MANN
Mario et le magicien (403)

MAUPASSANT
Le Horla et autres contes d'angoisse (409)

MAURIAC
Un adolescent d'autrefois (387). L'Agneau (431)

MELVILLE
Moby Dick (236)

MÉRIMÉE
Carmen. Les âmes du purgatoire (263). La Vénus d'Ille et autres nouvelles (368).

Tamango Mateo Falcone et autres nouvelles (392)

MIRBEAU
Le Journal d'une femme de chambre (307)

MISTRAL
Mireille (texte provençal et trad de Mistral) (304)

MORAND
Hécate et ses chiens (410)

MORAVIA
Nouvelles romaines (389) Agostino (396) Le Conformiste (415)

NIETZSCHE
Le Crépuscule des idoles (421)

NODIER
Smarra, Trilby et autres contes (363)

PASCAL
De l'Esprit géométrique, Écrits sur la grâce et autres textes (436)

PETRONE
Satyricon (357)

POE
Histoires grotesques et sérieuses

PROUST
La Prisonnière (376). La Fugitive (446)

RADIGUET
Le Bal du comte d'Orgel (406)

REVERDY
Flaques de verre (405)

RONSARD
Les Amours (335)

SCARRON
Le Roman comique (360)

SCIASCIA
Les Poignardeurs. La Disparition de Maj rana (427)

SEGALEN
Le Fils du Ciel (377)

SHELLEY (MARY)
Frankenstein (320)

SIENKIEWICZ
Quo Vadis (362)

STENDHAL
Lucien Leuwen 1 (350) - 2 (351)

STERNE
Vie et Opinions de Tristram Shandy (371 Voyage sentimental (372)

TOCQUEVILLE
De la Démocratie en Amérique 1 (353) - (354)

VAUVENARGUES
Introduction à la connaissance de l'esp humain et autres œuvres (336)

VESAAS
Palais de glace (423)

VILLIERS DE L'ISLE-ADAM
Contes cruels (340). Claire Lenoir et autr récits insolites (401)

WOOLF (Virginia)
La Traversée des apparences (435)

GF GRAND-FORMAT

CHATEAUBRIAND
Mémoires d'Outre-Tombe. Préface de Julien Gracq (4 vol.)

FORT
Ballades françaises

GUTH
Histoire de la littérature française (2 vol.)

HUGO
Poèmes choisis et présentés par Jean Ga don

LAS CASES
Le Mémorial de Sainte-Hélène (2 vol.)

MAURIAC
Mémoires intérieurs et Nouveaux Mémoir intérieurs

Vous trouverez chez votre libraire le catalogue complet de notre collection.

GF — TEXTE INTÉGRAL — GF

3449-1986. — Imp. Bussière. St-Amand (Cher).
N° d'édition 10810. — 1er trimestre 1966. — Printed in France.